Gini Andrews

DER SCHWERE WEG

Leuchter-Verlag eG · Erzhausen

Titel der Originalausgabe: Esther — The Star and the Sceptre

Übersetzung: KH. Neumann
Umschlaggestaltung: Dieter Illgen, Hannover

3. Auflage Mai 1991

ISBN 3-87482-104-8

Gesamtherstellung:
Schönbach-Druck GmbH, 6106 Erzhausen bei Darmstadt

Inhalt

Prolog

Darius war tot!

Darius, der große König, der König der Könige, Sohn von Wistaspa, ein Achämeniede, ein Perser — der größte Sohn Persiens. Der Titan, dessen Schatten über viele tausend Parasangs reichte, war tot.

Durch das riesige Reich, vom Indus bis zum Nil, vom Kaspischen Meer bis zum Roten Meer, flog die Botschaft. Kuriere, die schnellsten der Welt, ritten auf ihren großen nicäischen Pferden, als hätten sie Flügel. Über Berge und endlose Ebenen jagten sie die Königsstraßen entlang. Überall, wo sie die Nachricht verbreiteten, wurden die Menschen von Schrecken und Trauer ergriffen.

Darius tot? Das schien unmöglich. Er war ja fast gottähnlich. Er war das Zentrum des Reiches, dem man gehorchte und mit Ehrfurcht diente. Auf ihm war die Ordnung und der Friede des Reiches aufgebaut. Was sollte nun werden?

In Ägypten und Sogdien, in Baktrien und Ionien, von Äthiopien bis Griechenland nur eine Frage: Was nun? Xerxes? Wie war er? Würde er ein guter Herrscher sein? Oder würde es jetzt schlimmer werden?

Über die Straßen im Herzen des riesigen Reiches bewegte sich ein Trauerzug, der den Leichnam des toten Königs mit sich führte. Xerxes brütete in seinem Wagen dumpf vor sich hin. Er war nun 35 Jahre alt und regierte jetzt als König das größte Reich der Welt.

Sein großer Vater war wie ein Adler gewesen. Nichts, was in seinem Reiche geschah, war ihm entgangen. Und wie ein Adler hatte er zugestoßen, wenn es nötig wurde. Der geniale Herrscher Darius hatte das von dem großen Cyrus gegründete persische Reich noch erweitert, gefestigt und durchorganisiert. Xerxes war, als würde er sich nie aus dem gewaltigen Schatten, den sein Vater während seiner Regierungszeit geworfen hatte, lösen können. Immer würde Darius ihm über die Schulter schauen.

Darius war sehr religiös gewesen. Sein Glaube war fast monotheistisch. In allen Inschriften, die er an Gebäuden oder Monumenten anbringen ließ, dankte er gewöhnlich dem Gott Ahura Mazda für seine Hilfe. Doch da er ein vorsichtiger Mann war, setzte er meist dazu: „. . . und allen anderen Göttern, die da sein mögen." Für alle Fälle. Man konnte ja nie wissen. Sein Sohn Xerxes, der nun hier im Wagen zur Beerdigung seines Vaters fuhr und immer wieder einmal kräftig durchgeschüttelt wurde, wenn ein besonders schlechtes Stück Straße kam, war in dem gleichen Glauben erzogen worden.

„85 Parasangs . . . 85 Parasangs . . ." dachte Xerxes, „will denn diese Reise niemals enden?" Nur langsam kam der riesige Zug vorwärts. Da man außerdem die steilen Straßen mied, die durchs Gebirge führten, mußten oft größere Umwege gemacht werden. Jede Provinz war durch Gesetz verpflichtet, eine bestimmte Mindestzahl an Teilnehmern für diesen Trauerzug und die anschließende Beerdigungsfeier zu senden. Deshalb zogen viele Satrapen und andere hohe Beamte und auch große Abteilungen des Heeres mit. „Wie würde er mit den Beratern seines Vaters und den Ministern zurecht kommen? Wie mit der Armee und den Verwaltern der einzelnen Provinzen, den Satrapen?" überlegte Xerxes weiter. „Würden sie von ihm sagen, daß er ein genauso guter Herrscher war wie sein Vater?"

„Parsa! Dort ist Parsa!“ Laute Rufe waren zu hören. Xerxes schreckte aus seinem Sinnen auf und blickte nach vorn. Dort, in einiger Entfernung, konnte er auf einem Berg die prächtigen Bauwerke des zeremoniellen Zentrums des persischen Reiches liegen sehen. Diese Stadt war der Plan und Traum seines Vaters gewesen, und auch der seine. Noch waren viele der Gebäude, die in der späten Nachmittagsonne golden leuchteten, nicht fertiggestellt; deshalb ragten auch überall noch riesige Säulen in den Himmel, die noch nichts zu tragen hatten. Hier hatte Darius das in den Felsen gehauene mächtige Grab der Königsfamilie entstehen lassen.

In dieser Nacht würden alle Vornehmen des Reiches, die mit dem Trauerzug mitgekommen waren, in den Gebäuden auf der Höhe des Berges schlafen, wo auch der Königspalast stand, in dem die gesamte große königliche Familie Quartier bezog. Die Dienerschaft und die Soldaten würden unten in der Ebene ihr Lager aufschlagen. Morgen dann würden alle an der großartigen und würdigen Trauerzeremonie teilnehmen und der Leichnam des Königs Darius würde in dem gewaltigen Felsengrab beigesetzt.

Die Stadt rückte jetzt schneller näher. Auch die Zug- und Reittiere schienen zu spüren, daß die Reise zu Ende ging und beschleunigten ihr Tempo. Auf dem Berg loderte auf einem mächtigen viereckigen Turm ein gewaltiges Feuer, das immer brennen mußte, außer wenn ein König starb. Als der Zug mit dem toten König sich der Stadt bis auf eine bestimmte Entfernung genähert hatte, erloschen die Flammen.

Teil I

VASTI

1. Kapitel

Xerxes, der König aller Völker, gab in Susa ein großes Fest.

Harbona, der alle Vorbereitungen beaufsichtigte, ging murmelnd von Tisch zu Tisch. Das über den Arm hängende Handtuch, Zeichen seines Eunuchenstandes, war schneeweiß und seine langen Gewänder fleckenlos. Doch er war nervös, und seine Hände zitterten. „Das ist meine erste große Bewährungsprobe seit meiner Beförderung", dachte er. „Es muß alles gut gehen, denn Xerxes hat nicht viel Geduld mit Versagern. Und sollte ich versagen — o Mithra, ich flehe zu dir, hilf mir dann zu einem schnellen Tod."

Gewiß, bei dem 180tägigen Fest für die Satrapen war alles gut gegangen. Doch das war schon Monate her. Und dieses Fest hier war ganz anders. Noch nie zuvor hatte Xerxes seine verschwenderischen Gärten für eine so große Zahl von Gästen geöffnet, die heute und während der nächsten sieben Tage herbeiströmen würden. Harbona schüttelte ärgerlich den Kopf. Gewiß, den Adligen diente er gern und willig. Doch dieses Mal waren auch niedriger Geborene eingeladen. „Dieses Volk wird den Garten ruinieren", dachte er.

Harbona ging zu einem der Eingänge, von wo aus er die eifrig hin und her laufenden Diener besser übersehen konnte. Der bartlose oberste Kammerherr konnte es nicht ertragen, wenn nicht alles bis aufs kleinste geordnet war. Er verlangte von seinen Untergebenen absolute Pünktlichkeit, und was er unter Sauberkeit verstand, war schon fast übertrieben. Doch hinter diesem Eifer verbarg sich hauptsächlich Furcht.

Auf dem mit lebendigen Farben bemalten Pflaster der großen offenen Halle, die sich zum Garten hin öffnete, standen goldene Ruhebänke für die geehrten Gäste, und für alle anderen silberne. „Je näher man dem König steht, um so größer werden die Probleme", murmelte Harbona und schimpfte dann mit einem Sklaven, der einen überaus kostbaren Teppich rücksichtslos behandelte.

Nochmals schaute er sich überall um, fand aber nichts mehr, was er noch hätte kritisieren können. Seufzend drehte Harbona sich um und ging davon, um seine müden Füße auszuruhen.

Es war Abend geworden. Seit Stunden schon strömten die geladenen Gäste in die Palastgärten. Hoch in den Bäumen hingen goldene Öllampen, die ihren milden Schein verbreiteten. Starker Wohlgeruch von Parfüm, der den überall verteilten Brennern entströmte, mischte sich mit dem Duft von Jasmin, Lilien, Flieder und Rosen. Wasserfontänen plätscherten in Becken und Teiche und schimmerten hell im Mondlicht. Zwischen dem Gemurmel der vielen Stimmen war Lauten- und Flötenmusik zu vernehmen, und irgendwo im Garten ertönte der Gesang einer Nachtigall. Es war ein persisches Paradies.

Die große Halle funkelte im Licht ihrer Farben und Lampen wie ein bunter Edelstein. Das vorherrschende Metall in der Halle war Gold, das im Widerschein der Lichter glänzte.

Plötzlich ertönte der Ruf: „Der König kommt! Der König kommt!"

Stille kehrte ein, und alle Gäste lagen ehrerbietig auf dem Fußboden. Vorsichtig setzten die Träger die Sänfte des Königs ab. Er verließ sie und begab sich zu seiner gepolsterten und mit Gold überzogenen Sitzbank. Rechts und links von ihm saßen seine sieben Fürsten. Es waren Nachkommen der ursprünglichen sieben Verschwörer, mit denen Cyrus das Reich aus der Hand der Meder gerissen hatte. Sie waren die Ratgeber und

Vertrauten des Königs. Nur sie durften in die Gegenwart des Königs treten, ohne daß man sie gerufen hätte.

Der König gab das Zeichen zum Beginn der Festlichkeiten, indem er sein großes vergoldetes Trinkhorn erhob. „Trinkt!“ rief er. Damit war das sieben Tage dauernde Fest offiziell eröffnet.

Memukan, der klügste der Sieben, lächelte in sich hinein, während er den König betrachtete. Er fand, der König mache einen stattlichen Eindruck mit seinen funkelnden schwarzen Augen, dem mit Goldfäden durchwirkten breiten schwarzen Bart und der kleinen goldenen Krone im Haar.

Niemand wußte besser über die Fehler und Schwächen des Königs Bescheid als Memukan. Doch er unterschätzte nie die Macht des Königs. Wenn es nötig wurde, den gefürchteten Jähzorn des Königs zu besänftigen, gab es keinen geschickteren im Lande als ihn. „Wie geht es eurer schönen Königin, Majestät?“ fragte er.

Der König blickte ihn amüsiert und verstehend an. Es war Memukan gewesen, der dafür gesorgt hatte, daß Vasti und der König sich begegneten. Er rechnete es sich zum Verdienst an, daß diese Ehe zustande gekommen war.

Die Königin kam aus altem Adelsgeschlecht und war sich ihrer Wichtigkeit und des Einflusses, den sie auf Xerxes hatte, wohl bewußt. Sie war die zweite Frau in seinem Leben, die er liebte und auf die er hörte. Die erste, die starken Einfluß auf ihn gehabt hatte, war seine Mutter gewesen. All die anderen jungen Mädchen und Nebenfrauen seines Harems, es waren viele Hunderte, betrachtete er im Grunde nur als Zeitvertreib, die er je nach Laune rufen ließ und wechselte wie die Gewänder aus seiner umfangreichen Garderobe. Es verband ihn sonst nichts mit ihnen.

Doch mit Vasti war es anders. Sie verstand es nicht nur, auf des Königs sexuelle Wünsche einzugehen, sondern war auch eine aufmerksame Zuhörerin, wenn er einmal das Bedürfnis hatte, über Probleme und Sorgen, die er sonst allein bewältigen mußte, mit einem Menschen zu reden. Ihre klugen Fragen, Bemerkungen und manchmal auch Antworten zeigten eine bemerkenswerte Einsicht in Hintergründe und Zusammenhänge und hatten Xerxes schon manchmal geholfen, Dinge in einem ganz neuen Licht zu sehen. Sie verstand es auch sehr gut, dem König die Überzeugung zu lassen, daß seine Entscheidungen immer seinen eigenen Überlegungen entsprangen und nicht den Wünschen der Königin.

Jedenfalls schätzte der König Vasti sehr und war Memukan dankbar, daß er ihm zur Bekanntschaft mit dieser Frau verholfen hatte. „Vasti?" ging er jetzt auf die Frage seines vertrauten Beraters ein. „Sie gibt in diesen Tagen für die Frauen ein eigenes Fest, wie du sicherlich weist. Sicher wird deine Frau auch dort sein." Er hob sein Gefäß und trank Memukan zu.

„Gewiß", nickte dieser, erhob ebenfalls sein Gefäß und trank es aus. Er hielt Schritt mit dem König, ob es nun gefordert wurde oder nicht. „Wir haben in den letzten beiden Monaten in unserem Haus fast nichts anderes mehr gehört."

Der König nickte verständnisvoll lächelnd und blickte durch den dünnen Vorhang hinaus in den mit Stimmen und Gelächter erfüllten Garten. Ein Paar unter den Gästen erregte seine Aufmerksamkeit: eine sehr sinnliche Frau, die neben einem Mann saß, der einen außergewöhnlichen Eindruck machte. „Wer sind die beiden dort?"

Memukans Blick folgte dem Finger des Königs. Dann zuckte er in gleichgültiger Art mit den Schultern. „Der Mann heißt Haman, und die Frau ist eine von vielen. Er ist Witwer mit einer großen Familie und hat sich durch geschäftliche und politische Klugheit emporgearbeitet."

„Hat er Söhne?"

„Zehn Söhne, Majestät."

„Gut gemacht. Haben wir ihn dafür belohnt?"

„Sehr großzügig sogar. Einige seiner Söhne sind schon alt genug, um eurer Majestät im Feldzug gegen Griechenland zu dienen."

Xerxes nickte wie abwesend. Er beschäftigte sich schon wieder mit anderen Dingen. „Ich habe für heute abend ägyptische

Tänzerinnen bestellt, Memukan, Hansnari wird auch tanzen", bemerkte er.

„Das ist doch die, welche... ah...?!"

Xerxes lachte.

„Du siehst, ich rufe immer talentierte Leute an meinen Hof."

Das Fest ging weiter. Dutzende von am Spieß gebratenen Tieren wurden nach und nach hereingebracht und wanderten nach einiger Zeit als Skelette wieder hinaus. Es wurde sehr spät, und viele waren schon betrunken. Endlich gab der König, der auch ziemlich angetrunken war, seinen Trägern ein Zeichen. Und damit war das Fest vorüber.

So ging es noch sechs weitere Tage. Es war eine einzige Freß- und Sauforgie voller Sinnlichkeit. Auch im Wesen des Königs machte sich das immer mehr bemerkbar.

Memukan betrachtete verstohlen die anderen sechs Fürsten. Was sie wohl jetzt vom König dachten? An seiner rechten Seite saß Admatha, neben diesem Karschna und ganz außen Meres. Links neben dem König saß Tharsis, und neben ihm Schethar. Alle anderen hatten die dunklere Gesichtsfarbe sowie die schwarzen Augen und Haare der Perser. Nur Schethars Haar und Bart und auch die Haut waren heller. „Ein guter Mann", dachte Memukan, „ich mag ihn." Der letzte neben Schethar war Marsna.

Xerxes Stimme unterbrach seine Gedanken: „Was denkst du darüber, Memukan? Meinst du, es sei ein guter Gedanke?"

Memukan wagte nicht zuzugeben, daß er nicht zugehört hatte und deshalb nicht wußte, wovon der König sprach. Doch etwas Weltbewegendes konnte es bei der Stimmung nicht sein. Er verbeugte sich ein wenig und antwortete: „Sicher, Majestät. Eine gute Idee."

„Bistha!"

Der Kämmerer trat näher, um Xerxes Befehle entgegenzunehmen.

„Karkas! Harbona!"

Harbona kochte schon wieder, als er näher trat. Warum hat

er mich nicht zuerst gerufen? Ich habe hier die Oberaufsicht. Alle drei Kämmerer standen nun vor dem König.

„Geht", sagte Xerxes mit weit ausholender Armbewegung. „Geht, und bringt mir — die Königin."

Der Befehl kam zu überraschend. Alle drei holten tief Luft. Es war, als wäre auch ein Seufzer zu hören gewesen.

Xerxes runzelte ärgerlich die Stirn. „Was ist? Geht sofort. Ich möchte die Königin Vasti hier sehen. Sagt ihr, sie soll die neue Königskrone tragen."

Zögernd machten sich die Kämmerer auf den Weg. Königin Vasti hier? Das brach alle Etikette. Gewiß, die persischen Frauen gesellten sich bei manchen Festen zu ihren Männern, doch sie gingen, wenn das Trinken ernstlich begann. Es war der siebente Tag des Festes, und es hatte schon genug exotische Tänze und erotische Szenen gegeben. Die Tische sahen durchaus nicht mehr ordentlich aus, und die allermeisten Männer waren betrunken.

Memukan überlegte fieberhaft. Würde sie kommen? Die Königin hatte manchmal ihren eigenen Kopf. In der letzten Zeit hatte er sich über den wachsenden Einfluß der Königin auf Xerxes Sorgen gemacht. Sie schob ihren Verwandten zu viele gute Posten zu, die auch andere begehrten. Ihr Leben wurde zu luxuriös und damit zu teuer. Die neue Krone vor allem hatte riesige Summen gekostet.

In Babylon hatte es begonnen. Die Satrapie hatte plötzlich rebelliert. Xerxes hatte nichts von Verhandlungen wissen wollen. Schnell und wild stürzte er sich mit seiner Armee auf die aufrührerische Stadt. Die Mauern wurden eingeebnet, und viele Häuser geplündert und zerstört.

Doch das Schlimmste, was der König tat, war, daß er die goldene Statue des babylonischen Hauptgottes Marduk zerstörte; 52 000 Talente Gold wurden eingeschmolzen. Die Babylonier empfanden dies als übelste Gotteslästerung. Ein Teil dieses Goldes befand sich nun in Vastis neuer Krone. Die Sieben hatten untereinander getuschelt, daß nichts Gutes aus solchem Tun kommen konnte.

Memukan blickte vorsichtig zu Tharsis, der nur ganz leicht mit den Schultern zuckte. Meres? Dieser rollte nur nachdenklich mit den Augen; dann blickte er schnell zum König, ob dieser es bemerkt hatte. Doch nein, Xerxes war wohl schon zu betrunken.

„Vasti ist eine Schönheit, meine Fürsten", sagte Xerxes schwerfällig, wie Betrunkene nun einmal sprechen. „Sie ist die schönste Frau in unserem ganzen Reich. Und erst wenn wir allein sind, ihr Herren, o ich könnte euch ..." Seine Stimme verklang in Murmeln.

Memukan war schockiert. Sie waren alle erwachsene Männer und genossen die Freuden des Lebens. Aber von der Königin so zu reden, das durfte nicht sein. „Majestät ...", begann er, ohne zu wissen, was er eigentlich sagen sollte. Doch irgend etwas mußte gesagt werden.

„Es ist wirklich wahr, Memukan, sie ist ein Schatz, ein ..." unterbrach ihn der König. Er schien seine Gedanken nicht mehr in Ordnung halten zu können und verstummte. „Ach ja", begann er wieder, „von der neuen Krone wollte ich noch etwas sagen. Ich glaube, du hast sie noch nicht gesehen, Memukan?"

„Nein, Majestät."

„Es ist ein Meisterstück. Mein eigener Entwurf. Thermistes, der griechische Goldschmied, hat sie gemacht. Du mußt sie sehen." Mühsam fuhr er fort: „Und Vasti, sie ist großartig, sie ist ..." Der Rest verlor sich wieder in trunkenem Gestammel.

Die Sieben überlegten angestrengt, was geschehen konnte. Würde die Königin sich soweit erniedrigen, daß sie kam? Noch nie war so etwas geschehen. Aber es war auch kaum möglich, sich dem Wunsch des Königs zu verweigern. Unausdenkbar, was dann geschehen mochte.

2. Kapitel

„Ich versichere euch, es ist wahr!"

Lautes Lachen folgte dieser Erklärung.

Vasti, deren Schönheit durch den Wein, den sie getrunken hatte, noch unterstrichen wurde, erzählte den Damen, die zu ihrem Fest gekommen waren, einiges vom Hofklatsch.

Ihr Speisesaal war kleiner als der des Königs, aber genauso prachtvoll ausgestattet. Auch die Frauen hatten nun schon sieben Tage gefeiert; auf manchem der schönen Kleider gab es Weinflecken, und auch die Frisuren waren nicht mehr so makellos wie am ersten Tag. Doch es ging längst nicht so wild und zügellos zu wie bei den Männern.

„Und dann..." fuhr Vasti fort, unterbrach sich aber wieder, weil es am Eingang Unruhe zu geben schien. „Was gibt es dort?" rief sie. „Wir möchten nicht gestört werden." Mit einer gebieterischen Handbewegung deutete sie dem Eunuchen, der sich näherte, an, zu verschwinden und wandte sich wieder ihren Gästen zu.

„Ihre Majestät, ich... ich..." stotterte der Eunuche.

„Ich sagte", ihre Stimme war kalt wie Eis, „ich möchte nicht gestört werden." Als sie bemerkte, daß der Eunuch ernstlich beunruhigt war, fragte sie spöttisch: „Also was gibt es? Ist wieder ein Krieg ausgebrochen? Oder ist der König etwa mit einem Sklavenmädchen davongeritten?"

Lautes Gelächter zollte ihr Beifall.

„Boten sind gekommen, Majestät."

„Boten? Woher? Ich empfange heute nicht. Sie sollen morgen wiederkommen."

„Aber Majestät, sie kommen... sie sind..."

Nun wunderte sich Vasti doch ein wenig, warum sich ihr Eunuche so benahm. Und mittlerweile war sie auch ein wenig neugierig. „Also sprich! Woher kommen die Boten?" forderte sie.

„Vom König, Majestät."

„Vom König?" Vasti richtete sich steil auf. „Dann führe sie herein. Man läßt die Boten des Königs nicht warten, du Narr."

Der Vorhang wurde beiseite gezogen, und die sieben Kammerherren des Königs betraten den Saal. Sie warfen sich vor der Königin lang auf den Fußboden.

Vasti rümpfte ihre Nase. „Also, sagt mir eure Botschaft und dann verschwindet schnell wieder." Doch keiner antwortete.

„Harbona", forderte die Königin, „du wenigstens hast doch einigen Verstand. Sprich, was will der König."

Harbona hob seinen Kopf. „Der König möchte... der König... er möchte..."

Vastis Stimme wurde jetzt zornig. „Also los, was will der König?" Harbona sagte es ihr.

Still war es jetzt im Saal. Vasti saß wie erstarrt auf ihrer prunkvollen Ruhebank. Langsam, wie ungläubig, sagte sie endlich: „Der König... König Xerxes möchte... er will, daß ich zu ihm komme? Dorthin? Und jetzt?"

„Jawohl, Majestät. Und... ihr sollt die neue Krone tragen."

Was war das für eine Narrheit? Sicher war der König betrunken. Sie blickte auf die Eunuchen hinunter. Wäre der König nicht betrunken, hätte es nie zu einem solchen Ansinnen kommen können. Doch er war oft betrunken, aber nie hatte er ähnliches gefordert. Diesmal war es anders. Alle im Raum warteten in höchster Spannung auf Vastis Antwort. Sie wird gehen müssen, dachten sie. Sie hat keine Wahl. Und wenn sie sich doch weigert? Was wird dann mit uns geschehen? Verbannung? Gefängnis? Tod? „Er wird nicht wagen, mich zu töten", dachte Vasti. „Wären wir zusammen, würde ich ihm den Unsinn schon ausreden. Vielleicht war es doch besser sie ging?"

Die Sekunden verrannen. Plötzlich warf Vasti den Kopf zurück und sprang auf. „Bin ich denn eine Konkubine, daß er Eunuchen sendet, um mich vor seine betrunkenen Fürsten zu führen?" rief sie. „Ich bin seine Königin. Wie kann er solches wagen?"

Mit einer wütenden Handbewegung fegte sie einen Alabasterkrug vom Tisch, so daß er auf dem Fußboden in viele Scherben zersprang. „Bin ich ein billiges Sklavenmädchen, das der König auf einem seiner Kriegszüge gefangen hat und das er nun den Händlern der Stadt vorführt? Wenn sie Unterhaltung brauchen, dann soll er ihnen seine Pferde vorführen, seine Konkubinen oder seine ägyptischen Tänzerinnen." Empört schaute sie sich im Raum um und fuhr dann fort: „Geht und sagt eurem Herrn, die Antwort der Königin Vasti besteht aus einem einzigen Wort: Nein!"

Zitternd erhoben sich die Eunuchen und liefen aus dem Saal. Draußen blickten sie sich schweigend und bekümmert an. Was würde Xerxes tun? Daß sein Jähzorn ihn unvernünftige Dinge tun ließ, war bekannt. Und hier hatte seine Frau ihn öffentlich vor anderen beleidigt. Wer sollte ihm das sagen?

„Harbona, du mußt reden", drängten die anderen. „Du hast bei diesem Fest die Oberaufsicht, und die Sache gehört auch zum Fest. Du mußt es ihm sagen."

„Ich?" antwortete Harbona mit hochgezogenen Augenbrauen. „Habt ihr nicht beachtet, wen der König rief, als er uns nach hier sandte? Ich wurde nicht zuerst gerufen, noch nicht einmal an zweiter Stelle. Zuerst rief er Bistha, dann Karkas, und nachher erst mich. Ich verzichte auf die Ehre. Es ist Bisthas Sache." Er drehte sich um und ging.

„Harbona, komm zurück. Wir müssen zusammen wieder zum König kommen, das weißt du." Das stimmte. Xerxes hatte sieben Kammerherren gesandt, also mußten sieben zurückkehren. Harbona trat wieder zu den anderen. „Es kommt gar nicht darauf an, wer es ihm sagt", meinte er. „Wenn er einen von uns tötet, tötet er alle."

„Aber es ist wichtig, wie es ihm vorgetragen wird, Harbona, und da bist du der Geschickteste. Du mußt reden."

„Nein, wir wollen darum losen. Einverstanden?"

Alle nickten. Sie hatten ja keine Wahl. Karkas zog Würfel aus einer Tasche seines weiten Gewandes. Als sie zu Ende gewürfelt hatten, traf es doch Harbona. Bistha seufzte erleichtert. Er wenigstens würde die unheilvolle Botschaft nicht ausrichten müssen.

„Verflucht! Verflucht! Verflucht sei sie! Bei allen finsteren Mächten von Angru Manyu mag sie nie Kinder gebären, sondern nur Monster! Für immer soll sie in der Welt der dunklen Geister hausen! Fluch über Vasti, die es gewagt hat, Xerxes zu verhöhnen!" — Die sieben Fürsten, erfahren in Hunderten von Hofszenen, hatten den König noch nie so wütend gesehen. Zornig schon manches mal. Aber jetzt tobte er wie ein Verrückter.

Der König war aufgesprungen. Alles Blut war aus seinem Gesicht gewichen, und er zitterte am ganzen Körper vor Wut. „Ich bin Xerxes", schrie er. „Ich, der König aller Könige werde von einer Frau verlacht!" Mit beiden Armen fegte er in seinem Zorn alles, was auf dem Tisch stand, hinunter. Ägyptisches Glas, Alabasterschalen und Marmorvasen zersprangen auf dem Fußboden.

Niemand der Umstehenden sprach ein Wort. Alle zitterten. Wer war seines Lebens sicher, wenn der König so zornig war? Eine schwere Weinkanne stand noch auf dem Tisch. Xerxes riß sie hoch und schmetterte sie gegen das Wandbild eines jagenden Löwen, dem dabei die Nase abgeschlagen wurde. Entnervt von dieser häßlichen Szene begann Schethars Sohn schrill zu kichern, verstummte aber sofort wieder.

Doch das war Öl ins Feuer gewesen. Xerxes schrie: „Du wagst es, über mich, den König aller Völker, zu lachen. Ich werde... ich werde dich töten..."

Memukan fand, daß es Zeit war einzugreifen. Wenn der König sich nicht beruhigte, würde es ein Massaker geben. „Mein gnädiger Herr", sagte er, „du bist ein gerechter Herrscher. Dieses noch bartlose Kind ist der Sohn eines deiner treuesten Fürsten. Er wollte dich nicht verachten, sondern war nur erschrocken. Alle hier verehren dich, Herr der ganzen Erde."

Xerxes schien aus einem fernen Land zurückzukehren. Der rote Nebel vor seinen Augen verzog sich langsam. Er beruhigte sich, als er in Memukans ernste und respektvolle Augen blickte. Man erwartete also nur Gutes von ihm. Einen nach dem anderen der sieben Fürsten blickte er an und las in ihren Augen Achtung und Vertrauen. Er winkte Harbona heran. „Entlasse die Gäste. Ihr Sieben, bleibt zurück." Nur zu froh, gehen zu dürfen, verschwanden die vielen hundert Gäste schweigend.

„Nun, ihr Herren", wandte sich Xerxes an die Sieben, wieder schien der Zorn ihn ergreifen zu wollen, was soll geschehen mit diesem Drachen, dieser Wölfin?"

Auf einen Wink des Königs brachte ein Sklave ein neues Gefäß mit Wein, aus dem der Mundschenk dem König einen Becher voll reichte. Nachdem er durstig getrunken hatte, fuhr er fort: „Vasti hat mir den Gehorsam verweigert, und zwar vor vielen anderen Frauen. Ihr seid meine Vertrauten. Ratet mir, was zu tun ist. Was sagt das Gesetz?"

Man sah den Gesichtern der Sieben an, daß es hinter ihren Stirnen arbeitete. Jetzt war vielleicht die Gelegenheit, sich der in letzter Zeit lästig gewordenen Vasti endgültig zu entledigen. „Mein königlicher Herr", begann Memukan mit einer respektvollen Verbeugung, „Vasti, die Königin, hat sich nicht nur an dem König allein vergangen, sondern auch an allen Fürsten."

Xerxes blickte ihn überrascht an: „An allen Fürsten?"

„An allen Fürsten und allen Völkern in eurem Königreich, Majestät", nickte Memukan.

„Wie meinst du das, Memukan? Ich bin doch schon ein wenig müde und kann deinen Gedanken deshalb nicht ganz folgen. Erkläre es deutlicher", forderte der König.

„Schon morgen werden alle Frauen in Susa wissen, daß die

Königin Vasti ihrem Herrn ungehorsam war", fuhr Memukan fort. „Wenn die Frauen in eurem Königreich das hören, werden sie in Zukunft ihren Männern ins Gesicht lachen und sagen: »König Xerxes befahl seiner Königin zu kommen, und sie weigerte sich.« Und so werden unsere Frauen alle dem Beispiel der Königin folgen."

„Und was schlägst du vor?" fragte der König.

„Wenn es dem König gefällt, soll ein Gebot erlassen werden, das in die Gesetze der Meder und Perser geschrieben wird, damit es nie mehr zurückgenommen werden kann. Das Gesetz soll bestimmen, daß Vasti nie mehr in die Gegenwart des großen Königs kommen darf und daß ihr Platz als Königin ihr genommen und einer besseren gegeben wird."

Xerxes blickte zu Karschna und dann zu Schethar, beide nickten. Auch als er Admatha, Tharsis, Meres und Marsna der Reihe nach fragend anschaute, erblickte er in ihren Gesichtern Zustimmung zu Memukans Vorschlag. „So sei es", nickte er und rief: „Holt die Schreiber herbei! Das Gesetz muß sofort aufgeschrieben und viele Male abgeschrieben werden, damit es augenblicklich in alle Satrapien des Reiches gesandt werden kann, und in der Botschaft muß auch stehen, daß jeder Mann Herr in seinem eigenen Hause sein soll."

Als er von seinen Trägern in seiner Thronsänfte davongetragen wurde, rief er den Sieben noch zu: „Vasti ist nicht mehr Königin!" Seiner Stimme war die gehässige Befriedigung darüber anzuhören.

3. Kapitel

Am nächsten Morgen wurde Memukan in Xerxes Privaträume gerufen. Er fand einen ziemlich verunsicherten und mißmutigen König vor, dem man an den schwarzen Augenrändern ansah, daß er kaum geschlafen hatte. Die ganze Nacht hatte er über Vasti nachgedacht. Wie hatte sie wagen können, ihn so zu behandeln. Er war sich ihrer Liebe und ihres absoluten Gehorsams sicher gewesen. Schließlich hatte er sie zur Königin gemacht.

Gerade er als König war oft einsam und hatte versucht, seine Einsamkeit mit ihr zu teilen. Er hatte ihr von seinen Sorgen und Ängsten erzählt und hatte sie tiefer in sein Wesen schauen lassen als vielleicht gut war. Doch er hatte immer geglaubt, sie verstünde ihn, weil sie ihm zwar schweigend, aber aufmerksam zugehört hatte. Doch er hatte ihr Schweigen wohl mißverstanden. Was sie wohl jetzt von ihm dachte?

Auch an Darius mußte er denken. Keine seiner Frauen hatte es je gewagt, sich ihm zu widersetzen. Aber andererseits hätte der große Darius auch die Sitten der Perser nicht so verletzt wie er gestern nacht.

Ärgerlich über sich selbst hatte er einem Diener befohlen, neuen Wein zu bringen.

„Sag mir, Memukan", wandte der König sich jetzt an seinen Ratgeber, „wo im Namen Angru Manyus, soll ich Vasti jetzt hinsenden? Ich kann sie schließlich nicht auf die Straße setzen, denn sie war meine Königin. Aber andererseits möchte ich sie nie mehr wiedersehen."

„Ich hätte einen Vorschlag, Majestät", antwortete Memukan.

„Laß hören, mein Freund. Du hast oft so originelle und gute Ideen. Außerdem hast du mich mit Vasti bekanntgemacht. Also mußt du mir jetzt helfen."

Memukan zögerte noch einige Augenblicke, als müsse er nochmals sorgfältig überlegen, ob er seinen Vorschlag vorbringen konnte. Ungeduldig drängte der König: „Also, heraus mit der Sprache. Zier' dich nicht."

„Majestät", begann Memukan, „ich würde sie nach Ekbatana schicken."

„Die Idee ist nicht sehr gut", warf der König ein. „Ich will ja im Sommer selbst wieder nach dort gehen. Glaubst du, ich bleibe bei heißem Wetter in diesem Pestloch hier?"

„Ich weiß, Majestät", nickte Memukan. „Aber wenn ihr nach Ekbatana geht, könnt ihr ja Vasti und ihre Begleiterinnen wieder nach hier zurückschicken. Auf diese Weise wird Vasti immer dort sein, wo eure Majestät gerade nicht ist."

Jetzt mußte Xerxes doch lachen. „Memukan", rief er, „manchmal glaube ich fast, daß du mit bösen Geistern im Bunde bist, die dir diese Ideen eingeben. Dein Vorschlag ist angenommen. Sorge dafür, daß er ausgeführt wird, und zwar so schnell wie möglich."

Er zögerte ein wenig und strich nachdenklich über seinen Bart. Ein wenig verlegen fuhr er dann fort: „Weißt du, Memukan, ich werde Vasti vermissen. So wie sie war keine von all den Frauen, die ich kenne."

„Aber Majestät, ihr habt viele Schönheiten in eurem Harem."

„Schon", sagte Xerxes kopfschüttelnd, „aber keine, die mich so interessierte und fesselte. Nach Vasti werden sie mir alle langweilig vorkommen. Und außerdem, Memukan, brauche ich wieder eine Königin. Hast du nach dieser Seite hin einen guten Vorschlag zu machen, mein kluger Ratgeber?"

Memukan wußte im Augenblick keinen Rat, weil er über diese Frage noch nicht nachgedacht hatte. Deshalb beschloß er, den König auf andere Gedanken zu bringen. Er antwortete: „Das ist eine sehr wichtige Frage, Majestät. Jede edelgeborene Frau im Lande würde alles geben, um eure Königin zu werden. Doch es wird Zeit brauchen, um die Richtige auszuwählen. Und ich glaube, dies ist zur Zeit auch nicht das dringendste Problem."

„Nicht das dringendste", fuhr Xerxes auf. „Dann sage mir bitte, was deiner Meinung nach noch wichtiger ist?"

„Ich glaube, Majestät, euer dringendstes Anliegen ist Griechenland. Es wurde nur durch das Fest ein wenig verdrängt." Der schlaue Fürst wußte, daß er jetzt versuchte, dem Gespräch eine andere Richtung zu geben.

„Griechenland?" Das Wort traf Xerxes Gedanken wie ein vergifteter Pfeil. „Verflucht sollen sie sein", rief er. „Mag Angru Manyus Finsternis sie treffen. Sie haben meinen Vater, den großen Darius, verspottet, deshalb werde ich sie vernichten!"

Memukan war erleichtert. Militärische Angelegenheiten waren ihm viel lieber als die Intrigen des Harems. Schon vor der Revolte in Babylon hatte es Pläne für einen Großangriff auf Griechenland gegeben. Das war eigentlich auch der Grund gewesen, weshalb Xerxes alle Satrapen des Reiches für 180 Tage zu dem großen Fest geladen hatte. Er hatte mit ihnen und seinen Generälen über den Feldzug gegen die Griechen sprechen wollen. Doch dann hatte er wieder gezögert. Was hätte Darius getan? Würden die sieben Fürsten zustimmen? War es klug, jetzt anzugreifen, oder würde sich noch eine bessere Zeit finden.

Der große General Mardonios, der Vetter des Königs, kannte den Zweifel in Xerxes Herzen. Deshalb hatte er alles getan, um den König zu einem Entschluß zu drängen. Er hatte gesagt: „Ihr werdet euch erinnern, Majestät, wie es den Boten erging, die euer Vater zu den Athenern sandte, um von ihnen zum Zeichen ihrer Unterwerfung Erde und Wasser zu fordern. Sie warfen die Boten in einen Brunnen und sagten spöttisch, sie möchten sich ihre Zeichen selbst beschaffen."

Xerxes hatte so wütend auf den Tisch geschlagen, daß alle Gefäße klirrten. „Das war abscheulich!“ hatte er geschrien.

„Und die Boten, die euer Vater nach Sparta sandte“, fuhr Mardonius fort...

„Hat man dort getötet“, schrie Xerxes voller Wut. „Ich muß die Schmach, die meinem Vater angetan wurde, rächen.“

Anschließend hatte er eine feurige Ansprache an alle versammelten Satrapen, Generäle und die sonstigen einflußreichen Persönlichkeiten des Reiches gehalten und mit den Worten geschlossen: „Um meines großen Vaters willen werde ich nicht ruhen, bis ich Griechenland erobert und die unverschämten Griechen bestraft habe. Eure Aufgabe, meine Herren, ist es, in euren Provinzen Truppen aufzustellen, sie gut auszurüsten und im Gebrauch der Waffen zu üben. Wenn ich den Befehl ergehen lasse, das Heer soll sich versammeln, müssen sie alle fertig sein und müssen schnellstens zu dem befohlenen Sammelplatz marschieren. Mardonios, ich sehe, du möchtest noch etwas sagen.“

Der Vetter des Königs führte ehrerbietig die Hand an die Lippen und begann dann: „Die Griechen müssen eine harte Lektion erhalten, Majestät, und ich glaube, dies wird gelingen. Die Ionier, Äolier und asiatischen Dorer sind auf unserer Seite, außerdem auch die Thraker. Dazu kommt unsere riesige Armee, so daß der Sieg sicher ist. Wir sollten aber nicht vergessen, auch unsere Flotte auf das Beste auszurüsten.“

Xerxes war hoch zufrieden mit Mardonios Worten und ermahnte seine Soldaten, dem Ausbau und der Ausrüstung der Flotte besondere Aufmerksamkeit zu schenken. Nun wurden im Palast viele Tage lang die Pläne für den Feldzug entworfen. Als alles besprochen und festgelegt war, reisten alle Satrapen in die von ihnen regierten Provinzen zurück, um die Truppen aufzustellen, die von ihnen gefordert wurden. Seither waren die Vorbereitungen für den Feldzug unablässig weitergegangen.

Nun, nach der Aufregung und dem Ärger, mit dem das Fest am Vortage zu Ende gegangen war, hatte Memukan es verstanden, Xerxes Aufmerksamkeit und Eifer wieder auf den griechischen Feldzug zu lenken. Der König sagte: „Ich muß Griechenland haben, Memukan. Sie haben den großen Darius gedemütigt, den Herrscher der Welt, den großen Gesetzgeber ..."

Xerxes Stimme hatte jetzt einen prahlerischen Klang angenommen. Memukan amüsierte sich manchmal ein wenig über des Königs wechselnde Launen und über dessen Versuche, seinen Vater Darius nachzuahmen. Unwillkürlich mußte der Fürst lächeln, als er dachte: „Xerxes ist zwar nicht so genial wie Darius, aber er ist kein Tor, sondern hat einen königlichen Geist ..."

Der König, der ihn scharf beobachtet hatte, fragte: „Warum lächelst du, Memukan?" Im Ton der Stimme lag ein wenig Mißtrauen.

„Vergebt mir, Majestät. Mir wurde gar nicht bewußt, daß ich lächelte. Ich ..."

„Nun? Sprich weiter!"

„Ich schätze es, wenn ich in der Gegenwart eines großen Königs stehen darf", antwortete Memukan.

Jetzt lächelte auch der König. Er schätzte Memukan sehr. „Du bist sehr klug, mein Fürst", sagte er. „Und du bist mein engster Berater und Freund."

Memukan legte die Hand auf seinen Mund. Das war zu jener Zeit die Geste der Ehrfurcht dem Höhergestellten gegenüber. Gnädig entließ ihn der König.

Als die Vorhänge hinter dem Fürsten zurückschwangen und Xerxes wieder allein war, verließ ihn seine gute Laune bald. Er dachte wieder an Vasti. Sein Zorn hatte sich gelegt. Der gerechte Urteilsspruch würde ausgeführt werden, doch der Schmerz über den Verlust dieser Frau war geblieben. Wer würde ihm nun zuhören, wenn er das Bedürfnis hatte, seine Gefühle und verborgenen Gedanken einmal auszusprechen?

Er ging in sein Schlafgemach und schickte die Sklaven fort. Als er auf das leere Bett blickte, bemerkte er überrascht, daß ihm vor Kummer und Ärger Tränen in die Augen stiegen. Zornig wischte er sie ab und dachte: „Ich hasse und verachte Vasti und werde sie von meinem Herzen reißen! Von nun an will ich nur noch an den Feldzug gegen Griechenland denken."

4. Kapitel

Es war schon spät an diesem Abend, als Mordokai nach Hause ging. Er zog den warmen Wollumhang enger um sich, um besser vor dem kalten Wind und dem Regen geschützt zu sein.

Mordokai war in Babylon geboren. Er war der Enkel eines der Gefangenen, die Nebukadnezar aus Juda weggeführt hatte. Mordokai war Rechtsanwalt am königlichen Gerichtshof in Susa. Er hatte ein respekteinflößendes Aussehen, einen blendenden Verstand, einen festen Willen und großen Ehrgeiz. Es gab wohl niemand, der Hammurabis Gesetze und die persischen Gesetze, die Darius auf denen von Hammurabi aufgebaut hatte, besser kannte als er. Deshalb war es auch sehr selten, daß er ein Gerichtsverfahren nicht gewann. Sein Ruf als Rechtsanwalt war in Susa, der Hauptstadt des Reiches, ganz hervorragend.

Die Größe und Schönheit Susas machten auf Mordokai wenig Eindruck. Er hatte das mächtige Babylon gekannt. Diese Stadt war eingenommen und zerstört worden. Also konnte das Susa ebenso ergehen. Was die Religion anging, so hielt er treu an Jahwe, dem Gott seiner Väter, und an den Gesetzen Israels fest. Das hatte für ihn nichts zu tun mit seiner Treue dem persischen König und den persischen Gesetzen gegenüber, die er als Rechtsanwalt achten mußte. Beides hielt er streng auseinander. Viele seiner Anwaltskollegen wußten nicht einmal, daß er Jude war.

Von der Zitadelle her hörte er die Rufe der sich ablösenden Wachen. Die Straßen waren des schlechten Wetters wegen fast leer. Er war nun in der Oleanderstraße, in der er wohnte, angekommen. Die ganze Straße entlang zogen sich rechts und links hohe Mauern, die immer wieder durch feste Tore unterbrochen wurden, die in die einzelnen Anwesen führten. Auch sein eigenes war ein schweres, schön geschnitztes und mit Kupferbändern verziertes Eichentor, über dem zwei Fackeln brannten. Mordokai war stolz auf dieses prunkvolle Tor.

Mordokai klopfte dreimal, und sein Torhüter Kusuru öffnete ihm mit einer schwungvollen Verbeugung. Nachdem er den Hof überquert hatte und durch die eigentliche Haustür das Haus betrat, hörte er im Hintergrund, gedämpft durch schwere Vorhänge, welche die Eingangshalle abtrennten, daß jemand sang. „Hadassa?“ fragte er seinen Torhüter, der ihm gefolgt war.

„Ja, Herr, sie spielt und singt schon den ganzen Nachmittag.“

Mordokai nickte und durchquerte die Eingangshalle. Kusuru zog den schweren Vorhang zurück. Nun hörte er es deutlicher: „An den Wassern Babylons saßen wir und weinten, als wir dachten an Zion...“ Eine erstaunlich klare Stimme sang einen hebräischen Psalm zur Begleitung einer Handharfe. Die Sängerin war Mordokais Adoptivkind, die Tochter seines verstorbenen Onkels Abihail. Sie spürte, daß jemand gekommen war und drehte sich um.

Mordokai war überrascht. Manchmal vergaß er, wie ungewöhnlich schön Hadassa war. Heute abend erschien sie ihm noch lieblicher als sonst. Doch es war noch etwas anderes. Zum ersten Mal bemerkte er, daß sie kein kleines Mädchen mehr war, sondern zu einer jungen Frau heranwuchs. Sie ist jetzt 14 Jahre alt, überlegte er.

„Vater!“ Hadassa legte die Harfe beiseite, sprang auf, rannte auf ihn zu und umarmte ihn. Ihr Lachen war unwiderstehlich. Mordokai dachte: „Eine junge Frau? Vielleicht bald, aber noch nicht ganz.“

„Vater, du bist ja ganz naß", sagte sie tadelnd. „Du wirst dich erkälten." Sie wandte sich an den Torhüter: „Sukuru, rufe bitte Shirik, und dann bringe dem Herrn trockene Kleidung."

Als Mordokai sich umgezogen hatte, setzte er sich zu ihr. „Wie ist es dir heute ergangen?" fragte Hadassa eifrig. „Hat Dakia, der Meder, seine Sache vor Gericht gewonnen? Was ist mit dem davongelaufenen Sklaven? Und ist der Mann bestraft worden, der mit seinem Pferd über den Hund eines anderen ritt und ihn verletzt hat?"

„Langsam, langsam, Tochter", lächelte Mordokai. Eines nach dem anderen. Dakia hat gewonnen und..."

„Er gewann, weil er dich als Anwalt hatte."

„Vielleicht, aber er hatte auch einen gerechten Richter."

„Was ist mit dem Sklaven?"

Mordokai schüttelte den Kopf. „Man weiß noch nichts. Aber es wird ihm übel ergehen, wenn sie ihn fangen."

„Vielleicht bekommen sie ihn nicht?"

„Es besteht keine Chance für den Mann, meine Liebe. Sie werden ihn ganz sicher fangen. Aber ich sehe, Kusuru teilt uns mit, das Abendessen ist fertig. Ich bin hungrig. Laß uns also erst zu Tisch gehen."

Nach dem Abendessen kehrten sie in den großen Raum zurück. Mordokai nahm einige Papyrusrollen aus einer Lade und legte sie auf den Tisch.

„Ich glaube, Hadassa, es ist jetzt Zeit für unseren Unterricht. Womit wollen wir beginnen, mit unseren heiligen Schriften oder mit der Geschichte Persiens?"

„Ich überlasse es dir, Vater. Aber zuerst möchte ich noch wissen, was mit dem Hund geschah und ob der Mann bestraft wurde?"

„Ich glaube, du interessierst dich manchmal mehr für Tiere als für Menschen, meinte Mordokai kopfschüttelnd.

„Aber Tiere sind oft auch netter als Menschen", antwortete Hadassa.

Mordokai hatte Mühe, ein Lächeln zu verbergen. „Also gut: Der Hund hat es überstanden, er lebt. Und der Reiter, der ihn mit seinem Pferd verletzte, mußte eine Strafe bezahlen. Bist du nun zufrieden?“ Hadassa nickte.

„Gut, dann wollen wir beginnen. Wer war der Gründer des persischen Reiches?“ Er sprach jetzt persisch zu ihr. Normalerweise unterhielten sie sich in Aramäisch. Doch da er keinen Sohn hatte, war Mordokai entschlossen, Hadassa die beste Erziehung angedeihen zu lassen, die möglich war. Neben Persisch unterrichtete er sie auch noch im alten Hebräisch.

„Cyrus war der Gründer des persischen Reiches“, antwortete Hadassa. „Aber warum wurde er »Hirte« genannt?“

„Ah, daran erinnerst du dich. Es scheint, als könnten wir heute persische Geschichte und das Studium unserer heiligen Schriften kombinieren.“ Mordokai ergriff eine der Rollen, die er auf den Tisch gelegt hatte. „Hör zu, was der Prophet Jesaja sagt ...“

„Über Cyrus?“ rief Hadassa erstaunt. „Was wußte Jesaja über diesen persischen König?“

„Hör zu: »So spricht der Herr, dein Erlöser und der von Mutterleibe an dich gebildet hat: Ich, der Herr, bin es, der alles wirkt, der die Himmel ausspannt, Ich allein, die Erde ausbreitete durch Mich selbst... der von Cyrus spricht: Mein Hirte...« “ (Jesaja 44, 24.28).

„Jahwes Hirte!“ rief Hadassa wieder.

„... und der all Mein Wohlgefallen vollführt, indem er von Jerusalem sprechen wird: Es werde aufgebaut! Und vom Tempel: Er werde gegründet“ (V. 28).

Hadassas Augen leuchteten. „Lies weiter, Vater“, drängte sie.

„Viel ist nicht mehr darüber zu lesen, nur noch: »Um Jakobs, Meines Knechtes und Israels, Meines Auserwählten, willen rief Ich dich bei deinem Namen, Ich gab dir einen Beinamen, und du kanntest Mich nicht... Ich bin der Herr, und sonst ist keiner, außer Mir ist kein Gott« “ (Jesaja 45, 4.5).

Es war still geworden in dem Raum. Beide dachten noch über diese großartigen Worte nach, die Gott durch Seinen Propheten geredet hatte. Endlich fragte Hadassa: „Und tat er es?“

„Er tat was?“

„Hat Cyrus den Willen Jahwes getan, dieser Gründer des persischen Reiches?“

„Nun, erstens hat er Babylon besiegt“, nickte Mordokai. „Weißt du auch, wie ihm das gelungen ist?“

„O ja, ich erinnere mich“, antwortete Hadassa eifrig. Sie begann zu erzählen, wie Cyrus das Wasser des Euphrats aufgestaut hatte, so daß das Flußbett, das mitten durch die riesige Stadt ging, trocken war. So eroberte Cyrus die Stadt Babylon fast ohne Widerstand. Fragend schaute sie Mordokai an: „Sagen die Propheten auch etwas über Babylon?“

Mordokai las: „Sitze stumm und gehe in die Finsternis, Tochter der Chaldäer! ... Ich war ergrimmt über Mein Volk, Ich entweihte Mein Erbteil, und Ich gab sie in deine Hand. Du hast ihnen kein Erbarmen erzeigt... Aber es kommt ein Unglück über dich...; und ein Verderben wird über dich herfallen, welches du nicht zu sühnen vermagst; und plötzlich wird eine Verwüstung über dich kommen... Sie mögen doch auftreten und dich retten, die Himmelszerleger, die Sternebeschauer, welche jeden Neumond kundtun, was über dich kommen wird“ (Jesaja 47).

„Den letzten Satz mit den Sternen und dem Mond verstehe ich nicht“, meinte Hadassa nachdenklich.

„Die Astrologie, die schon sehr alt ist, hat einmal in Babylon ihren Ursprung genommen“, erklärte Mordokai. „Die Priester und Sterndeuter dort sagen, sie könnten aus der Stellung der Sterne die Zukunft lesen.“

„Warum haben wir keine Astrologen? Ich denke, das müßte doch ganz interessant sein. Haben sie welche hier in Susa?“

„Es gibt welche in Susa. Aber uns Israeliten hat Gott streng verboten, uns mit solchen Dingen einzulassen“, sagte Mordokai ernst. Er griff nach einer anderen Rolle und las: „Es soll keiner unter dir gefunden werden... der Wahrsagerei treibt, kein Zauberer oder Beschwörer oder Magier, oder Bannsprecher oder Totenbeschwörer oder Wahrsager oder der die Toten befragt.

Denn ein Greuel für den Herrn ist jeder, der diese Dinge tut; und um dieser Greuel willen treibt der Herr, dein Gott, sie vor dir aus" (5. Mose 18).

Hadassa überlegte: „Aber wodurch hat Cyrus dann Jahwe gedient?"

„Es war Cyrus, der ein Gesetz erließ, das den gefangenen Juden in Babylon die Freiheit gab, auf Kosten des Reiches wieder nach Jerusalem zurückzukehren. Er erlaubte ihnen sogar, die goldenen und silbernen Gefäße, die aus unserem Tempel in Jerusalem geraubt worden waren, wieder mit zurückzunehmen."

„Sind viele Israeliten zurückgekehrt in ihr Land?"

„Nein, den meisten ging es in den fremden Ländern schon gut. So wie uns auch. Sie hatten Häuser, Geschäfte oder Land erworben und wollten das nicht verlassen."

„Hat denn Cyrus an Jahwe geglaubt?" fragte Hadassa.

„Ich glaube nicht. Aber er war ein großer und weiser Herrscher und war sehr tolerant. Allen Völkern, die er besiegte, ließ er ihre Gebräuche und auch ihre Religionen."

„Aber Vater, warum wurde dann unser Volk besiegt und von dem König Nebukadnezar nach Babylon gebracht? Du sagst doch immer, Gott stehe hinter der Weltgeschichte. Warum hat Er nichts für Sein Volk getan. Warum ließ Er das zu?"

„Das hat etwas damit zu tun, daß Gott allen Menschen die Möglichkeit zur freien Entscheidung gibt, Hadassa", antwortete Mordokai. „Erinnerst du dich an den Bund, den Jahwe mit Abraham schloß?"

„Ja."

Er schaute wieder in die Rolle und las: „Hütet euch, daß ihr nicht des Bundes des Herrn, eures Gottes, vergesset, den Er euch gemacht hat, und euch ein geschnitztes Bild macht ... Der Herr wird euch unter die Völker zerstreuen, und ihr werdet übrigbleiben ein zählbares Häuflein unter den Nationen, wohin der Herr euch führen wird."

„Warum hat der Herr uns Israeliten auserwählt, Vater?"

„Darauf weiß ich keine Antwort, Hadassa."

„Wir müssen größer oder besser gewesen sein, als andere Völker.“

„Das glaube ich nicht“, meinte Mordokai nachdenklich. „Es wird wohl für uns ein Geheimnis bleiben, warum Er gerade uns Israeliten erwählt hat. Aber ich denke, wir müssen Ihm dafür sehr dankbar sein.“

„Aber kümmert sich Jahwe um die anderen Völker nicht?“ wollte Hadassa wissen. „Was ist mit den Persern?“

„Jahwe ist der Herr der ganzen Erde und aller Völker, Hadassa. Wir sollten das nie vergessen. Er möchte, daß alle Völker sich wieder zu Ihm wenden und Ihn suchen. Denn Er hat ja alle Menschen nach Seinem Bilde geschaffen.“

„Nach Seinem Bilde? Was bedeutet das denn?“ wunderte sich Hadassa.

Mordokai lächelte und strich ihr sanft über das Haar. „Was sind die Eigenschaften unseres Gottes?“

Hadassa dachte einen Augenblick nach und zitierte dann die alten Worte aus dem Buch des Gesetzes: „Herr, Herr, Gott, barmherzig und gnädig, langsam zum Zorn und groß an Güte und an Treue.“ Sie klatschte in die Hände und rief: „In unserem Innern, in unserer Seele sind wir nach Seinem Bild gemacht. Wir können lieben, weil Er liebt; wir können freundlich und gütig sein, weil Er so ist. Ist es so gemeint?“

„Ja, wenigstens zum Teil“, nickte Mordokai.

„Aber dann ... aber dann ...“ Ihre Augen leuchteten plötzlich vor Staunen und vor Erregung über diesen Gedanken.

Mordokai stand auf und klopfte dem Mädchen freundlich auf die Schulter. „Ich denke, für heute ist es genug, meine Kleine. Es wird Zeit, daß du zu Bett gehst.“

Hadassa sprang auf, schlang ihre Arme um ihn, küßte ihn und sagte: „Ich bin so froh, daß ich eine Israelitin bin.“ Gehorsam ging sie nach oben in ihr Schlafgemach, wo Hulda, ihre vertraute Dienerin, die sie schon von ihrer Geburt an versorgte, auf sie wartete.

Mordokai setzte sich wieder an den Tisch und starrte lange nachdenklich vor sich hin. Nach einiger Zeit begann er Gott um

Weisheit zu bitten, um sein Mündelkind richtig erziehen zu können. Er wußte, daß sie einen guten Charakter hatte und sehr klug war. Doch ihre außergewöhnliche Schönheit konnte noch Probleme bringen. „Jahwe, beschütze sie", betete er.

Hadassa ist schon im heiratsfähigen Alter, überlegte er und seufzte dabei, als ihm das bewußt wurde. Ihm wurde klar, daß es Zeit war, über diese Sache ernstlich nachzudenken. Aber wer? David Ben-Bilsan? Die beiden waren von Kind an Freunde und schienen sich sehr zu mögen. Er selbst konnte den hübschen Enkel seines ältesten Freundes auch sehr gut leiden. Doch hatte David genug Eifer und Ehrgeiz, es im Leben weiterzubringen? Welche Ziele hatte er sich gesetzt? Mordokai wünschte für seine Tochter eine gute Zukunft. Aber wie ist es mit Hadassa? Ich glaube, sie wird ihre eigenen Vorstellungen und Wünsche haben, dachte er. Zur rechten Zeit wird es sich finden. Er befahl Sirik, die Lampen zu löschen und ging zu Bett.

Teil II

XERXES

5. Kapitel

Noch nie war eine so riesige Armee marschiert. Viele Parasangs war der Heerwurm lang. Farben leuchteten, und die Sonne blitzte von Hunderttausenden von Helmen, Lanzen- und Pfeilspitzen. Die halbe Armee zog vor dem König her. Unmittelbar vor dem König waren es je 1000 Fußsoldaten und 1000 Reiter, alles Angehörige des persischen Adels. Dann kam eine Lücke von rund 200 Metern, ehe die Wagen des Königs daherfuhren. Nach einer ebensogroßen Lücke marschierten und ritten nochmals je 1000 Soldaten zu Fuß und zu Pferde, wieder nur Adlige, und hinter diesen kam die zweite Hälfte der Armee, angeführt von den 10 000 Unsterblichen, der Kerntruppe des persischen Heeres, die in einem riesigen Karree marschierten.

Noch vor dem königlichen Wagen fuhr ein anderer prunkvoller Wagen aus Gold, der gezogen wurde von acht der heiligen weißen Pferde aus Nizäa. Der Wagenlenker ging hinter diesem Wagen her und hielt die Zügel der Pferde. Kein sterblicher Mensch, nicht einmal der König selbst, wagte es, auf dem Wagen von Ahura Mazda, dem obersten Gott zu sitzen.

An dem Ort Kelanae erwartete Xerxes eine Überraschung. Pythius, einer der reichsten und treuesten Untertan des Königs, hatte dort ein großes Fest für ihn bereitet. Aber darüber hinaus bot er Xerxes seinen ganzen Reichtum für die Kriegskosten an. Der König ließ seinen General Masistios zu sich rufen und fragte ihn: ,,Kann dieser Lyder sich ein so großes Geschenk leisten?"

,,Ich glaube, er ist der zweitreichste Mann im ganzen Reich nach eurer Majestät", bestätigte der General. ,,Er war es, der eurem Vater den goldenen Platanenbaum und den goldenen Weinstock schenkte, die er extra für diesen Zweck anfertigen ließ."

Der König wohnte im Haus des Pythius. Dieser bot ihm nochmals seinen Reichtum an. Es waren genau 3 993 000 Gold-Dariken. Pythius meinte, er könne von den großen Landgütern, die er habe, bequem leben und benötige das Gold nicht.

,,Pythius", der König streckte sein goldenes Zepter nach ihm aus, ,,ich mache dich zu meinem Freund." Er schwieg, um Pythius Zeit zu lassen, diese Ehre zu würdigen. ,,Als Belohnung für deine Treue magst du deine Dariken behalten, und ich gebe dir ein Geschenk. Ich will dein Vermögen so auffüllen, daß du genau vier Millionen Gold-Dariken hast. Erfreue dich an deinem Reichtum, du verdienst ihn."

Xerxes zog weiter und ließ einen Mann zurück, der überzeugt war, den gnädigsten König zu besitzen, der je gelebt hat.

Die Armee marschierte auf der Königsstraße westwärts und erreichte endlich die Stadt Sardes, wo Xerxes überwintern wollte. Er sandte Boten aus zu allen griechischen Staaten und forderte wie üblich Erde und Wasser als Zeichen der Unterwerfung. Doch nach Athen und Sparta wurden keine Boten gesandt, mit diesen beiden Staaten hatte Xerxes andere Pläne.

Es war ein schöner Frühlingstag. Xerxes befand sich bei guter Laune. Nachdem sich die Armee in den Winterquartieren in Sardes halb wie im Gefängnis vorgekommen war, sollte es nun wieder vorwärts gehen. Alle Führer der einzelnen Truppenteile hatten ihre Befehle zum Aufbruch.

Über ihnen wölbte sich in leuchtendem Blau ein wolkenloser Himmel. Doch unerklärlicher Weise — es war mitten am Tag — begann das Licht zu schwinden. Die Sonne schien trüber zu werden, obwohl keine Wolken zu sehen waren.

Ein stattlicher, reichgekleideter Mann mittleren Alters holte ein Stück ägyptischen Glases aus der Tasche und betrachtete durch dasselbe mit zusammengekniffenen Augen die Sonne. Da er sehr abergläubisch war, stöhnte er bei dem, was er sah. Als er seinem Hauptmann berichtete, was er durch das Glas gesehen hatte, brachte dieser ihn zu Mardonius. „Es ist ein Zeichen, mein General", sagte der Hauptmann. „Bestimmt soll damit irgendein Unheil angekündigt werden."

Beunruhigt ging Mardonius zum König, der auch darüber nachdachte, was die Götter wohl beabsichtigten. „Majestät", sagte der General, „dieser Mann hat etwas gesehen, was ihr wissen solltet."

„Endlich kommt jemand und hat etwas über diese unerklärliche Sache zu sagen", murrte der König ungeduldig. „Bringt den Mann herbei."

Der Mann zitterte ängstlich, als er sagte: „Sei bitte nicht zornig, großer König, aber ... aber ..."

„Sprich offen, und habe keine Furcht. Was hast du gesehen", ermutigte Xerxes ihn. Mittlerweile wurde es immer dunkler, so daß die gesamte Umgebung einen seltsamen Eindruck machte. „Hast du eine Erklärung für das, was hier geschieht?"

„Ich habe durch dieses ägyptische Glas die Sonne betrachtet, Majestät", der Mann hielt das wertvolle Glas hoch, damit der König es sehen konnte. „Und ich habe gesehen, daß die Sonne ... o, es ist so schrecklich ... die Sonne, sie ist zum Teil ausgebrannt."

„Die Sonne?"

„Ja, die Sonne, großer König."

„Gib mir das Glas." Xerxes machte eine Handbewegung zu seinem diensthabenden Kammerherrn, der ihm das Glas brachte, da niemand sonst ihm zu nahe kommen durfte. Die Sonnenfinsternis war inzwischen fast total. Auch die Tiere waren sehr unruhig geworden. Überall hörte man aufgeregte Menschenstimmen. Man konnte spüren, daß Angst in der Luft lag. Viele Menschen machten Zauberzeichen, um sich gegen böse Mächte zu schützen. Manche fluchten, andere beteten zu ihren Göttern.

„Holt die Zauberer und die weisen Männer herbei", befahl Xerxes.

Die Zauberer kamen, blickten durch das Glas, steckten ihre Köpfe zusammen und berieten sich lange. Dann sagte ihr Oberster: „Es sind gute Zeichen für euch, unser Herr und König Xerxes. Die Sonne ist das Gestirn, das die Griechen warnt. Das ist für uns ein gutes Omen. Schaut hin, sie wird schon wieder heller!"

Es stimmte — das Licht kehrte zurück. Als der König nochmals durch das Glas blickte, sah er, daß der vorher wie ausgebrannt wirkende Teil der Sonne wieder feurig glühte. „Das bedeutet", sagte der Oberste der Zauberer, „daß die Griechen auf ähnliche Weise durch die großen Armeen des Herrn aller Völker ausgelöscht werden."

„Sieg!" rief Xerxes. „Vorwärts! Die Götter sind auf unserer Seite, sogar die der Griechen."

Später ließ er seinen Vetter, den General Mardonius, wieder in sein Zelt rufen. „Wer war der Mann mit dem ägyptischen Glas?" fragte er. „Könnte es ein Bote von Mithra gewesen sein? Wir müssen ihn noch belohnen."

„Sein Name ist Haman, Majestät", antwortete Mardonius.

„Haman?" Irgendwo hatte der König den Namen schon gehört. Dann fiel es ihm ein. „Ist es der Mann mit den zehn Söhnen?"

„Genau der, Majestät."

„Welch außergewöhnliche Augen er hat", wunderte sich der König. „Es war fast, als könnte er jeden damit hypnotisieren. Mardonius, wir wollen nicht vergessen, ihn zu belohnen."

Nach diesem Zeichen, das die Zauberer als gutes Omen der Götter gedeutet hatten, machte sich die Armee siegessicher wieder auf den Marsch nach Westen.

Vor ihnen lag das größte natürliche Hindernis des Feldzugs, die Straße von Hellespont (Dardanellen); das schmale Band Wasser, das Europa von Asien trennte. Schon in Susa hatte es heftige Diskussionen gegeben, wie man sie am besten überqueren könne. Viele Pläne waren gemacht und wieder verworfen worden, bis der König selbst den endgültigen Plan entworfen hatte.

Langsam näherte sich die gewaltige Armee Abydos, der Stadt, von der aus man den Hellespont überqueren wollte. In Troy angekommen, wo ein großer Athene-Tempel stand, sie war die Göttin des Krieges und der Weisheit, befahl Xerxes, ihr große Opfer zu bringen. Zwar glaubte er aufrichtig an den persischen Gott Ahura Mazda, doch konnte es nicht schaden auch Athene gnädig zu stimmen.

„Ich frage mich, was Darius wohl sagen würde?", bemerkte Masistios leise zu Mardonius, als sie zusahen, wie die Priester die tausend Ochsen für das große Opfer vorbereiteten.

„Darius?" Mardonius lachte. „Du hast doch sicher nicht vergessen, wie Darius sich in solchen Dingen verhielt. Seine Opfer vor dem heiligen Bullen in Ägypten. Der Tempel, den er dem Gott Amon in der Oase Kharsa baute. Darius war ein Praktiker. Wie immer er von Ahura Mazda dachte, und ich glaube, er hat ihn aufrichtig verehrt, in die Politik ließ er sich von seinem Gott nicht hineinreden. Er hätte wohl gebilligt, was der König hier tut und vielleicht ähnlich gehandelt."

Dieser Ansicht war Xerxes auch. Er war sich der Zustimmung seines großen Vaters sicher, als er jetzt das Zeichen zum Beginn der Opferhandlungen gab. Messer blitzten, Ochsen brüllten im Todeskampf, und das Blut der Tiere floß in Strömen. Die Priester begannen ihre Litaneien zu singen, während sie um den blutigen Opferaltar sprangen. Xerxes nickte zustimmend. „Diese Opfer und die Gebete und Zaubersprüche der Priester werden auch noch zum Untergang von Athen und Sparta beitragen", sagte er zu Mardonius.

Die ganze Armee war aufmarschiert, um der Opferzeremonie beizuwohnen, die bis weit in die Nacht hinein andauerte. Bei Sonnenaufgang am nächsten Tag setzte sich die Armee wieder in Bewegung, um die restliche Strecke bis Abydos noch zu bewältigen. Endlich, nach einigen weiteren Tagen, lag Abydos vor ihnen.

Xerxes blickte über die weite Ebene, die sich bis zum Horizont streckte. ,,Sieh da, Mardonius, die Männer von Abydos haben dort auf der Klippe einen Thron für mich vorbereitet. Von da aus werde ich den Vorbeimarsch der Armee abnehmen.“

Gepackt von dem gewaltigen Schauspiel beobachtete der König die Truppen, die an ihm vorüberzogen. Es waren Abteilungen aus allen Ländern Asiens dabei, dann außerdem größere Truppenteile aus Ägypten und sogar von Äthiopien. Auch eine Abteilung Juden war darunter. Jede Nation trug ihre eigenen Uniformen und Waffen. Xerxes stellte seinen Generälen während des Vorbeimarsches immer wieder Fragen. Was ihm auffiel, teilte er seinen Schreibern mit, die es sofort aufschreiben mußten.

Hinter der vorbeimarschierenden Armee erstreckte sich die Wasserfläche des Hellespont, die ebenfalls bedeckt erschien mit der großen Anzahl Schiffe, die zur persischen Flotte gehörten. Xerxes wurde überwältigt und rief wie einst Nebukadnezar in Babylon: ,,Dies sind meine Männer, mein Reichtum, meine große Macht! Mein Name wird in der Geschichte nie vergessen werden, doch meine wahre Größe hat jetzt gerade erst begonnen!“

,,Sicher, Majestät“, bemerkte der General, ,,wir werden aus diesen Massen von Menschen...“

,,Ich werde, Mardonius“, unterbrach ihn Xerxes zornig. ,,Vergiß bitte nicht, wessen Armee das ist.“

,,Gewiß, Majestät, gewiß. Ihr werdet aus diesen zusammengewürfelten Truppenteilen die größte und schlagkräftigste Armee der Welt machen.“

Die Besichtigung der einzelnen Truppenteile dauerte einige Tage. In der Zwischenzeit bauten die persischen Ingenieure von der asiatischen Seite des Hellespont aus unter Zuhilfenahme der vielen Schiffe der persischen Flotte zwei große Schiffsbrücken hinüber auf die europäische Seite. Auf diesen Schiffsbrücken sollte die riesige Armee den Hellespont überqueren. Die beiden Brücken waren so gut wie fertiggestellt, als sich ein Unwetter zusammenbraute. Ein ungeheurer Sturm brach los und riß die

Schiffe auseinander, so daß sie hilflos auf der Wasserfläche trieben, die bedeckt war mit Trümmern der Brückenteile.

Als der König dies sah, packte ihn wieder einer seiner gefürchteten Wutausbrüche. „Wie kann das Wasser es wagen, sich meinen Plänen in den Weg zu stellen!“ schrie er. „Ich bin der König der ganzen Erde! Mardonius! Masistios! Sendet eine Abteilung Soldaten mit langen Peitschen hinunter an den Strand. Sie sollen damit das Wasser schlagen und bestrafen.“ Wütend blickte er auf das Wasser hinunter. „Hinterhältiges Gewässer“, schimpfte er, „mir kann niemand widerstehen. Ich werde dich bezwingen.“

Die Soldaten schlugen kräftig mit den langen Peitschen auf das Wasser ein. Sie waren froh, daß der Zorn des Königs sich nicht gegen sie wandte, sondern auf diese Weise ein Ventil fand. Doch Xerxes war noch nicht zufrieden. „Und nun“, schrie er und wandte sich an seine Generäle, die blaß und schweigend dabeistanden, „ergreift die Brückenbauer.“ Er knirschte mit den Zähnen, und Schaum lief aus seinem Mund den Bart hinunter. Es folgte eine längere Pause, während alle Umstehenden schweigend warteten. Dann fielen des Königs Worte wie Hammerschläge. „Seht zu, daß keiner entkommt, und enthauptet sie alle!“

Xerxes stolperte in sein Zelt. Er schickte alle Anwesenden außer Harbona fort. Sein Wutanfall und die Enttäuschung hatten ihn ausgelaugt. Harbona wußte aus Erfahrung, was jetzt kam: Selbstzweifel, Ungewißheit und Reue. Der König würde für viele Stunden krank sein.

In Zeiten, wo der König einen solchen Wutanfall bekam, wünschte sich der Eunuch, Königin Vasti wäre noch bei ihnen. Harbona hatte nie viel für sie übrig gehabt, aber sie hatte es besser als jeder andere verstanden, den König zu beruhigen. Zwar hatte sie dies nicht getan, weil sie den König besonders liebte, sondern allein um ihrer eigenen Interessen willen. Doch sie hatte eine seltsame Macht über ihn ausgeübt.

Harbona blickte zum Ruhebett hinüber, wo Xerxes zitternd

unter einigen Decken lag. Dann schaute er sich in dem prunkvollen Zelt um. „Seltsam", dachte der Eunuche, „all der Reichtum, die gewaltige Macht, wozu sind sie jetzt nütze? Eines Tages wird er sich bei einem solchen Wutanfall selbst umbringen. Er ist König aller Völker, wird aber beherrscht von seinen Launen." Auf seine Weise liebte Harbona den König.

Xerxes öffnete die Augen und winkte matt mit der Hand. „Komm her." Harbona ging zu ihm und nahm des Königs Hand in die seinen. Sie war eiskalt.

„Ich hatte doch recht, sie alle enthaupten zu lassen, Harbona? Disziplin muß sein, vor allem in Kriegszeiten, sagte mein Vater immer. Er würde diese Männer auch alle getötet haben. Was meinst du?"

„Sicher, Majestät, ihr Vater hätte es auch getan."

„Du bist ein treuer Diener, Harbona. Aber du darfst keinem Menschen je erzählen, wie ich mich manchmal fühle. So wie jetzt."

„Niemals, mein Herr und König."

„Und, Harbona, wenn der Krieg vorüber ist und wir nach Susa zurückkehren, muß ich wieder eine Königin finden. Ich brauche jemand, der mich versteht und mich tröstet."

Harbona hielt die Hand des Königs fest, bis dieser eingeschlafen war. Die ganze Nacht blieb er neben Xerxes Bett sitzen, durchdrungen von einer Mischung von Sorge und Eifersucht.

Wie viele Eunuchen hatte auch Harbona eine komplizierte Natur. Er diente Xerxes schon seit Jahren mit Intelligenz, Ehrgeiz und großem Fleiß. Das hatte ihm eine Vertrauensstellung und auch großen Einfluß gebracht. Er fürchtete, eine neue Königin würde ihn wieder von dem ersten Vertrauensplatz an der Seite des Königs verdrängen, wie es bei Vasti schon gewesen war. Das gefiel ihm gar nicht.

Ein neues Problem galt es zu bewältigen. Der Hellespont mußte noch immer überquert werden. Doch Xerxes hatte in seiner Wut alle erfahrenen Brückenbauer und ihre Helfer töten lassen. Er ließ also so schnell wie möglich neue Männer heranschaffen, die sich die größte Mühe gaben und buchstäblich um ihr Leben arbeiteten, wenn sie an das Schicksal ihrer Vorgänger dachten. Es gelang ihnen, das Problem zu lösen.

Nach langer und harter Arbeit waren die beiden Brücken wieder fertig. Die eine bestand aus 360 Schiffen, die andere aus 314. Sie waren diesmal auch wesentlich besser gesichert, und jede Brücke hatte drei breite Durchlässe, so daß die anderen Schiffe weiterfahren konnten. Der König konnte mit seiner riesigen Armee den Marsch nach Europa antreten, um Griechenland zu unterwerfen.

6. Kapitel

Die Sonne stand im Zenit. Senkrecht brannten ihre Strahlen herab. Im Lager war Mittagsruhe, deshalb war es recht still. Die meisten Männer und Frauen saßen oder lagen irgendwo im Schatten und vertrieben sich die Zeit, so gut sie konnten.

Hinter einem großen Felsen, den Blicken der anderen verborgen, saßen ein Mann und eine Frau. Es waren Haman und Seresch. Sie war die Konkubine Schischias, eines Offiziers der Unsterblichen, und spielte hier ein gefährliches Spiel, indem sie mit einem anderen Mann vertraulich beisammen saß. Haman hatte Gefallen an ihr gefunden, und sie wußte, wie weit sie gehen mußte, um einen Mann zu reizen. Lachend rückte sie von ihm fort und sagte: „Haman, du bist ein interessanter Mann, aber wir dürfen nicht vergessen, daß ich zu Schischia gehöre."

„Du überlegst es dir besser noch einmal, Seresch", antwortete er. „Ich werde es im Leben sicher weiter bringen als dieser Soldat. Ich habe mir hohe Ziele gesetzt."

Amüsiert erwiderte sie: „Erzähle, Haman. Ich weiß, daß du ehrgeizig bist, aber erzähle näheres davon."

„Ich bin reich."

„Sehr reich?" wollte sie wissen.

„Ja."

„Woher hast du deinen Reichtum?"

„Ich bin klug und habe hart gearbeitet. Mein Vater war ein

armer Teppichweber in einem kleinen Dorf, aber kein geschickter Kaufmann. Als er starb, hatte ich seine kleine Werkstatt. Das war alles. Aber damit habe ich ein großes Geschäft aufgebaut und besitze jetzt einige der größten Teppichwerkstätten im ganzen Königreich. Außerdem habe ich natürlich noch andere Interessen."

„Das glaube ich", murmelte Seresch. „Du bist sicher auch verheiratet?"

„Meine Frau ist gestorben. Aber ich habe zehn sehr tüchtige Söhne. Einige sind mit hier bei der Armee."

„Zehn Söhne? Alle Achtung. Du bist ein richtiger Mann. Und du wohnst in Susa?"

„Geboren bin ich in einem kleinen Dorf. Aber jetzt wohne ich in Susa und hoffe, es dort noch sehr weit zu bringen."

„Möchtest du etwa der Anführer der Unsterblichen werden?" lachte Seresch. „Ich bewundere Strebsamkeit. Aber das schaffst du nicht. Du könntest ebenso versuchen, wie die Falken da oben zu fliegen. Du bist ja nicht einmal ein Perser."

Haman schüttelte den Kopf. „Der Führer der Unsterblichen? O nein. Da würde ich ja nur 10 000 Soldaten kommandieren. Damit bin ich nicht zufrieden. Ich strebe nach viel mehr."

„Noch höher", flüsterte sie. „Wonach strebst du, Haman?"

Haman verbeugte sich spöttisch vor ihr und sagte: „Du wirst es sehen, Seresch. Wie würdest du dich fühlen, wenn du die zweite Frau im Königreich wärst?"

Als Haman die Frau verließ, dachte er wieder über seine Pläne nach. Gut, jetzt war Krieg, und der mußte zuerst durchgestanden werden. Er würde sich Mühe geben, während des Feldzugs die Aufmerksamkeit des Königs so gut und so oft wie möglich zu erregen. Aber danach würde er nach Susa zurückkehren und dort seine Geschäfte weiter ausbauen. Er würde seine Söhne in Schlüsselpositionen bringen. Parsandatha zum Beispiel verstand sehr viel von Finanzen. Gern hätte Haman seinem ältesten Sohn das größte Bankgeschäft in Susa gekauft, doch das besaß ein Jude; wie den Juden überhaupt die meisten Banken im ganzen Reich gehörten. Wütend spuckte Haman aus.

Die Juden haßte er schon immer. Seine Mutter hatte diese Abneigung in sein Herz gepflanzt, indem sie ihm immer wieder erzählte, er stamme von einem königlichen Geschlecht, nämlich von Agag, dem großen König der Amoriter, der ein mächtiger Feind der Juden gewesen war. Vor nunmehr schon sehr langer Zeit hatte König Saul von Israel ihre Vorfahren geschlagen, und der Prophet Samuel hatte eigenhändig König Agag mit dem Schwert getötet. Seitdem stand Blut zwischen den Juden und den Agagitern. Seine Mutter schärfte Haman ein, daß sie an den Juden noch Rache zu nehmen hatten.

Und es schienen im Laufe der Jahre immer wieder Juden zu sein, die Haman im Wege standen. Versuchte er, eine Teppichhandlung zu kaufen, war der Besitzer ein Jude, der zu schlau war, sich betrügen zu lassen. Wollte er seinen Landbesitz vergrößern, gehörte einem Juden das meiste Land davon. Und nun, wo er seines ältesten Sohnes Zukunft sichern wollte, war wieder ein Jude im Weg.

Seresch sah ihm nachdenklich nach. Die zweite Frau im Königreich? Wessen Platz wollte Haman denn einnehmen? Gewiß, sie hatte sich schon immer nach einem großartigen Leben in Susa gesehnt. Aber würde Haman sein Ziel erreichen? Ehrgeizig genug war er, überlegte sie.

Sie würde Schischia verlassen müssen, wenn sie zu Haman hielt. Nicht, daß ihr dies etwas ausgemacht hätte. Ob etwas recht oder unrecht war, danach fragte sie nie, wenn es ihren Interessen diente. Aber sie hatte Angst vor dem Offizier der Unsterblichen. (Die Unsterblichen waren die Garde des persischen Königs.)

Schischia war schon mißtrauisch geworden und hatte sie eifersüchtig ausgefragt. Sie hatte geantwortet: „Ich bin dir noch nie untreu gewesen, mein Herr, und denke auch nicht an so etwas.“

Schischia hatte kalt erwidert: „Wenn ich dich je mit einem anderen Mann erwische, werde ich den Mann töten. Aber dich werde ich am Leben lassen, ich werde dich nur verstümmeln.“ Seresch wußte, daß er es ernst meinte.

Endlich war der Tag des Übergangs über den Hellespont gekommen. In der grauen Morgendämmerung schon wurden den Göttern auf eilig errichteten Altären Weihrauch und andere wohlriechende Gewürze als Opfer dargebracht. Als die Sonne aufging, erschien Xerxes in golden schimmernder Kleidung und goß aus einem goldenen Kelch Wein in den Hellespont. Immer noch zur Sonne aufschauend, betete er zu Mithra und flehte um Hilfe und Segen. Dann warf er den goldenen Kelch im weiten Schwung ins Wasser. Die Überquerung begann.

Als erste rückten die 10000 Unsterblichen über eine der beiden Brücken. Die andere wurde hauptsächlich vom großen Troß des Heeres benutzt. Nachdem die Brücken ihre Festigkeit bewiesen hatten, fuhr auch der leere Prunkwagen von Ahura Mazda hinüber, gefolgt vom Wagen des Königs. Sieben Tage dauerte es, bis das ganze Heer die beiden Brücken passiert hatte. Truppen genug zum Schutz der Brücken wurden zurückgelassen, aber das Heer zog nun weiter.

Sobald sie das Gebiet feindlicher Griechen betraten, begannen die Perser zu plündern, die Felder zu verwüsten und die Häuser zu verbrennen. So wälzte sich der Heerwurm weiter, bis er endlich vor dem Engpaß der Thermopylen eintraf. Hier hatten sich 400 Spartaner unter ihrem König Leonidas und eine Anzahl andere griechische Hilfstruppen zur Verteidigung eingerichtet. Eine bessere Stelle hätten sie nicht finden können, weil hier ein kleines Heer einer großen Übermacht lange standhalten konnte. Der Paß wurde stellenweise so eng, daß kaum zwei Wagen aneinander vorbei kamen.

Vier Tage wurden Xerxes Truppen von den Spartanern immer wieder zurückgeworfen. Laufend ließ der König neue und frische Soldaten angreifen. Doch die Spartaner hielten stand. Sollte er seine ganze Armee in diesem fürchterlichen Paß verlieren?

Dann kam Malis, ein griechischer Verräter zu den Persern. Feige und zugleich schlau hatte er überlegt, daß es wohl besser wäre, sich auf die Seite der scheinbar unbezwinglichen persischen Armee zu stellen. Er berichtete den persischen Generälen:

„Es gibt einen schmalen Fußpfad über die Berge der Thermopylen, auf diesem könnt ihr den tödlichen Paß umgehen.“

Durch dichte Eichenwälder führte der Verräter Kerntruppen des persischen Heeres in den Rücken der Verteidiger. Als die Spartaner und ihre Mitkämpfer nun von beiden Seiten angegriffen wurden, erlagen sie der Übermacht. Nicht einer entkam. Aber die Perser hatten mit großen Verlusten bezahlt und, was noch schlimmer war, sie hatten wertvolle Zeit verloren.

Während der langen heißen Märsche hatte Haman viel Zeit, über seine eigenen Ziele nachzudenken. Er nahm jede Gelegenheit wahr, sich beim König ins rechte Licht zu setzen. Auch sein Bemühen um Seresch, die ihn immer mehr reizte, gab er nicht auf. Die Tatsache, daß sie zu einem Offizier der Unsterblichen gehörte, machte die Sache für ihn nur noch erstrebenswerter. Er war doch sicher schlau und tüchtig genug, den Offizier auszustechen. Er, Haman, würde sein Ziel erreichen und Seresch mit ihm.

An einem Ruhetag während des Feldzugs in Griechenland ließ Haman die fünf seiner Söhne zu sich rufen, die wie er mit in der Armee waren. Als sie sich bei ihm versammelt hatten, sagte er: „Ich möchte mit euch über meine zukünftigen Absichten reden und bitte euch, daß ihr ebenfalls darüber nachdenkt, so daß wir einen guten Plan fertig haben, wenn wir nach Beendigung des Feldzuges nach Susa zurückkehren. Wenn wir zusammenhalten und jeder von euch sich bemüht, in der Hauptstadt eine Schlüsselposition einzunehmen, werden wir zu einem fast unschlagbaren Team. Du, Parsandatha, solltest weiter mit Grundbesitz handeln, doch wir müssen dich auch in das Bankgeschäft hineinbringen.“

„Bankgeschäft? Sicher“, nickte Hamans ältester Sohn, „aber keine kleine Bank. Du weißt, welche ich gern hätte.“

„Ich weiß, die des Juden.“

„Genau! Er war so unverschämt, mir ins Gesicht zu sagen, ich würde nicht lange genug leben, um all das über Finanzgeschäfte zu lernen, was er jetzt schon weiß", knurrte Parsandatha wütend.

„Hat er dir etwa gedroht?" fragte Haman.

„Das hätte er nicht gewagt. Juden sind nicht gerade die mutigsten Leute."

Alle lachten.

„Stimmt", nickte Haman, „und trotzdem werden sie im persischen Reich zu mächtig. Aber wir wollen uns vorläufig noch nicht mit ihnen beschäftigen, sondern mit unseren Plänen. Wir wollen auf allen Gebieten vorwärts kommen. Dazu werden wir auch oft große Feste geben, zu denen wir die einflußreichen Leute aus Susa einladen.

„Aber dann wirst du als Gastgeber wieder eine Hausfrau brauchen", lachte Parsandatha.

„Ich habe mir schon jemand ausgesucht", antwortete sein Vater.

„Im Ernst? Wen denn?" Alle Söhne fragten eifrig durcheinander.

„Ihr kennt sie nicht, doch wenn es an der Zeit ist, werde ich sie euch vorstellen", wehrte Haman die Fragen ab. „Ich denke, wir müssen noch mehr als bisher im Handel tätig werden, auf diese Weise halten wir die besten Verbindungen im ganzen Reich. Dalphon, ich glaube, du hast Begabung dafür bewiesen. Welches Gebiet würde dich interessieren?"

„Handel mit Edelsteinen und Schmuck, Vater."

„Und wie steht es mit dir, Adalia?"

„Ich interessiere mich nicht für den Handel, sondern möchte die Gesetze studieren. Ich möchte gern der beste Rechtsanwalt in ganz Susa werden."

„Dazu bist du nicht schlau genug", warf Dalphon ein. „Die besten Rechtsanwälte der Hauptstadt sind meistens Juden. Sie achten sehr darauf, daß sie ein recht exklusiver Stand bleiben."

„Schon wieder Juden. Aber unterschätzt mich nicht. Ich denke, ich bin klug genug und werde es schaffen", antwortete Adalia.

„Glaubst du denn, du hättest zum Beispiel eine Chance gegen den Juden David Ben-Bilsan?"

„Wer sagt denn, daß er Rechtsanwalt werden will? Als wir Susa verließen, war er fast noch ein Schuljunge."

Dalphon sagte achselzuckend: „Auch Schuljungen wachsen heran. Jedenfalls sprach er schon drei Sprachen; und seine Lehrer sagen von ihm, er sei ein hervorragender Schüler. Wir müssen ihn beobachten."

„Gut", unterbrach Haman die beiden, „das werden wir tun. Aspatha und Poratha, wofür interessiert ihr euch?"

„Poratha weiß schon sehr viel über den Teppichhandel", antwortete Aspatha. „Und ich, ich würde gern mit Wein handeln."

Haman nickte. „Parsandatha, notierst du dir alles ein wenig?"

„Ja, gern, aber ich glaube, daß auch der Hauptteil beim Teppich- und beim Weinhandel in der Hand der Juden ist. Wißt ihr, was so ein Jude zu mir gesagt hat, als ich sein Geschäft kaufen wollte? »Wenn unser israelitischer König Saul damals mit euren Vorfahren gründlicher verfahren wäre, brauchten wir uns heute nicht mit euch herumzuärgern.«"

Wütend rief Haman: „Es gibt einfach zu viele von ihnen. Und überall drängen sie sich hinein — in den Handel, in's Bankgeschäft und auch in's Immobiliengeschäft. Wenn es so weitergeht, werden sie uns die Luft abdrehen."

„Ich glaube, wir tun dem König einen guten Dienst, wenn wir das Reich von ihnen säubern", meinte Dalphon. „Vater, du hast uns immer gesagt, sie seien schon seit Jahrhunderten unsere Feinde."

„So ist es. Damals, unter König Saul, haben die Israeliten unsere Sippe fast ausgerottet. Vergeßt nie, daß wir königlicher Abstammung sind. Wir müssen noch mehr als bisher alles tun, was wir können. Auch eure jüngeren Brüder daheim kommen bald in das Alter, wo sie helfen können."

Sie diskutierten noch lange ihre Pläne. Parsandatha, der seinem Vater an Schläue und Intelligenz am nächsten kam, hatte die besten Gedanken beizutragen. Ehe sie auseinandergingen, ließ Haman noch einen Mann rufen, der ein geheimer Priester von Angru Manyu war, um Opfer zu bringen. Sie mußten die Götter auf ihrer Seite haben.

7. Kapitel

In dem großen Wohnraum, der von warmem Licht erhellt wurde, saßen Mordokai und Hadassa mit ihrem alten Freund Bilsan, einem jüdischen Gelehrten, beim Abendessen. Bilsan hatte die große Familie seines Sohnes zu sich genommen, als dieser in dem Krieg in Griechenland gefallen war. Er wohnte in Susa in einer noch vornehmeren Gegend als Mordokai.

Während des Essens hatte man sich über den Krieg unterhalten. Mordokai, der durch seine Position mehr zu hören bekam als die meisten anderen, berichtete von den letzten Neuigkeiten. „Unsere Truppen fanden ganz Attika verlassen, und von der Bevölkerung Athens waren nur die Fanatischsten zurückgeblieben. Sie hatten sich auf der Akropolis verbarrikadiert, konnten sich aber gegen unsere anstürmenden Truppen nicht lange halten und starben, während sie zu Athene schrien."

„Wer ist Athene?" fragte Hadassa.

„Die griechische Göttin der Weisheit", erwiderte David und lächelte sie an. Er rückte sich vor Hadassa gern ein wenig ins Licht.

„Woher wissen wir immer so schnell, was in Griechenland geschieht?", wollte eines der jüngeren Enkelkinder wissen.

„Man sendet von hohen Plätzen aus Lichtsignale, die von der nächsten Station weitergegeben werden", erklärte Mordokai.

„Und um die persische Armee steht es gut?“ wollte Bilsan wissen.

„Nicht ganz“, erwiderte Mordokai. „Es gab einen dreitägigen wilden Sturm, dadurch gingen einige Schiffe verloren.“

Bilsan nickte nachdenklich. „Der große König aller Völker muß lernen, daß es Kräfte gibt, die auch er nicht kontrollieren kann.“

„Es sind einige hunderttausend Soldaten und mindestens nochmals die gleiche Anzahl von Männern und Frauen, die alles, was die Soldaten brauchen, transportieren. Und natürlich auch eine riesige Zahl von Reitpferden, Lastpferden, Eseln und Kamelen.“

Der Junge überlegte: „Aber wenn es so viele Menschen und Tiere sind“, fragte er endlich, „woher nehmen sie zu essen und zu trinken?“

„Dieses riesige Heer von Menschen und Tieren trinkt Teiche und Bäche und sogar kleine Flüsse so gut wie leer. Man erzählt, daß sogar ein kleiner See noch tagelang trocken gewesen ist, als das Heer vorübergezogen war, und sich erst langsam wieder gefüllt hat.“

„Und das Land selbst muß ja aussehen wie Ägypten, nachdem die Heuschreckenplage darüber hinweggezogen war“, meinte Bilsan kopfschüttelnd. „Welch eine Verschwendung und Verwüstung.“

Eifrig wollte der Junge wissen: „Glaubst du, es wird noch Krieg sein, wenn ich alt genug bin, um auch noch Soldat zu werden? Ich möchte so gern.“

David strich ihm durch das Haar und sagte: „Erst komme ich an die Reihe, kleiner Bruder. Ich werde bald alt genug sein.“

„Und wenn du gehst, werde ich mit dir gehen“, stimmte Jakob zu. Er war der beste Freund Davids und auch als Gast im Hause.

„Mag es Jahwe gefallen, daß der Krieg zu Ende ist, ehe einer von euch geht“, murmelte Bilsan. „Es reicht doch eigentlich schon, daß euer Vater im Krieg starb.“

Nach Beendigung der Mahlzeit gingen die jungen Leute und

die Kinder in den Garten. „Hadassa", David nahm ihre Hand und zog sie zu einem Pfirsichbaum. Die beiden jungen Leute waren gleichaltrig, und David war der Meinung, Hadassa sei das schönste Mädchen in ganz Susa. Jakob und seine Schwester Ruth kamen auch zu ihnen unter den Baum.

„Es ist schon einige Monate her, seit wir vier einmal zusammen waren. Habt ihr übrigens schon die neue Laute gesehen, die David von seinem Großvater geschenkt bekam?" fragte Ruth.

„Du hast eine neue, David? Das ist fein. Bitte, spiele doch für uns", rief Hadassa.

„Na gut, aber ich spiele doch längst nicht so gut wie du."

„Ach, du willst doch nur gelobt werden. Also gut", lachte Hadassa, „du bist der beste Lautenspieler in... in..."

„In diesem Garten", fiel Jakob lachend ein, „spiel uns etwas Fröhliches."

Die anderen begannen zu Davids Melodien zu tanzen und verbrachten eine fröhliche Zeit dort im Garten. Silbern stand der Mond über ihnen. Nach einiger Zeit wurden die jüngeren Kinder von der Haushälterin gerufen. Sie mußten ins Bett. Auch Ruth und Jakob verabschiedeten sich und dankten für die Gastfreundschaft.

Langsam gingen Hadassa und David ins Haus zurück. Ernst blickte David das Mädchen von der Seite an. „Glaubst du, daß sie uns verloben werden, Hadassa?" fragte er plötzlich.

Sie blieb überrascht einen Moment stehen. Dann lachte sie leise. „Ich weiß nicht, David, was sie vorhaben. Komm, laß uns ins Haus gehen. Ich glaube, wir haben noch ein wenig Zeit, um über diese Dinge zu reden." Sie gab ihm einen leichten Schlag auf die Schulter. Mit dem Ruf „Der letzte ist der Esel", rannte sie zum Haus.

In Griechenland rollte die persische Lawine weiter. Xerxes beschloß, die griechische Flotte bei Salamis an einer Landenge zum Kampf zu stellen und in die Falle zu treiben. Dann wollte er nach Sparta weiterziehen.

Der König berief einen Kriegsrat in sein Prunkzelt, wo er jeden der Führer nach seiner Meinung fragte. Alle stimmten dem Plan des Königs zu, außer der einzigen anwesenden Frau. Es war Artemisia von Halikarnassos. Sie hatte fünf Schiffe für die persische Flotte gestellt und ausgerüstet und führte sie auch selbst. Deshalb glaubte sie, auch ihre Meinung sagen zu können.

Artemisia verstand etwas von Seemannschaft und war sehr klug. Sie warnte den König und sagte: „Sucht keine Seeschlacht, Majestät. Die Griechen sind auf dem Meer zu erfahren. Ihr habt Athen und den Rest von Griechenland. Sparta wird sich auch nicht für immer halten können. Haltet eure Flotte nur in Bereitschaft. Die Griechen werden nicht so lange durchhalten, sondern bald kapitulieren."

Ihre Freunde waren erschrocken, weil sie glaubten, der König, der Widerspruch kaum vertrug, würde wieder einmal in Zorn ausbrechen. Doch Xerxes, der aufmerksam zugehört hatte, lachte nur. „Die Dame in unserer Mitte irrt diesmal, glaube ich", meinte er. „Gewiß, wir haben einige Seegefechte gegen die Griechen verloren. Aber das lag wohl daran, daß ich selbst nicht dabeigewesen bin. Dieses Mal werde ich anwesend sein und vom Ufer aus die Schlacht beobachten. Ich denke, da ist uns der Sieg sicher."

Der Plan des Königs wurde in die Tat umgesetzt. Die riesige persische Flotte lief aus, um die griechischen Schiffe bei Salamis zu blockieren. Eine lange dreifache Reihe von Schiffen versperrte die östliche Ausfahrt nach Salamis, und westlich davon hatten sich noch weitere 200 Schiffe gesammelt. Die Griechen saßen in der Falle und stritten untereinander, was zu tun sei. Da ihnen auch der Nachschub abgeschnitten war, mußten sie bald Hunger leiden.

Da den Griechen kaum eine andere Wahl blieb, nahmen sie die Schlacht an. Xerxes hatte seinen Thron gegenüber der Durchfahrt von Salamis an einem höher gelegenen Platz aufstellen lassen, um von dort aus den Kampf zu beobachten. Es wurde eine der größten Seeschlachten der Weltgeschichte. Eine von denen, die den Lauf der Geschichte ändern.

Fast den ganzen Tag dauerte der Kampf. Die Griechen, die für sich keinen Ausweg mehr sahen, kämpften mit dem Mute der Verzweiflung. Da die meisten griechischen Kapitäne auch viel erfahrener waren in der Führung ihrer Schiffe als die Perser, gelang ihnen der Durchbruch durch die Reihen der persischen Schiffe. Diese wurden zusammengedrängt und eines nach dem anderen vernichtet. Die Voraussage von Artemisia erfüllte sich.

Die persische Flotte wurde besiegt und verlor 200 ihrer Schiffe. Die übrigen waren weit zerstreut und flohen. Des Königs Bruder Artabazanes, Admiral der großen Flotte, wurde im Kampf getötet. Auch drei Neffen des Königs fielen in der Schlacht.

Der König wollte nicht begreifen, was sich vor seinen Augen abspielte. Er war ein Achämenide, und diese Familie kannte das Wort Niederlage in ihrem Sprachschatz nicht. Von Darius war er in der Denkweise der persischen Könige erzogen worden. Deshalb hatte es für ihn nie einen Zweifel gegeben, daß Persien die stärkste Macht der Welt sei und alles sich unterordnen müsse. Wer dies nicht tat, wurde besiegt und gezwungen oder vernichtet. Das persische Reich jedenfalls mußte immer weiter wachsen. Wenn er erst mit Griechenland fertig war, würde vielleicht Italien an die Reihe kommen oder das südliche Indien. Man würde sehen. Er war mit seiner Armee in diesem Feldzug ja auch fast ohne Widerstand durch Thrakien und Mazedonien gezogen. Er hatte die Spartaner bei den Thermopylen durch die Umgehung überlistet und Athen eingenommen. Er war Xerxes, der Herr der Welt.

Und nun dieses! In einem Tag wurden seine Hoffnungen, die auf seiner großen Flotte ruhten, zerschlagen und lagen in den blutrot gefärbten Wassern vor Salamis. Nein, das konnte nicht wahr sein. Es war, als hinge ein Vorhang zwischen ihm und der Realität dort auf dem Meer. Ihm schien, als ginge ihn das alles gar nichts an. Er saß wie versteinert.

Endlich wagte es Harbona, sich ihm zu nahen. Mit einer tiefen Verbeugung murmelte er: „Großer König...?“

Ein tiefer Seufzer, der aus der innersten Seele kam, entfuhr dem König. ,,Bring mich hier weg", sagte Xerxes. Harbona war, als gehöre die Stimme gar nicht dem König, beeilte sich aber, dem Befehl zu gehorchen.

Der König grübelte: Was war falsch gewesen? Wieso konnten sie besiegt werden? Immer wieder standen die demütigenden Szenen der Niederlage vor seinen Augen. Er wandte sich an seinen vertrauten Kammerherrn: ,,Harbona, wo war der Gott Mithra? Hat er uns verlassen? Wo war die Gerechtigkeit von Ahura Mazda? Wie konnte dies alles geschehen?"

Die ganze Nacht lag er wach und dachte über die Schlacht nach. Plötzlich kam ihm ein neuer Gedanke. ,,Seine Schiffsbrücken!" Er richtete sich im Bett auf. Die Griechen würden zum Hellespont fahren und die Brücken zerstören. Dann würde er mit seiner Armee von seinem Reich abgeschnitten sein. Ein erschreckender Gedanke.

Xerxes geriet in Panik. Er vergaß, daß er noch seine ganze Armee hatte, die nicht besiegt worden war. Er dachte nicht daran, daß die Griechen viel zu schwach waren für weitere Unternehmungen und selbst untereinander zerstritten. Er verlor jeden Sinn für die Realitäten und sah nur noch schwarz.

So schnell es ging, ließ er seine Generäle und alle erreichbaren Flottenführer zusammenrufen. ,,Was meint ihr", fragte er die Versammelten, ,,wo meine Anwesenheit am nötigsten ist? Soll ich selbst den Peloponnes angreifen und erobern oder werde ich mehr in Susa gebraucht, um das Reich zu regieren? Mardonius behauptet, er könne Griechenland mit einer Armee von 300 000 Mann allein erobern — und ich glaube ihm. Er möchte mir seine Fähigkeiten zeigen. Was, meine Herren, ist eure Meinung?"

Wieder meldete sich Artemisia, die aufgrund ihrer seemännischen Fähigkeiten ihre Schiffe heil aus der Schlacht gebracht und dort tapfer gekämpft hatte: ,,Majestät, ihr solltet eure königliche Person nicht unnütz in Gefahr bringen. Laßt nur

Mardonius machen. Wenn er Erfolg hat, wird es doch euer Sieg sein." Die anderen nickten.

Xerxes lobte Artemisia für den weisen Rat und beschloß danach zu handeln. Also zog er, begleitet von 60000 Mann ausgewählter Truppen, zurück zum Hellespont und weiter nach Sardes. Er trug seinen Kopf so hoch, als käme er als Sieger zurück. Nur Mardonius und Harbona, die ihn besser kannten, wußten, welcher Sturm in seinem Inneren tobte.

Der Rückweg wurde bitter. Die königlichen Truppen hatten das Land auf dem Vormarsch ausgeplündert und verwüstet. Nun mußten die Soldaten Gras und die Rinde von den Bäumen essen. Krankheiten machten sich unter ihnen breit, und viele starben.

Ein ganzes Jahr blieb Xerxes noch in Sardes, ehe er nach Susa zurückkehrte. Er hielt von Sardes aus ein waches Auge auf die ionischen Griechen und beobachtete aus der Nähe den Feldzug in Griechenland. Er war fast immer mürrisch und lebte zurückgezogen, und von Zeit zu Zeit brach einmal sein unbeherrschter Zorn aus.

In den Reihen der Truppen, die den König auf seinem Rückweg begleiteten, war auch Haman. Er hatte erfahren, daß der Offizier Schischia bei einem Kampf mit den Griechen gefallen war. Darüber hatte er sich zuerst gefreut, doch dann packte ihn Furcht. Wo war Seresch? Als Konkubine eines getöteten Offiziers der Unsterblichen würde man sie auch töten, es sei denn, sie hatte irgendwie entkommen können. Doch das war unwahrscheinlich.

Von innerer Furcht getrieben fragte er viele Soldaten und suchte an vielen Lagerfeuern. Ja, einige konnten sich an Seresch erinnern, doch niemand wußte, was mit ihr geschehen war. Diese Frauen wurden ja gewöhnlich getötet. Doch auch das hatte niemand gesehen. Es war nichts genaueres zu erfahren.

Er suchte seinen Gott Angru Manyu und brachte ihm reiche Opfer. Doch auch hier erhielt er keine Antwort. Seresch hatte einen wichtigen Platz in seinen zukünftigen Plänen eingenommen. Gab es vielleicht geheime Mächte, die sich seinen Absichten in den Weg stellten? Haman war sehr abergläubisch. Doch unermüdlich forschte er weiter nach der Frau, um herauszufinden, was mit ihr geschehen war.

8. Kapitel

Susa trauerte! — Als die Einnahme Athens bekannt wurde, hatte man in der Stadt gefeiert. Wie konnte es auch anders sein. Ihr König Xerxes war mit einer riesigen, unbezwingbaren Armee losgezogen. Es konnte nur Siege geben. Und nun — Salamis!

Nach dem Schock kam die Furcht. Was, wenn der König vielleicht auch tot war? Hatte Mithra seinen Schutz zurückgezogen? Und wenn es so sein sollte, was war dann mit dem König geschehen? Männer zerrissen ihre Kleider, und Frauen weinten und heulten. Bald war man sich einig: Es war sicher alles Mardonius Schuld. Er hatte den König zu diesem Abenteuer überredet. „Wartet nur, wenn er heimkommt ..." Sie wußten nicht, daß Mardonius nie mehr heimkommen würde, sondern in der Nähe von Platea im Kampf fiel.

Der Winter ging vorüber. Als der Frühling das Land wieder mit Farben überzog, ging plötzlich die Nachricht durch die Stadt: Der König kommt.

Susa explodierte wie ein bunter Vulkan. Von der Burg an bis in die letzten Straßen der Stadt waren alle Häuser mit bunten Tüchern und Blumen geschmückt. Auf den Hausdächern und Stadtmauern standen die Menschen dicht an dicht, und auch in den Straßen, durch die der König zur Burg fuhr, drängten sich die Menschen. Lautes Freudengeschrei erscholl, als man den

Zug von fern nahen sah. Doch als der König heran war, warfen sich alle auf die Erde und schwiegen.

Xerxes stand in seinem Wagen und schaute starr geradeaus. Nicht ein einziges Mal wandte er den Kopf nach rechts oder links auf die vielen Menschen. Als der Vertreter Ahura Mazdas auf Erden war es unter seiner Würde, durch eine Handbewegung oder Kopfnicken dem Volk, das sich zu seiner Begrüßung versammelt hatte, seine Anerkennung zu zeigen. Alle, die es wagten, den Kopf ein wenig zu heben und ihn verstohlen anzuschauen, erschraken über sein Aussehen. In Haar und Bart hatten sich weiß schimmernde Strähnen eingeschlichen, und unter den Augen lagen tiefe Falten. Ohne Zweifel hatte die Niederlage ihre Zeichen im Gesicht des Königs hinterlassen.

Als Xerxes Prunkwagen vorüber war, sprangen die Menschen auf und begannen laut zu rufen: „Groß ist Xerxes, der König aller Völker! Größter König der ganzen Erde und König der Könige! Groß ist Xerxes der Achämenide!"

Als des Königs Wagen die Burg erreichte, wurde er in seiner Sänfte von Sklaven die lange Treppe hinaufgetragen. Oben stieg er aus und wandte sich den unter ihm in den Straßen und auf den Häusern stehenden Menschen zu. Mit königlicher Geste streckte er sein goldenes Zepter über die Stadt aus, zum Zeichen, daß er ihr gnädig gesinnt war. Dann drehte er sich um und verschwand in seinem Palast. In den Straßen und Häusern feierte man Feste, weil der König gesund und heil heimgekehrt war.

Auch in Mordokais Haus feierte man. Einflußreiche Männer, mit denen er am königlichen Gerichtshof zu tun hatte, waren mit ihren Frauen seine Gäste. Berge von auserlesenen Speisen und große Krüge der besten Weine standen auf dem Tisch oder wurden von den Dienern hereingetragen. Aber Hadassa, die das Fest vorbereitet hatte, war nirgends zu sehen. Wenn ihre jüdischen Freunde zu Gast waren, erlaubte Mordokai, daß sie am Mahl teilnahm und anschließend oft sang und auf ihrer Harfe spielte. Doch er hatte nicht die Absicht, den Heiden zu erlauben, seine Tochter zu betrachten.

Am Vormittag hatte er ihr erlaubt, mit einem dichten

Schleier vor dem Gesicht mit den Frauen ihres Haushalts auf das Hausdach zu gehen, um den Einzug des Königs zu beobachten. Hadassa war ganz begeistert vom Dach zurückgekehrt. Das farbige Schauspiel des königlichen Zuges, die buntgeschmückten Straßen und der Jubel des Volkes hatten sie gepackt. Mordokai nahm sich erneut vor, sie von dem lockeren Königshof fern zu halten. Die Frauen des auserwählten Volkes Israel waren eben anders als die Frauen der Perser.

Jetzt, am Abend, saß sie in ihren eigenen Räumen im Obergeschoß des Hauses. Mehr nachdenklich als verärgert schaute sie in einen silbernen Spiegel: „Ich bin schon 14 und kenne niemand, den ich heiraten möchte“, überlegte sie. Gewiß, da war immer noch David, der liebe Kerl. Aber sie betrachtete ihn mehr als einen Bruder, und andere junge Männer kannte sie kaum. „Aber ich möchte Kinder haben“, dachte sie.

Sie ging auf den Balkon, von dem aus sie auf den Garten schauen konnte. Vielleicht wird Jahwe so gnädig sein und mir erlauben, die Mutter des Messias zu werden? Sie schaute zu den Sternen hinauf und mußte lachen. „Hadassa“, sagte sie zu sich selbst, „du bist dumm.“ Wahrscheinlich hatte jedes jüdische Mädchen in Persien, nein in der ganzen Welt, diesen Wunsch und betete deshalb jeden Abend zu Gott. Wie kann Jahwe all diese Gebete erhören? Für fast alle von uns, mit Ausnahme einer, muß die Antwort „nein“ heißen.

Im Palast ging Xerxes innerlich aufgewühlt in seinem Schlafgemach auf und ab und unterhielt sich mit Memukan. „Was hat sich in der Zwischenzeit alles in Susa ereignet, Memukan?“ fragte er.

Memukan berichtete von den Palastintrigen, über Steuern und Zölle, von den Ereignissen in den einzelnen Satrapien und vom Fortschritt der Bauvorhaben in Parsa. Als er des Königs Lieblingsprojekt erwähnte, leuchteten dessen Augen zum ersten Mal interessiert auf: „In Parsa geht alles gut voran?“

„Ja, Majestät, sehr gut. Der Palast eures Vaters ist nahezu fertiggestellt. Die Bauarbeiter beginnen jetzt mit eurem eigenen."

„Ausgezeichnet. Und wie steht es mit den Wandreliefs und den Figuren auf den Stufen?"

„Sie sind großartig geworden, Majestät. Ich werde euch Zeichnungen davon bringen. Wenn ihr wünscht, dann jetzt noch."

„Nein, nein, es hat Zeit bis morgen. Parsa wird eines der großen Weltwunder werden, Memukan, ist dir das bewußt?"

„Es wird ein Monument eurer Größe, mein Herr König."

„Und von der Größe meines Vaters."

„Selbstverständlich, Majestät."

Doch während die Tage so dahingingen, begannen die sieben Fürsten sich des Königs wegen Sorgen zu machen. Er war nicht mehr derselbe wie vor dem Feldzug nach Griechenland. Die Demütigung bei Salamis und die weiteren Niederlagen des persischen Heeres, der Tod von Mardonius und Masistion und der Verlust seiner Flotte schienen ihn tiefgehend verändert zu haben. Er war oft launig, unentschlossen und gelangweilt. Da ihn nach seiner Meinung niemand verstand, begann Xerxes wieder über Vasti nachzudenken. Je mehr er über seine Königin nachdachte, um so mehr fühlte er sich beraubt.

Eines Tages warf er Memukan vor: „Es ist alles deine Schuld, ganz allein die deine. Ohne deinen Rat wäre ich nicht so hart mit Vasti verfahren. Warum mußte sie aus meiner Gegenwart verbannt werden? Ich hätte sie bestrafen können und ihr für eine Weile meine Gegenwart entziehen. Aber nachher wäre alles wieder in Ordnung gewesen."

Memukan wagte nicht darauf hinzuweisen, daß nur das Gesetz damals Xerxes daran gehindert hatte, Vasti in seiner Wut zu töten.

„Ich vermisse sie so. Ich bin einsam ohne sie!" Wütend fuhr der König Memukan an: „Fluch über dich und deine Nachkommenschaft."

Von dem großen König verflucht zu werden, durfte man nicht leicht nehmen. Immerhin war er Ahura Mazdas irdischer

Repräsentant, und seine Macht wurde nur noch von der des Gottes übertroffen. Memukan war ein wenig blasser geworden. „Majestät, glaubt mir, ich bin euer treuer Diener. Bei eurem ausgezeichneten Gedächtnis werdet ihr euch selbst erinnern, wie ernst eure Königswürde durch das Benehmen der Königin verletzt wurde. Und, mein Herr König, ihr habt damals sehr selbstlos gehandelt. Alle weisen Ratgeber und auch wir sieben Fürsten erkannten klar, welch selbstloses Opfer ihr um des Königreichs willen gebracht habt."

Das hörte sich gut an. Xerxes befahl Memukan mit einer Handbewegung, seine Gedanken weiter darzulegen.

„Es ging doch damals um den schlechten Eindruck, den der Ungehorsam der Königin eurer Majestät gegenüber in allen Familien des Königreichs machen würde. Ihr, mein Herr König, hattet das klar erkannt und deshalb diesen schwierigen Schritt getan. Ihr habt eure königliche Pflicht über euer Vergnügen gesetzt, das Wohlergehen des Königreichs über eure eigenen Wünsche."

Der König nickte. „Du hast doch wieder recht, Memukan. Ich bin heute eben nicht recht in Stimmung. Aber wo kann ich für Vasti Ersatz finden? Da fällt mir ein, daß du mir vor dem griechischen Feldzug sagtest, du hättest einige gute Gedanken in dieser Hinsicht."

Memukan hatte zwar damals keine gehabt, wie er sehr wohl noch wußte. Aber in der Zwischenzeit hatte er mit den sechs anderen Fürsten oft über diesen Punkt gesprochen und war nun zur Antwort bereit: „Ich dachte, Majestät, wir könnten in eurem ganzen Königreich Jungfrauen suchen lassen. Setzt Beauftragte in jeder Provinz ein, um die schönsten jungen Frauen zusammenzubringen. Sie sollen nach Susa in den Harem gebracht und unter die erprobte Aufsicht Heges, des obersten Haremkämmerers, gestellt werden."

„Aber Memukan, ich habe doch schon jetzt in meinem Harem Frauen und Jungfrauen genug", erwiderte der König.

„Aber hier kämen neue Gesichter aus vielen Ländern, und jede von ihnen kommt einmal zu euch für eine Nacht. Und von all diesen schönsten Jungfrauen des Königreichs wählt ihr dann eure Königin."

Xerxes sah ihn länger als gewöhnlich schweigend an, so daß es Memukan schon ungemütlich wurde. Wenn dem König seine Idee nicht gefiel, was dann?

„Sehr schön", die königliche Stimme klang zufrieden. „Ich werde also all die Jungfrauen eine nach der anderen zu mir nehmen und dann endlich, in einer Nacht, wird die eine kommen, die so schön und würdig ist, daß sie meine Königin werden kann. Ja, Memukan, der Gedanke ist gut. Die Schönsten aus meinem ganzen Königreich werden alle mein sein. Du bist doch ein unentbehrlicher Ratgeber. Gehe sofort an die Arbeit und lasse das Gesetz fertigmachen und aufschreiben. So schnell wie möglich soll es im ganzen Königreich verbreitet werden."

Am nächsten Morgen summte ganz Susa vor Erregung. Viele Schreiber hatte man noch am Abend zusammengerufen. Sie hatten die ganze Nacht gesessen und das königliche Gesetz in die vielen verschiedenen Sprachen des Reiches übersetzt und abgeschrieben. Nun füllte sich einer der Höfe am Palast mit vielen der schnellen persischen Botenreiter, die sich darauf vorbereiteten, das Gesetz auf schnellen Pferden in jeden Winkel des riesigen Reiches zu tragen.

Die Stallknechte und Sklaven waren emsig dabei, die Pferde für die Botenreiter fertig zu machen. Diese prüften mit Hilfe anderer Diener nochmals ihre Ausrüstung und ihre Waffen, denn sie mußten weite, beschwerliche und oft auch gefährliche Wege reiten.

Als die ersten Sonnenstrahlen in den Hof fielen, in dem die Boten warteten, kam ein königlicher Beamter aus dem Palast die Stufen in den Hof herunter. Er rief laut: „So sagt Xerxes, der große König, der König aller Könige, der König aller Völker..." Er las das Gesetz laut vor, das die schönsten Jungfrauen des Reiches an den Königshof rief. Sklaven teilten in der Zwischenzeit die in der Nacht abgeschriebenen Kopien des

Gesetzes in den einzelnen Sprachen an die jeweils dafür bestimmten Kuriere aus.

Lachend schwangen sich die Reiter auf ihre schnellen Pferde und verließen Susa in mehreren Gruppen nach Norden, Süden, Osten und Westen, um sich unterwegs immer mehr aufzuteilen und voneinander zu trennen, je nachdem, in welche Provinz ihr Weg sie führte. Des Königs Befehl war unterwegs. In etwa zwei Wochen würde man ihn im ganzen Reich kennen. Diesmal war es keine Botschaft von Krieg und Tod, die von den Kurieren hinausgetragen wurde, sie trugen vielmehr ein großes unsichtbares Netz, in dem die schönsten Jungfrauen des Königreichs gefangen werden sollten.

Auch Haman war mit seinen Söhnen wieder in Susa eingetroffen. Er begann sofort ihre Pläne in die Tat umzusetzen. Während Adalia begann, bei einem Babylonier die Gesetze zu studieren, gelang es Parsandatha mit seiner Schläue, eine Anstellung in der Bank zu bekommen, die er später einmal an sich reißen sollte. Dalphon begann einen schwungvollen Edelstein- und Schmuckhandel und versorgte die Damen in Susa mit den schönsten Juwelen und Schmuckgegenständen, die aufzutreiben waren. Poratha übernahm Hamans beste Teppichwerkstatt, um sich auf diesem Gebiet einzuarbeiten, während Aspatha sich schon sehr bald zu einem Experten auf dem Gebiet des Weines entwickelte. Die fünf jüngeren Brüder genossen den besten Unterricht, den Haman ihnen angedeihen lassen konnte, um später einmal mit ihren älteren Brüdern und dem Vater den Einfluß der Familie über das ganze Reich auszudehnen.

Hamans großes und eindrucksvolles Haus stand in einer der besten Wohngegenden der Stadt, am Fluß Choaspes. Häufig gab er dort für die vornehmen und einflußreichen Leute von Susa große Feste. Er selbst war ein weitgereister, erfahrener und studierter Mann, der mehrere Sprachen beherrschte. Er hatte reiche Kenntnisse über die verschiedenen Kulturen, den Handel und die Herstellung der verschiedensten Erzeugnisse in dem großen Königreich. In vielen Satrapien des Königreichs kaufte er sich Grundbesitz, und er verstand es außerdem, vielen einflußreichen Leuten den einen oder anderen Gefallen zu tun, so daß sie bei ihm in der Schuld waren.

Besondere Mühe verwandte Haman darauf, herauszufinden, was dem König besonders gefiel, sei es auf dem Gebiet der Pferde, des Schmuckes oder der Frauen oder bei anderen Dingen. Hier fand er einen großen Helfer in Marsna, einem der sieben Fürsten, der genauso habgierig und ehrgeizig war wie Haman und die Juden ebensosehr haßte. Außerdem war Marsna ein leidenschaftlicher Spieler und benötigte deshalb immer wieder Geld. Damit versorgte ihn Haman reichlich und erhielt dafür immer die neuesten und wertvollsten Informationen aus dem innersten Beraterkreis des Königs.

Hamans Haß gegen alle Juden wuchs immer mehr. Er ärgerte sich nicht nur über ihren Geschäftssinn und ihre hohen Fähigkeiten auf fast allen Gebieten, sondern auch über den Reichtum ihrer Häuser, ihren Geschmack, ihre Kultur und über ihre wohlerzogenen Frauen und Kinder. „Kein Wunder, daß unsere Vorfahren mit dieser Brut nicht in Frieden leben konnten", schimpfte er. „Sie raffen soviel Reichtum zusammen wie möglich und senden vieles davon nach Jerusalem, in dieses Pestloch in der fernen Provinz. Ich glaube, der König sollte erfahren, daß die Juden nie von ihren Sitten und ihrer Religion lassen und sich nie in das Reich einfügen werden."

Und nun kamen sie aus jeder Satrapie des Reiches — mandeläugige Ägypterinnen, exotische Babylonierinnen und stolze Assyrerinnen. Da waren arabische Mädchen und solche aus Medien, von Armenien, Parthien und Kappadozien, Baktrien und Gandara. Jede Satrapie sandte ihre schönsten Jungfrauen. Noch nicht einmal unter Hammurabis Regierung hatte man eine größere Sammlung schöner Mädchen an einem Ort gesehen. Manche waren voller Erwartungen, andere ehrgeizig. Doch da gab es auch solche, die sich fürchteten und voller Trauer waren, weil man sie von ihren Lieben, ihrer Familie und aus ihrer vertrauten Umgebung gerissen hatte. Gar manche hatten einen jungen Mann zurückgelassen, den sie liebten und bald hatten heiraten wollen.

Tag für Tag kamen neue Gruppen in die Hauptstadt. Größere und kleinere, blonde, schwarz- oder rothaarige Mädchen. Fast keine von ihnen war über 18, die meisten mochten 14—15 Jahre alt sein. Sie kamen auf Kamelen oder reich geschmückten Pferden, in Sänften, die getragen wurden von Sklaven, und einige aus Indien kamen sogar auf Elefanten. Jede Schar einer Satrapie wurde von einem Beamten und Soldaten begleitet.

Schon jetzt, bei ihrer Ankunft, betrachteten sie sich gegenseitig mit Mißtrauen, weil manche in den anderen Rivalinnen um die Gunst des Großkönigs sahen. In dem Palasthof, zu dem die Gruppen alle geführt wurden, herrschte eine Atmosphäre von Erwartung, Rivalität, Aufregung und Furcht, während die Palastbeamten mit langen Listen von Gruppe zu Gruppe gingen, die Namen aufschrieben und für die Unterbringung all der Mädchen zu sorgen hatten. Hege, der Oberkämmerer des Harems, war manchmal nahe daran, seine stets zur Schau getragene würdevolle Haltung zu verlieren, und man hörte ihn böse Worte über Frauen im allgemeinen und über die, welche jetzt gekommen waren, im besonderen sagen.

Nicht alle Mädchen waren reich. Einige kamen sogar zu Fuß und machten eher einen verschämten Eindruck. Sie wurden auch nur von wenigen Dienerinnen und Soldaten begleitet. Doch diese Mädchen waren besonders auserlesene Schönheiten. „Wir werden hier zusammengetrieben wie Rinder, die man verkaufen will“, klagte eine Baktrierin. „Es ist entwürdigend.“

„Vorsicht, sprich nicht so laut“, warnte eine große Blonde, die neben ihr stand, „die Wachen von den Unsterblichen stehen recht nahe, und sie haben gute Ohren.“

Es dauerte lange, bis für all die Mädchen und die sie begleitenden Dienerinnen die nötigen Unterkünfte besorgt waren. Viele von ihnen waren aus adligen Familien und einige sogar Töchter von Satrapen. Das lange Warten machte viele ungeduldig. Sie begannen zu schimpfen, andere weinten und alle zeigten Zeichen von Erschöpfung. Die bei der Ankunft noch so lebendigen und hübsch zurechtgemachten Mädchen wurden immer blasser und mehr und mehr von Schweiß und Staub bedeckt. Jede, für die Unterkunft gefunden war und die das weitläufige Haremsgebiet betreten durfte, tat es mit Erleichterung, die anderen, die immer noch warten mußten, wurden mehr und mehr apathisch.

Von einem guten Aussichtspunkt vom Schloß aus schauten Marsna — einer der sieben Fürsten — und Haman dem Getriebe zu.

„Welch ein Anblick", meinte Marsna, während er sich nachdenklich am Ohr kratzte. „Sieh einmal die kleine Rothaarige, die wird dem König sicher gefallen."

Haman schüttelte den Kopf. „Ich glaube", antwortete er, „der König mag eher die Mädchen aus Baktrien, sie sind alle so feurig."

„Ich wundere mich über dich, Haman", sagte Marsna. „Der König scheint dir täglich mehr sein Vertrauen zu schenken. Sicherlich weißt du also auch schon manches darüber, was er mag und was nicht. Ich kann mir nicht denken, daß er all diese Mädchen haben möchte."

„Es stimmt, der König ist mir sehr gnädig gestimmt", nickte Haman. „Aber die Mädchen wird er sich alle sehr genau ansehen, denn er will ja aus ihnen seine neue Königin finden."

„Ich weiß, aber ich glaube, es wird schwer fallen, wieder jemand zu finden wie...", sorgfältig blickte er sich um und sprach leiser, als er fortfuhr, „... wie Vasti es war."

Haman nickte. „Vielleicht hast du recht, aber meine Tochter..."

„Schau, da kommt Mordokai."

„Mordokai?" Haman konnte an der Kleidung des Mannes erkennen, daß er reich war, aber einen Juden hätte er in ihm nicht erkannt.

„Ja, er ist ein ganz ausgezeichneter Rechtsanwalt", erklärte Marsna. „Sei gegrüßt, Mordokai! Kennst du Haman schon? Er ist der Mann, der in letzter Zeit so sehr in der Gunst des Königs gestiegen ist."

„Marsna übertreibt sicherlich sehr." Haman war dabei, sich Mordokais Gesichtszüge einzuprägen. Instinktiv fühlten die beiden eine Abneigung gegeneinander. Mordokai neigte den Kopf nur ganz wenig zum Gruß, und da ihm Marsna sowieso nicht der sympathischste der sieben Fürsten war, wollte er weitergehen.

„Geh noch nicht, Mordokai, wir haben uns lange nicht gesehen", forderte Marsna ihn auf.

„Ich war verreist."

„Wo warst du?"

„In Baktrien."

„In Geschäften?"

„Ja."

Marsna überhörte die Kürze von Mordokais Antworten. „Ich nehme an, du hattest dort mit der Auswahl der Jungfrauen für den König zu tun?"

Mordokais Gesichtszügen war nichts zu entnehmen. Als Beauftragter des Königs hatte er dort seine Pflicht erfüllt, aber die ganze Sache hatte ihm nicht gefallen.

„Glaubst du, daß die neue Königin unter der Gruppe aus Baktrien sein wird?" forschte Marsna.

„Man lernt es im Laufe der Zeit, über gewisse Dinge keine eigene Meinung zu haben", antwortete Mordokai.

Enttäuscht fuhr Marsna fort: „Ich glaube, wir werden schon bald eine neue Königin haben. Wenn nicht von den Fremden, dann vielleicht eine hier aus Susa."

Mordokai blickte auf die turbulente Szene unter ihnen. Er fand alles irgendwie niederdrückend, wenn nicht sogar beängstigend. Es gab Gerüchte, daß auch noch die schönsten Jungfrauen von Susa in den Palast geholt würden, wenn all die anderen erst untergebracht waren. Das konnte bedeuten... Er dachte an Esther.

Haman bemerkte: „Persönlich kann ich nicht verstehen, warum der Großkönig diese ganze Mühe auf sich nimmt."

„Sprich leiser, du Narr", zischte Marsna. „Möchtest du uns alle in Schwierigkeiten bringen?"

„Ich meine nur, daß es in Susa genug schöne Frauen gibt", sagte Haman leise. „Was denkst du Mordokai?"

Mordokai, der sich seine Furcht nicht anmerken lassen wollte, antwortete: „Die weit entfernten Juwelen glitzern eben verführerischer."

„Meine älteste Tochter ist schöner als all die Frauen dort unten", prahlte Haman. „Lomar würde dem König sicherlich gefallen. Auch meine anderen Töchter sind Schönheiten."

„Vielleicht hast du vergessen", bemerkte Mordokai mit leicht spöttischem Unterton, „daß die erste Bedingung nicht Schönheit ist, sondern Jungfrauenschaft."

In Hamans Augen erschien ein gefährlicher Funke. Man sah seinem Gesicht an, daß der Schuß getroffen hatte. Ohne ein weiteres Wort wandte er sich um und ging die Palasttreppe hinunter. Es stimmte schon, daß er in der letzten Zeit in der Gunst des Königs ganz gewaltig gestiegen war, was sechs der sieben Fürsten durchaus nicht gern sahen.

„Er ist kein Perser, sondern ein Agagiter", sagte Marsna, als die beiden anderen Haman nachblickten. „Und ich habe noch nie miterlebt, daß ein Mann beim König so schnell aufgestiegen wäre." Marsna, der auf die finanziellen Zuwendungen Hamans für seine Informationen angewiesen war, hielt sich so weit wie möglich zurück, wenn die anderen sechs Fürsten beim König versuchten, Hamans wachsenden Einfluß einzudämmen. Doch der König fand Haman interessant und klug. Durch sein erstaunliches Gedächtnis war er in der Lage, zu jeder Zeit Begebenheiten und Zahlen von Schlachten und anderen geschichtlichen Ereignissen, sowie von Landkarten oder Berichten genau wiederzugeben. Dies beeindruckte den König ebensosehr wie sein Reichtum und seine zehn Söhne.

„Es ist schade, daß du keine Tochter hast, Mordokai", sagte Marsna freundlich, als er sich auch der Treppe zuwandte. Es war nicht gut, zu lange in einer Gruppe zusammenzustehen und sich zu unterhalten.

Wieder stieg in Mordokai das Gefühl der Sorge auf, als auch er sich jetzt schnell auf den Heimweg machte.

Teil III

ESTHER

9. Kapitel

Unbemerkt hatte Mordokai den großen Wohnraum betreten und beobachtete nun Hadassa, die beim Sticken war. „Sie hat große Ähnlichkeit mit ihrer Mutter", dachte er.

Hadassa blickte auf, sah ihn und legte eilig ihre Handarbeit beiseite. „Vater!" rief sie und lief auf ihn zu. „Du bist so leise gekommen. Wie schön, daß du wieder daheim bist. Hattest du eine gute Reise und war sie erfolgreich?"

Er schloß sie in die Arme, antwortete aber nicht. Sie trat einen Schritt zurück und fragte: „Ist etwas nicht in Ordnung?"

„Nichts..." Mordokai hielt inne. Er hatte Hadassa noch nie belogen. Da sie vielleicht bald vor der ärgsten Krise ihres Lebens stehen würden, durfte es auch jetzt nicht sein. Er hatte ihr vorher nichts über den Grund seiner Reise gesagt, doch es hatte keinen Sinn mehr, die ganze Sache zu verschweigen. „Wir wollen erst essen, Liebling, dann zeige ich dir, was ich dir mitgebracht habe. Anschließend werden wir uns unterhalten." Nach dem Essen fragte er vorsichtig: „Hast du von dem Gesetz des Königs gehört?"

„Meinst du das über alle schönen Mädchen?" Sie begann zu lachen. „Alle Diener reden seit Wochen darüber. Sie machen kaum noch ihre Arbeit ordentlich, weil sie immer nach neu ankommenden Gruppen Ausschau halten. Gestern war ich auf dem Dach und..."

,,Hadassa, ich hatte es dir verboten!"

Sie streichelte schmeichelnd seine Hand. ,,Ich war verschleiert, Vater, und habe nur sehr vorsichtig hinuntergeschaut. Manche der Mädchen waren sehr schön. Und ihre Kleidung! Einige sahen komisch aus, wie Schwäne oder Pfauen." Sie sprang auf und machte vor, wie sich einige Mädchen benommen hatten. Dabei lachte sie wieder.

,,Aber die Sache ist ernst, Hadassa, sie könnte unser Leben verändern."

,,Unser Leben? Was geht es uns an, wir sind Juden."

Mordokai zog sie wieder neben sich und strich ihr über das Haar. War es möglich, daß sie nicht wußte, wie schön sie war? ,,Hadassa, das Gesetz gilt für das ganze Reich. Und du kennst auch den Sinn desselben?"

,,Sicher", nickte sie. ,,Der König möchte eine neue Königin, weil die stolze Vas..."

,,Psst!" Instinktiv blickte Mordokai über seine Schulter. ,,Diesen Namen darfst du nie erwähnen."

Hadassa bemerkte, daß Mordokai sich ernstlich Sorgen machte und wurde ernst: ,,Was hast du mir zu sagen, Vater?"

,,Der König möchte eine neue Königin, deshalb werden diese Mädchen aus dem ganzen Reich herbeigeholt und in seinen Harem gebracht. Weißt du, was ein Harem ist, Hadassa?"

,,Sicher, es ist der Ort, in dem die Mädchen leben, ehe der König eine von ihnen zu seiner Königin wählt. Die Diener sagen, es geht den Mädchen dort sehr gut, sie haben gutes Essen, schöne Kleider, Juwelen, Spiele und Tiere zu ihrer Unterhaltung und..."

Das schien schwieriger zu sein, als Mordokai gedacht hatte. ,,Weißt du, auf welche Weise der König eine zu seiner Königin auswählen wird?" fragte er.

,,Ich denke, nach ihrem Aussehen", antwortete sie. ,,Der König kommt und schaut sie alle an. Dann zeigt er auf eine und sagt: »Du bist die schönste Jungfrau in meinem Reich, ich kröne dich zu meiner Königin.«" Sie war wieder aufgesprungen und führte vor, wie sie sich das dachte.

„Und dann?“

„Dann wird ein großes Fest gefeiert und sie ist für immer seine Königin. Es sei denn, sie wird ungehorsam wie, na ja... du weißt schon.“

„Weißt du, was es bedeutet, verheiratet zu sein?“ wollte Mordokai wissen.

„Ach das!“ Hadassa kicherte. „Mache dir keine Sorgen, Vater, Hulda hat mir alles darüber schon vor langer Zeit erzählt. Über Kinder und... na, eben über alles, was es bedeutet.“

„Ah, so?! Du weißt also, Hadassa, daß die Mädchen zuerst in den Harem gebracht werden, in dem es viele kleine Zimmer gibt. Mein Freund Hege, ein Eunuch, ist der Oberkämmerer des Harems. Weißt du, was ein Eunuch ist?“

„Ein kastrierter Mann“, antwortete sie einfach. Mordokai wunderte sich. Vielleicht war Hadassa doch schon erwachsener als er dachte.

„Dort werden die Mädchen gebadet, mit Parfüm behandelt und so schön wie möglich gemacht“, fuhr Mordokai fort. „Und dann...“, er zögerte ein wenig, „dann geht jedes der Mädchen für eine Nacht zum König.“

„Damit er sie besser ansehen kann?“

„Nein, Hadassa, damit er mit ihr schlafen kann.“

„Mit ihr schlafen, ehe er sie heiratet?“ Hadassa war in der Tradition des jüdischen Gesetzes und echten Familienlebens erzogen, deshalb war sie schockiert.

„Er wird wahrscheinlich nur die heiraten, die er als Königin auswählt, obwohl er mehr als eine Frau hat. Das ist nun einmal die persische Art.“

„Aber... aber all diese Mädchen, was geschieht nach dieser einen Nacht mit ihnen?“

„Sie kommen in das Haus der Konkubinen.“

„Und dann?“

„Wenn der König sie haben möchte, sendet er wieder nach ihnen.“

„Zu jeder Zeit? Ganz gleich, ob sie ihn mögen oder nicht, ob sie gern zu ihm kommen möchten oder nicht?“

„So ist es, Hadassa."

Sie saß lange Zeit still. Auch Mordokai schwieg. Er wußte, daß sie nicht für immer unwissend bleiben konnte, aber es tat ihm weh. „Aber wenn nun", fragte sie endlich leise, „wenn nun der König nie wieder nach ihr sendet?"

„Dann, Hadassa, wird sie für immer auf diese Weise in dem Haus leben."

„Ohne einen Mann? Und ohne Kinder? Für immer?"

„Ohne einen Ehemann und ohne Kinder. Es sei denn, natürlich, sie hatte das Glück und ist gleich in der ersten Nacht, als sie beim König war, schwanger geworden."

Hadassa war wieder lange still, dann fragte sie: „Vater, versuchst du mir beizubringen, daß ich zu diesem Zweck vielleicht auch weggeholt werden und später in das Haus der Konkubinen gebracht werden könnte?"

Mordokai ging zu ihr und legte ihr die Hand auf die Schulter. „Mein Kind, meine Hadassa, ich bete deshalb immer zu Jahwe, aber du mußt verstehen, daß dies geschehen könnte."

Hadassa wurde ganz blaß. Sie sprang auf und rannte zur Tür. „Niemals!" rief sie. „Niemals werde ich zulassen, daß diese Soldaten mich anrühren. Ich werde nicht mit ihnen gehen. Ich werde mich nie so einschließen lassen wie ein Schaf. Lieber laufe ich davon!" Sie rannte die Stufen hinauf.

Doch Mordokai war schon hinter ihr und packte sie am Arm. „Hadassa!"

Sie wollte sich losreißen und rief weinend: „Laß mich gehen! Laß mich gehen! Was denkst du von mir, Vater? Wie kannst du glauben, ich würde zustimmen? Ich bin eine Tochter Israels, und ich bin deine Tochter!"

„Ich befehle dir, hör mir zu!" rief Mordokai und schüttelte sie heftig. „Denkst du denn, ich hätte nicht über alle Wege, Möglichkeiten oder Pläne nachgedacht, um dich in Sicherheit zu bringen?"

„Ich werde fortlaufen!" rief Hadassa.

„Weißt du, was geschieht, wenn du wegläufst?" Sie schüttelte den Kopf. „Dieses Gesetz gilt viele tausend Parasang weit im ganzen Reich. Überall auf den Straßen sind Soldaten. Du würdest entweder getötet oder verstümmelt."

„Das wäre mir noch lieber als..."

„Wie, vielleicht deine Ohren abgeschnitten? Oder deine Zunge herausgeschnitten oder die Augen ausgestochen?" Mordokai stand der Schweiß auf der Stirn. Seit Wochen erschreckten ihn diese Gedanken. Er mußte es ihr so klar machen, daß sie begriff. „Unseren ganzen Haushalt könnte der Zorn des Königs treffen. Sie würden vielleicht alle Diener töten, und du würdest dann doch gefangen. Das brächte Schande auf deinen und meinen Namen, und dir wäre doch nicht geholfen."

Sie hörte zu, aber ihr Gesicht hatte einen Ausdruck angenommen, als hätte sie in die Hölle geblickt. Mordokai zog sie in den Raum zurück. Dort stand jetzt Hulda, Hadassas treue Dienerin. Sie wandte sich zum Gehen, aber Mordokai befahl ihr durch eine Handbewegung zu bleiben. „Hast du die letzten Worte gehört?" fragte er.

Hulda nickte. Hadassa war ihre ganze Welt. Dieses Gesetz, über das sie gelacht hatten, konnte ihr ganzes Leben verderben.

Mordokai führte Hadassa zu einer Sitzbank. Er setzte sich neben sie und begann: „Hör zu, Tochter Israels. Wovon wir jetzt gesprochen haben, mag vielleicht nie geschehen. Vielleicht bewahrt dich Jahwe in Seiner Gnade. Doch wenn es doch dahin kommen sollte, daß du ausgesucht wirst, mußt du dich wie eine Prinzessin benehmen. Wenn du gehen mußt, möchte ich, daß du auch dann noch Jahwe vertraust, der mit dir gehen wird, wie Er mit den drei jungen Israeliten ging, die in Babylon in den feurigen Ofen mußten. Erinnerst du dich daran?"

Hadassa nickte.

„Was sah der heidnische König, als die drei jungen Männer im Feuer waren?"

Hadassas Augen weiteten sich plötzlich erstaunt. „Er sah noch eine vierte Person!" rief sie. „Und dieser Vierte war... war wie ein Sohn Gottes!"

Mordokai war froh, daß ihm gelungen war, Hadassas Gedanken auf einen anderen Punkt zu lenken. „Siehst du", sagte er, „wenn du doch gehen mußt, dann wird dieser vierte Mann von dort auch mit dir in den Palast gehen. Du wirst nicht allein sein, meine Hadassa. Jahwe geht mit dir."

Hadassa blickte ihn mit verweinten Augen an. Sie war zu aufgewühlt, um etwas sagen zu können. „Denke darüber nach, mein Liebling", fuhr Mordokai fort. „Und nun, Hulda, bring sie zu Bett."

Als Mordokai allein war, begann er wieder zu überlegen wie so oft in der letzten Zeit. Wenn er heute nacht noch mit ihr floh? Aber wohin? Es hatte keinen Zweck. Und Hadassa verstümmelt? Das war für ihn undenkbar. Warum hatte Jahwe ihr soviel Schönheit gegeben? Warum hatte Er sie verschont, als ihre Eltern starben? War sie für dieses Unheil am Leben erhalten worden? Konnte er sie bei Freunden verstecken? Aber da würde er nur noch andere in Gefahr bringen, und dazu hatte er kein Recht.

Als Hulda später wieder nach unten kam, rief er sie. „Kannst du einiges tun, Hulda", fragte er, „damit deine junge Herrin nicht mehr so sehr reizvoll aussieht? Du verstehst?"

Hulda nickte. „Ich werde es versuchen, Herr. Ich kann ihr eine einfache, straffe Frisur machen und ihr einfachere Kleidung geben sowie den Schmuck wegnehmen. Aber ihre Schönheit ... da ist nicht viel zu machen. Es ist anders als bei den meisten anderen Mädchen. Es ist nicht nur äußerlich, bei ihr kommt die Schönheit auch von innen, von ihrem Wesen."

„Ich weiß, Hulda, ich weiß. Tu nur, was du kannst. Und vielleicht geschieht gar nichts."

Das Leben lief einige Wochen ereignislos dahin. Doch die Sorge blieb. Eines Abends waren sie wieder bei Mordokais Freund Bilsan zum Essen. Die jungen Leute waren im Garten und Bilsan selbst brachte Hadassa nach dort.

David umarmte Hadassa leicht. „Du siehst ein wenig komisch aus", meinte sein jüngerer Bruder. „Was hast du mit deinem Haar gemacht, Hadassa?"

„Benimm dich", mahnte David. „Es ist unanständig, zu Gästen solche Bemerkungen zu machen. Geh mit deinen jüngeren Geschwistern spielen."

„Aber es ist doch wahr", murmelte der andere, als er davonging.

Als Bilsan in den Wohnraum zurückkam, sah er seinen Freund Mordokai scharf an. „Hadassa sieht so verändert und blaß aus. Das Gesetz...?"

„Was sonst?"

„Ja, auch ich habe davon gehört. Du mußt dir mehr Sorgen machen als ich. Gewiß, auch ich bin stolz auf meine Enkelinnen. Doch so schön wie Hadassa sind sie alle nicht. Nicht schön genug für den königlichen Geschmack jedenfalls. Bitte, vergib mir die Bemerkung."

„Aber was kann ich tun?" fragte Mordokai achselzuckend.

„Nichts, absolut nichts, Mordokai", antwortete Bilsan. „Lebe still weiter und vertraue Jahwe. Mach dir nicht selbst noch unnützen Ärger."

Mordokai hörte kaum zu. Er meinte, der Tod sei noch erträglicher als Verstümmelung oder Unehre. „Bilsan", platzte er heraus, „ich werde sie töten, mit eigener Hand."

Der alte Mann packte seinen Arm und schüttelte ihn. „Was sagst du da?" tadelte er. „Jahwe würde nie solch feiges Tun billigen. Es steht geschrieben: Du sollst nicht töten."

„Aber es steht auch geschrieben", erwiderte Mordokai bitter, „du sollst nicht ehebrechen."

„Gewiß", nickte Bilsan. „Aber wenn Hadassa dies widerfährt, ist sie keinesfalls eine Ehebrecherin, darin sind wir unter uns Juden einig. Weder sie noch du haben eingewilligt. Es geschieht durch des Königs Gewalt. Aber noch ist es nicht soweit. Jahwe kann sie bewahren."

„Meinst du", fragte Mordokai hoffnungsvoll.

„Sicher kann Er", nickte Bilsan zuversichtlich. „Aber Er läßt dieser Welt auch manchmal ihren Weg. Und die ist voller Gewalt und Unrecht. Wenn doch nur der verheißene Messias bald kommen würde."

Beide hatten den Schatten nicht bemerkt, der leise vom Garten gekommen war. Hadassa hatte sich herangeschlichen und saß nun am Eingang. Bilsan zitierte jetzt die alten Verheißungsworte: „Ich sehe Ihn, aber nicht jetzt, ich schaue Ihn, aber nicht nahe; es tritt hervor ein Stern aus Jakob, und ein Zepter erhebt sich aus Israel."

„Bitte", sagte in diesem Augenblick eine zaghafte Stimme.

„Na, du junge Lauscherin", sagte Bilsan freundlich, „was möchtest du denn? Vielleicht ein wenig mit David spazieren gehen? Warum kann der junge Feigling nicht selbst fragen?"

„Vielen Dank, Onkel Bilsan. David ist mein guter Freund, aber ich möchte etwas anderes fragen, über den, der kommen soll."

Erstaunt sagte Bilsan: „Was höre ich da? Hat mein Freund hier dir nicht erzählt vom Messias, den Jahwe uns senden wird? Das muß ich tadeln."

„Doch, Vater hat das oft getan. Aber an diese Frage habe ich vorher noch nie gedacht."

„Und welche Frage ist es?"

„Wenn der Gesalbte kommt, wo wird Er erscheinen?"

„Das ist wirklich eine gute Frage, Tochter, da wir Juden doch in aller Welt zerstreut sind. Nun, was glaubst du, Hadassa, wo wird er erscheinen?"

„In Jerusalem."

„Na sicher, du denkst also, in Jerusalem. Und du, Mordokai?"

„Ich kenne unsere alten Schriften nicht so gut wie du, mein Freund", sagte Mordokai augenzwinkernd. „Ich nehme an, du wirst uns sagen, was du entdeckt hast. Sagen uns die Propheten oder Moses etwas darüber?"

Bilsan ergriff eine Rolle. „Ich glaube, ich habe eine Überraschung für euch. Hört zu, was der Prophet Micha vor nicht allzulanger Zeit sagte."

Mordokai mußte lachen. „Bilsan, du bist schon so alt, daß 300 Jahre dir als eine »nicht allzulange Zeit« erscheinen."

Bilsan lächelte und begann: „Und du, Bethlehem-Ephrata,

zu klein, um unter den Tausenden von Juda zu sein, aus dir wird Mir hervorkommen, der Herrscher über Israel sein soll; und Seine Ausgänge sind von der Urzeit, von den Tagen der Ewigkeit her."

„Bethlehem!" sagten zwei Stimmen gemeinsam.

„So sagt die Schrift", nickte Bilsan. „Es ist die Stadt des großen Davids. Und kommt der Gesalbte nicht aus dem Hause Davids? Warum also nicht?"

Die drei Juden saßen eine Weile still; eingehüllt in die Herrlichkeit des messianischen Traums.

Der Halbmond und viele Sterne standen am klaren Himmel, als Mordokai und Hadassa von Bilsan durch die stillen Straßen nach Hause gingen. Hadassa schien froher und Mordokai war ruhiger als während der letzten Wochen. Als sie sich jetzt ihrem eigenen Haus näherten, blickte Mordokai Hadassa von der Seite an. „Wie groß sie schon ist", dachte er. „Fast wie eine junge . . ."

„Halt", wurden seine Gedanken durch einen barschen Ruf unterbrochen. Er hatte vorher nichts bemerkt, doch plötzlich waren er, Hadassa und ihre Diener von Soldaten umringt. Einer trat zu Hadassa und versuchte, ihr den Schleier abzunehmen. Mordokai trat dazwischen, doch zwei andere Soldaten packten ihn an den Armen und rissen ihn zurück. Der Soldat bei Hadassa hob eine brennende Fackel hoch. „Schaut her", rief er den anderen zu, „was haltet ihr von dieser?"

„Sei vorsichtig, Narr", warnte ein anderer, „und warte auf den Hauptmann. Dort kommt er ja schon." Die Soldaten standen stramm, als ein gut gekleideter Offizier herantrat. Hadassa zog ihren Schleier enger um sich.

„Ich grüße euch im Namen des Königs", sagte der Offizier und schaute Hadassa scharf an. „Würdest du bitte deinen Schleier abnehmen? Es tut mir leid, darum bitten zu müssen, aber ich habe hier . . ." Er zog unter seinem Umhang eine Kopie des Gesetzes hervor.

„In Susa?" fragte Mordokai ungläubig.

„Ja, auch in Susa hat es Xerxes, der Großkönig, nun befohlen. Du kennst sicher das Gesetz, Herr, daß die schönsten Jungfrauen in den Harem gebracht werden. Darf ich nun um den Schleier bitten, meine Dame?"

Tausend Gedanken rasten durch Hadassas Kopf: „Es ist nicht wahr! Ich bin noch nicht vorbereitet darauf. Wo ist Jahwe, um mir zu helfen? Sieht Er nicht, was geschieht?"

Mordokais Stimme durchdrang ihre Verwirrung. Er sah im Augenblick keinen anderen Weg für sie, als sich zu fügen. Seine eigene Furcht unterdrückend, sagte er: „Denke daran, Hadassa, du bist meine Tochter."

Sie richtete sich hoch auf und ließ mit einer königlichen Geste ihren Schleier fallen. Das schlichte Kleid, die einfache Frisur und die Schmucklosigkeit unterstrichen in dem Licht des Mondes und der Fackel nur noch ihre Schönheit. Erstaunt rief der Hauptmann: „Bei ... bei Angru Manyu ..." Dann erinnerte er sich seines Auftrags und sagte: „Ja, du wirst mit uns kommen." Er wies auf eine Sänfte, die von Sklaven getragen wurde. „Bitte, steig ein."

Hadassa rührte sich nicht. Mordokai mache einen letzten Versuch. „Warte", rief er, „ich bin ein Beamter des Königs."

„Ich auch, mein Herr. Es tut mir leid, aber ich habe meine Befehle", antwortete der Hauptmann höflich.

„Aber ihre Kleidung ... und es müssen Vorbereitungen getroffen werden", wandte Mordokai ein.

„Vorbereitungen sind getroffen", erwiderte der Offizier kurz. „Es wird jemand geschickt, der ihre Kleidung und alles andere holt. Komm, meine Dame."

Hadassas Mut war fast am Ende. Viele Nächte hatte sie über diese Möglichkeit nachgedacht. Sie war dann am Bett niedergekniet, hatte zu Jahwe gefleht und Ihn daran erinnert, daß sie zu Seinem erwählten Volke zählte. Doch der Himmel schien weit entfernt. Sie war belehrt, daß die Liebe zwischen Mann und Frau eine der schönsten Seiten echten Familienlebens sei. Und nach einem wahren Familienleben hatte sie sich immer gesehnt. Sie wollte auch gern Kinder. Und nun sollte sie mit einem heidnischen König ...? Sie hatte versucht, ihre Hoffnung auf eine jüdische Ehe und Kinder, den Traum, die Mutter des Messias zu werden, aufzugeben. Und nun kam alles so überraschend. Sie konnte nur noch daran denken, daß Mordokai ihr einmal gesagt hatte, sie solle sich wie eine Prinzessin benehmen, wenn sie in den Palast gebracht werden sollte. Und das wollte sie nun tun. Doch nun, so überraschend auf der Straße, war sie nahe daran, ohnmächtig zu werden.

Als sie vorsichtig von den Soldaten in die Sänfte geschoben wurde, konnte Mordokai ihr nur noch schnell auf Hebräisch zuflüstern: „Auch wenn ich wanderte im Tal des Todesschattens, fürchte ich kein Unheil, denn Du bist bei mir."

Sie drehte sich noch einmal um und schaute ihn mit einem Ausdruck an, den er nie wieder vergessen würde. Ein Soldat zog die Vorhänge der Sänfte zu, und der Offizier gab den Befehl zum Abrücken. Der Trupp marschierte zum Palast.

Kusuru mußte Mordokai durch das Tor helfen. Als er den Wohnraum erreichte, hatten Kummer und Zorn den Schock, in dem er sich befand, überwunden. Er rief laut: „Jahwe, wo bist Du? Warum... warum hilfst Du uns nicht? Unsere Väter haben Dir vertraut, und Du hast ihnen geholfen. Und nun? Ist nun niemand mehr, der uns hilft?" Seine lauten Worte hallten durch das Haus.

Er ging auf das Dach des Hauses und blickte über die Stadt hinweg. Als er den erleuchteten Palast in der Zitadelle sah, rief er: „Dieb!" Seine Diener kamen, um ihn zu beruhigen. Wenn andere Leute es hörten? „Er hat die ganze Welt für sich und Tausende von Frauen, wenn er befiehlt. Doch er nimmt mir meinen größten Schatz, mein vertrauendes unschuldiges Mädchen..."

Willenlos ließ er sich von seinen Dienern ins Haus zurückführen.

Die Sänfte wurde durch die Straßen zum Palast getragen. Hadassa saß ganz still. Sie war immer noch dabei, zu begreifen, was ihr widerfahren war. Alles schien so unwirklich zu sein. Dann hörte sie laute Rufe. Die Sänfte wurde abgesetzt und die Vorhänge beiseite geschoben. Sie schaute auf einen Hof hinaus, der von riesigen Gebäuden umgeben und durch viele Fackeln und Öllampen erhellt war.

Sie wurde aufgefordert auszusteigen. Auf dem Hof stehend bemerkte sie rechts und links an den Wänden der Gebäude schweigende Männer mit Speeren und Schwertern bewaffnet, die in immer gleichen Abständen in langer Reihe standen, soweit sie blicken konnte. Durch die hohen Mauern fühlte sie sich wie in einem riesigen Grab eingeschlossen. Sie war unfähig, sich zu bewegen oder zu sprechen, bis sie von den Soldaten, die sie gebracht hatten, vorwärts geschoben wurde.

Es ging über den großen Hof und durch viele Korridore. Sie nahm sich vor, sich den Weg zu merken. Aber bald gab sie es auf. Es waren zu viele Gänge, zu viele Abzweigungen, es war wie ein Labyrinth. Endlich führte man sie in einen Raum mit gepolsterten weichen Sitzbänken und einem Tisch. Ein Becher wurde gefüllt und ihr gereicht. Sie trank durstig und gedankenlos. Ein wenig später wurde das bewußtlose Mädchen in einen der Räume des Harems getragen.

Seltsame Geräusche, die Schritte vieler Füße und viele Stimmen waren zu hören. Hadassa lag still und versuchte sich zu orientieren. Was war geschehen? Warum waren die Diener an diesem Morgen so laut? Hatte Kusuru etwa das Tor offengelassen? Dafür würde sie ihn heftig tadeln müssen. Wieder Schritte. Es klang wie Soldaten. Soldaten...? Hadassa fuhr auf.

Ihre Muskeln spannten sich. Sie öffnete die Augen. Wo war sie? War sie etwa beim König. Welcher Tag war heute? Und welche Zeit? Sie sah einen dicken Vorhang, der vor einem Eingang hing. Langsam blickte sie sich um. Sie war allein in einem engen Bett in einem kleinen Raum. Die Ziegelwände waren bunt. Ein Stuhl, eine Truhe und ein kleiner Tisch standen noch in dem Raum. An der Rückwand waren hoch oben zwei Öffnungen, die Licht und Luft hereinließen. Sie betrachtete diese Öffnungen näher. Nein, sie waren zu schmal. Dort konnte man nicht hinaus.

Nun betrachtete sie die Kleidung, die auf dem Tisch lag. Es war nichts Bekanntes dabei. Nur der goldene Ring, den sie am Finger trug, der Ring ihrer Mutter, schien sie mit ihrem alten Leben zu verbinden. Sie betrachtete das Nachthemd, das sie trug. Es war weich und roch gut. Aber es war nicht ihres. Nicht einmal, als Vater und Mutter gestorben waren, hatte sie sich so allein gefühlt.

Hör auf, sagte sie zu sich selbst. Du bist eine Tochter Israels. Die Tochter von Abihail und die Stieftochter Mordokais. Du bist kein Feigling, sondern wirst dich wie eine Prinzessin benehmen.

Sie stieg aus dem Bett, ging zum Vorhang und schob ihn beiseite.

„Aha, die Dame ist erwacht“, sagte ein großer, bartloser Mann, der, in eine orangefarbene Robe gekleidet, nachlässig an der Wand lehnte und sie anblickte. „Guten Morgen, Esther.“

Esther? Zu wem sprach der Mann. Das war sicher ein Versehen. Sie jedenfalls war nicht gemeint. Sie ging zum Bett zurück und überlegte: „Wird man mich jetzt zum König bringen? Ich werde nicht gehen. Ich werde schreien.“

„Guten Morgen, Esther“, sagte der Mann wieder, als er jetzt den Kopf durch den Vorhang steckte.

Sie schüttelte den Kopf. „Mein Name ist Hadassa“, antwortete sie.

„Nein, meine Liebe, nicht mehr“, erklärte er. „Du hast jetzt einen neuen Namen, einen besonderen Hofnamen. Ich habe dich Esther genannt.“

„Du hast mich so genannt?“ staunte sie. „Aber ich heiße Hadassa. Wer bist du, daß du es wagst, mir meinen Namen zu nehmen?“ fragte sie ärgerlich.

„Ich bin Chersis, und du bist unter meine Aufsicht gestellt.

Du bist jetzt im Frauenhaus des Großkönigs. Es ist eine große Ehre für dich, daß du dazu auserwählt wurdest."

„Aber ich bin schon eine Auserwählte", platzte Hadassa heraus. Gleich darauf biß sie sich auf die Lippen, als sie an Mordokais Mahnung dachte: „Sage niemals, daß du eine Jüdin bist. Ich weiß, du bist stolz darauf, zum jüdischen Volk zu gehören. Aber sollte einmal der Tag kommen — Jahwe möge es verhüten —, daß du zum Palast gebracht wirst, dann laß niemand wissen, wer du bist. Nenne es dort meinetwegen ein besonderes Geheimnis, aber nimm es ernst. Es könnte sonst dein und mein Leben kosten."

„Ja, du bist eine von den Auserwählten", antwortete der Eunuch, der Hadassas Antwort nicht verstanden hatte. „Und dein Name ist Esther. Alle erhalten hier einen neuen Namen."

„Aber ich heiße Hadassa", sagte sie mit Nachdruck. „Nun sage mir endlich, wer du bist?"

„Ich sagte schon, daß ich Chersis heiße. Ich bin einer der Aufseher im Frauenhaus des großen Königs. Mein Vorgesetzter ist Hege, der Oberkämmerer des Frauenhauses."

Hege? überlegte sie. Vater hat diesen Namen erwähnt.

„Du mußt wissen, daß Hege dich großmachen oder auch zerstören kann", erklärte Chersis. „Er hat in diesem Hause Gewalt über Leben und Tod." Er zog den Kopf zurück, schloß den Vorhang und sagte von draußen: „Aber jetzt steh auf, zieh dich an und komm in den Hof, Esther."

„Ich heiße Hadassa!" rief sie.

Er blickte nochmals herein, zeigte auf eine Stelle auf dem Fußboden und sagte: „Du bist auf dem Hof, wenn die Sonne hierher scheint. Und sei pünktlich, Esther." Damit verschwand er.

Sie blieb noch solange liegen, bis die Sonne etwa die Hälfte des Weges zurückgelegt hatte, von dem Chersis sprach, dann stand sie auf und kleidete sich an. Die Kleidung war sehr schön, doch fremd. Sie hatten ihr alles genommen: Ihr Heim, ihre Angehörigen, ihre Kleidung, und nun wollten sie ihr auch noch ihren Namen wegnehmen.

Sie trat auf den Gang hinaus und ging in die Richtung, in der sie Stimmen hörte. Als sie um eine Ecke bog, sah sie einen Hof, in den viele gleiche Gänge mündeten wie der, aus dem sie kam. Wasser plätscherte von felsigen Terrassen in einen klaren Teich. Eunuchen standen herum und beobachteten die Mädchen im Hof. Sklaven mit Tabletts voller Speisen gingen vorbei.

Einige der Frauen waren älter und trugen gleiche Kleidung, einfache gelbe Umhänge und einen weißen Schal darüber. Wer waren sie? Jüngere Mädchen saßen bei diesen Gelbgekleideten, hielten zahme Vögel auf den Armen oder trugen Musikinstrumente. Hadassa blieb an einer buntbemalten Säule stehen. Da erschien auch schon Chersis. „Du bist sehr pünktlich, Esther", lobte er. „Komm doch zu mir herüber, ich möchte mit dir reden." Sie gehorchte.

Chersis lud sie ein, neben ihm zu sitzen. Sie übersah seine Handbewegung und blieb stehen. „Also, Esther ..." begann er gähnend. Diese neuen Mädchen waren oft schwierig, man hatte seine Mühe mit ihnen. Wie oft hatte er die nun folgende Rede schon gehalten? „Esther, wir wollen uns richtig verstehen. Dir ist eine sehr große Ehre zuteil geworden. Mein Herr Xerxes ist der größte König, und du bist eines der Mädchen, das erwählt wurde zu seinem Vergnügen."

„Wann?" Die Frage war nur ein Hauch.

„Wann?" Chersis lachte. „Ach, liebe Esther, das dauert noch mindestens ein Jahr."

Ein Jahr? Sie hätte fast gelacht. In einem Jahr kannte sie alle Möglichkeiten hier. Sie konnte ihrem Vater einen Boten senden. Er konnte Wachen bestechen ... Ein Jahr? Zum ersten Mal lächelte sie Chersis ein wenig an.

„Es wird aber ein sehr fleißiges Jahr, Esther, und ...", sagte er mahnend, „schlag dir alle Gedanken an Flucht aus dem Kopf. Das könnte für dich und andere unangenehm werden."

„Und was soll ich in diesem Jahr tun, Chersis?"

„Zuerst wirst du dich an deinen neuen Namen gewöhnen", knurrte er ärgerlich. „Und jetzt sofort wirst du mit mir zu Hege kommen, dem Oberaufseher des Frauenhauses."

Hadassa überlegte. In ihrem Kopf formten sich schon Pläne. Sie wollte diesen Mann für sich gewinnen und Hege ebenfalls. Und eines Tages... Aber einen neuen Namen? Nein, den wollte sie nicht. „Mein Name ist Hadassa", beharrte sie.

Chersis seufzte. Es war ihm in letzter Zeit nicht leicht gemacht worden mit der großen Menge junger Mädchen, die des Gesetzes wegen in den Harem gekommen waren. Er hatte nicht mehr viel Geduld übrig. „Hör zu", sagte er ernst, „jeder, der hierher kommt, erhält einen neuen Namen, einen Hofnamen. Es gehört zu dem Bruch mit dem alten Leben und zu der Anerkennung, daß man jetzt zum König gehört. Du gehörst nicht länger dir selbst. Und deshalb ist dein Name Esther."

10. Kapitel

Hege gähnte und blickte lustlos auf die Reste seiner Mahlzeit. „Bring es fort, Siromus. All das Durcheinander mit den neuen Jungfrauen hat mir den Appetit verdorben. Sind noch mehr gekommen?"

„Gestern abend kamen einige direkt von Susa."

„O, aus der Hauptstadt auch. Na ja..."

In diesem Augenblick erschien ein Bote am Eingang. „Was möchtest du?" fragte Siromus.

„Ich habe eine Nachricht für Hege."

„Von wem?"

„Von einem Mann namens Mordokai."

„Mordokai?" Hege kam gerade aus dem Speiseraum, als er den Namen seines Freundes hörte. Der Bote übergab ihm mit einer Verbeugung die Nachricht, die mit Mordokais Siegel, einem Bogen und einem Köcher mit einem Pfeil, versehen war. „Warte, vielleicht ist eine Antwort nötig." Hege erbrach das Siegel und las.

„Richte Herrn Mordokai aus", sagte er dann zu dem Boten, „ich entböte ihm meine besten Grüße und würde seinen Wunsch nach meinen besten Möglichkeiten ausführen. Wiederhole es."

Der Sklave tat es. Hege nickte. „Beeile dich."

Er wandte sich an Siromus. „Interessant — Mordokai

macht sich um eines der jungen Mädchen Sorgen, die gestern abend in den Palast gebracht wurden. Ihr Name ist Hadassa. Er sagt, er kenne sie schon lange. Sie habe einen sehr guten Charakter, und ich möchte besonders nett zu ihr sein. Na, ich glaube, das wird von dem Mädchen selbst abhängen. Geh und bring sie her, Siromus. Ich möchte das Mädchen selbst sehen, an dem der bewundernswürdige Herr Mordokai interessiert ist."

Siromus begegnete Chersis, der mit Hadassa zu Hege unterwegs war. „Wie heißt du?" fragte er.

„Hadassa!" — „Esther!" Zwei Antworten zur gleichen Zeit.

Kalt sagte Siromus zu Chersis, zwischen denen eine alte Feindschaft bestand: „Ich habe das Mädchen gefragt."

„Mein Name ist Hadassa."

„Komme sofort mit mir."

Chersis war wütend, aber Siromus stand höher in der Rangordnung.

Als Hadassa die Räume von Hege betrat, hatte sie beschlossen, dem Freund ihres Vaters so freundlich wie möglich zu begegnen. Hege sprach kurz leise mit Siromus und war auf Ablehnung vorbereitet. Doch als sie sich kurz verbeugte und ihn warm anlächelte, war er überrascht. „Sie ist wirklich eine Schönheit", dachte er, bot ihr mit einer Handbewegung einen Stuhl an und sagte: „Willkommen im Frauenhaus des Königs."

Sie dankte ihm und setzte sich. Er erwartete Klagen, Bitten und vielleicht sogar Tränen. Doch das Mädchen schaute ihn ruhig an. „Stimmt es, daß dir der Name nicht gefällt, den Chersis für dich ausgesucht hat?"

„Der Name ist schon in Ordnung, Herr, aber es ist eben nicht mein Name. Der Name, den meine Eltern mir gaben, bedeutet mir sehr viel."

„Was bedeutet er denn?"

„Myrte."

„Sicher ein sehr schöner Name. Leben deine Eltern in Susa?"

„Meine Eltern sind tot, Herr."

„Wie schade." Hege war erleichtert. Wenigstens würde sie also nicht noch deshalb weinen. „Meine Liebe, ich möchte dir die Sache mit dem neuen Namen erklären. Es ist des Königs Wille, daß alle Mädchen, die in sein Frauenhaus kommen, alles neu erhalten. Neue Kleider, Wohnungen, Diener, ein neues Leben und einen neuen Namen. Dir ist die größte Ehre zuteil geworden, die einer jungen Frau im persischen Reich widerfahren kann. Deshalb ist es auch des Königs ausdrücklicher Befehl, daß alle Mädchen einen persischen Namen erhalten. Selbst wenn ich dir einen Gefallen tun wollte, dürfte ich es nicht. Es könnte mich meinen Kopf kosten. Du wirst dich also an den neuen Namen gewöhnen müssen. Welchen hat Chersis dir denn gegeben?"

„Esther", antwortete sie zögernd.

„Ein sehr schöner Name. Weißt du, was er in der persischen Sprache bedeutet?"

„Natürlich, er bedeutet »Stern«."

„Ich finde ihn sehr schön. Hättest du lieber einen anderen?"

Hadassa lehnte sich innerlich auf. Der Name schien die letzte Bindung an ihr altes Leben zu sein. Sie schüttelte den Kopf und sagte: „Es tut mir leid, Herr, aber ich will keinen neuen Namen."

Heges Augen verengten sich. „Esther", sagte er, „du mußt begreifen, daß du von nun an keine Wahl mehr hast, sondern gehorchen mußt. Ist das klar?"

Hadassa saß schweigend und dickköpfig auf ihrem Stuhl. Hege gefiel ihr Mut, aber er wußte, daß er ihn nicht dulden konnte. Also versuchte er es anders.

„Ich habe hier eine Botschaft von jemand, der dir Freund ist", sagte er.

Hadassas Herz schlug schneller. Sie hatte das Siegel Mordokais erkannt.

„Es ist ein Mann namens Mordokai. Kennst du ihn?" fragte Hege.

Das purpurrot überflutete Gesicht des Mädchens gab die Antwort selbst.

„Also gut", nickte Hege. „In der Botschaft steht, daß er sehr um dein Wohlergehen besorgt ist. Er sendet dir Grüße und schreibt, du sollst tun, was immer ich dir sage." Das war zwar nicht ganz die Wahrheit, würde ihm und ihr aber vielleicht helfen.

Hadassa kämpfte mit sich. Vater — er hatte von Vater gehört. Wenn dieser Mann mein Freund wird, kann ich vielleicht eine Botschaft zu Vater bringen. Leise sagte sie: „Gut, Herr, ich bin bereit, den Namen anzunehmen." Sie sagte es, als würde eine Königin eine Gunst gewähren. Hege staunte.

„Weißt du, was die Reinigungs-Zeremonien sind?" wechselte er das Thema.

„Nein."

„Jedes Mädchen, dem die Ehre zuteil wird, in des Königs Harem zu kommen, muß sich dem Reinigungsprozeß unterziehen."

„Was muß da getan werden?"

„Sie selbst tut für die Reinigung sehr wenig. Es wird mit ihr getan. Sechs Monate lang wird sie mit Öl von Myrrhe eingesalbt. Das macht die Haut weiß und reinigt sie. Der König darf mit nichts in Berührung kommen, was ihn anstecken könnte. Die anderen sechs Monate werden gebraucht für süße Düfte, Öle und andere Dinge, über die wir Perser Bescheid wissen. Teilweise gehen diese Geheimnisse noch auf die alten ägyptischen Könige zurück."

„Ich glaube, nach zwölf Monaten sollte jedes Mädchen gut konserviert sein", bemerkte Esther mit leichtem Lächeln.

Hege fand es nicht spaßig. Er fuhr fort: „Außerdem dürfen die Jungfrauen in dieser Zeit in kein direktes Sonnenlicht, und sie müssen viele nützliche Dinge lernen."

„Was zum Beispiel?"

„Sticken, Lautenspiel, Weben, Tanzen..."

„Diese Dinge kann ich alle."

„Sprachen müssen gelernt werden."

„Ich spreche zwei." Hebräisch mußte sie vorläufig vergessen, dachte sie.

„Ich werde bald sehen, wie geschickt du in all dem bist", sagte Hege. „Aber da gibt es noch andere sehr wichtige Dinge zu lernen, von denen du wohl nichts weißt, wenn du noch Jungfrau bist. Das bist du doch, Esther?"

„Sicher", erwiderte sie ärgerlich und verlegen zugleich.

„Sehr schön", sagte Hege. „Hast du nun noch Fragen, Esther?"

„Warum dauert die Reinigungszeit so lange."

„Zum Teil aus Tradition, zum Teil, weil wirklich soviel Zeit benötigt wird."

„Wirklich ein ganzes Jahr?"

„Ein Jahr, nachdem der Prozeß beginnt, Esther."

„O! Und wann beginnt er?"

Rätselhaft lächelnd antwortete er: „Wenn ich finde, daß es Zeit dazu ist."

„Ein Mädchen mag also Monate hier sein, ehe dieser Prozeß beginnt?"

Hege erhob sich. „Das kann geschehen. Aber du sagtest, du könntest auch Harfe spielen. Besitzt du eine?"

„Ja, eine sehr feine."

„Dann geh und sieh nach, ob deine Dinge zu deinem Raum gebracht worden sind."

„Meine eigenen Dinge, Herr?"

„Sicher, wir erlauben einige Schätze aus deinem früheren Leben."

Als Hege sie so betrachtete, wie sie schlank und mutig vor ihm stand, begann er viel Sympathie für sie zu empfinden. Er sagte: „Wenn du sonst noch etwas von deinem früheren Zuhause wünschst, sage es mir. Wir werden es holen lassen. Nun geh und warte, bis ich dich wieder rufe, Esther. Siromus wird dich begleiten."

„Vielen Dank." Ihr war nicht einmal bewußt, daß sie schon automatisch auf ihren neuen Namen reagiert hatte. Doch als sie in ihrem kleinen Zimmer zurück war, waren alle Haltung und all ihr Mut dahin. Sie war nur noch ein sehr kleines Mädchen, das sich selbst in den Schlaf weinte.

Hege überlegte: Diese kleine Esther hatte Qualitäten an sich, die er sonst bei den üblichen Frauen hier kaum gefunden hatte. Er war in seiner langjährigen Position sehr kritisch geworden, aber dieses Mädchen? „Bei Angru Manyu", murmelte er, „sie ist wirklich eine Schönheit, und genau der Typ, den der König mag. Könnte ich es versuchen? Sie, die neue Königin? Wenn ich sie schule, ihr Vertrauen gewinne, und sie wirklich Königin wird? ... Ich glaube, es ist den Versuch wert. ... Siromus!" rief er, „geh und bringe die große westliche Wohnung in Ordnung."

„Die große, die geschlossen ist, seit ..."

„Geh."

„Alle zehn Zimmer?"

Heges Hand kroch langsam zu einem schweren Gegenstand auf dem Tisch. Als Siromus dies sah, ging er schnell zur Tür. „Wenn allles fertig ist, bringe das Mädchen Esther in die Wohnung. Wir beginnen den Reinigungsprozeß sofort. Alles weitere wird sich finden. Und nun beweg dich."

Zwei Tage später kam Siromus zu Esther in ihre neue Wohnung. Er fand sie, wie sie erstaunt all die Dinge von daheim betrachtete. Ihre Harfe, den kleinen Webstuhl, ihre Stickereien. Aber keine von ihren Kleidern. Jeden Morgen bekam sie frische Kleidung. Bessere als ihre eigene.

Wie im Traum war sie durch all die Räume gegangen, hatte die schönen Möbel und alles andere betrachtet. Sie hatte nicht eine Dienerin, sondern sieben. Es waren die in gelbe Gewänder gekleideten Frauen.

Siromus murmelte: „Man könnte denken, Hege will eine neue Königin machen. Erst heute morgen hat er mit mir um ein neues Gewand gewettet, daß er die nächste Königin finden würde. Was weiß er, das ich nicht weiß?"

Nicht sehr weit entfernt, nur auf der anderen Seite der dicken Mauern, ging Mordokai oft auf und ab. Fast jeden Tag kam er zu dem Hof vor dem Frauenhaus, wo er Sklaven bestach, die ihm Neuigkeiten berichten sollten. Er wagte es nicht, Hadassa direkt eine Botschaft zu senden. Das Leben des Boten und sogar das seiner Tochter war dann in Gefahr. Als er zum ersten Mal nach Hadassa gefragt hatte, wurde ihm gesagt, es gäbe niemand dieses Namens. Erschreckt darüber hatte er eine weitere Botschaft zu Hege gesandt und die Antwort erhalten, das Mädchen heiße jetzt Esther. „Stern?“ dachte er, „ja, sie ist ein Stern. Für mich wird sie immer die Myrte bleiben. Aber Stern paßt vielleicht besser zu ihr.“

Da er gut bezahlte, brachten die Sklaven ihm gern Neuigkeiten von ihr, soweit sie etwas sahen und wußten. Sein Ansehen in Susa wuchs immer mehr, und damit auch sein Reichtum. Doch all seine Erfolge gaben ihm nichts mehr, weil er sich zu viele Sorgen um seine Tochter machte. Er kam nicht mehr gern nach Hause. Die Diener im Haus waren traurig, und Hulda weinte fast ohne Unterbrechung. Hadassas leere Räume waren wie eine Wunde im Haus.

Mordokai fühlte sich plötzlich viel älter und schlief nachts nur noch sehr schlecht.

11. Kapitel

Im Harem war Esther höflich, entgegenkommend, freundlich und gehorsam. Lustlos ließ sie alle Massagen und Salbungen über sich ergehen. Dabei fühlte sie sich wie eine Puppe, die außerdem noch Hofetikette und Tanzunterricht erhielt. Doch wenn alles dies vorbei war, saß sie im Schatten des Gartens oder in ihrem Schlafzimmer. An diesen beiden Plätzen fühlte sie sich sicher. Hier saß sie lange, ohne sich zu bewegen oder zu sprechen. Ihre Dienerinnen versuchten alles, um sie zu interessieren und ihr Freude zu bereiten. Armis und Arunah beaufsichtigten die Salbungen, Öle und Parfüme. Zwei andere kümmerten sich um die Speisen. Eine war eine Könnerin im Laute- und Harfespiel, eine andere im Sticken und Weben. Lura, mit ihrem kupferfarbenen Haar und dem breiten Lächeln gab Unterricht in Tanzen und Benehmen.

Während der Routine des Tages redete Esther mit allen, die sie ansprachen. Sie bedankte sich bei denen, die ihr Speise und Blumen brachten. Doch am Ende des Tages zog sie sich völlig in sich selbst zurück. Die Nächte waren schlimm. Oft lag sie schlaflos. Wo war ihr Vater? Warum sandte er ihr keine Nachricht? Konnte er nichts über die Mauer werfen? Oft schlich sie sich im Dunkeln zur Tür. Der wachhabende Eunuch knurrte dann wie ein wütender Hund, und sie ging zurück. Warum hörte sie nichts? War ihr Vater vielleicht im Gefängnis oder gar tot?

Manchmal lehnte sie sich an eine der Säulen in ihrem Schlafzimmer und stand dort nachts stundenlang. Lura erwachte oft und sah sie. „Herrin, dir ist kalt. Warum stehst du hier? Komm zurück ins Bett." Wie ein Kind ließ sich Esther ins Bett führen.

Hege schickte ihr einen gelben Vogel und einen kleinen Hund, den sie Siko nannte. Bald waren sie und der Hund untrennbar. Er schlief sogar zu ihren Füßen auf dem Bett. In seine seidigen Ohren flüsterte sie Geheimnisse, die sie keinem Menschen anzuvertrauen wagte.

Endlich gelang es ihr, eine Wache zu bestechen, die ihr erlaubte, auch nachts in den kleinen Garten zu gehen. Dort saß sie mit Siko im Gras und lehnte an einem Baum. Über ihr am Himmel glitzerten die Sterne. Mordokai hatte ihr gesagt, daß der Gott, der sie alle gemacht hatte, auch ihre Gebete hörte. Aber kümmerte Er sich um sie? „Jahwe", flehte sie, „höre bitte. Ich bete nicht mehr für mich. Ich kann ertragen, was mir zugedacht ist. Aber bitte, sorge für meinen Vater."

Bisher hatte sich alle Liebe und Treue ihrer feurigen Natur auf Mordokai konzentriert. Die Eltern waren schon so lange tot, daß die Erinnerung daran zwar süß, aber schon verschwommen war. In Mordokais Liebe hatte sie sich sicher gefühlt. Ohne ihn schien das Leben keinen Halt mehr zu bieten. Sie trauerte und schaute immer wieder zu den strahlenden und doch kalten Sternen hinauf. Warum? Warum? Enttäuschung und Leid wuchsen.

Eines Nachts erschien die innere Spannung nicht mehr ertragbar, und sie weckte das Haus mit ihren durchdringenden Schreien, die sich so erbärmlich und zugleich erschreckend anhörten, daß selbst den Wachhunden die Haare zu Berge standen. Siko, der am Fußende des Bettes lag, warf den Kopf zurück und heulte. Lichter wurden angezündet, die Dienerinnen und Eunuchen kamen herbeigelaufen, und bald kam auch Siromus. Als er die schreiende Esther auf dem Bett und die aufgeregte Dienerschaft sah, legte er seine Hand fest auf Esthers Mund. Sie wehrte sich kurz, dann sackte sie zusammen wie eine Puppe.

Am nächsten Morgen erfuhr Hege von Siromus, was geschehen war. „Das muß aufhören. Wie lange geht es schon so?“ wollte er wissen.

„Der Haushalt sagt, sie hat noch nie so geschrien, aber sie schläft nicht gut.“

„Weint sie viel?“

„Ja, meist nachts. Lura sagt, sie scheint oft kaum zu wissen, wo sie ist. Ihr Geist scheint dann weit fort zu sein.“

„Ihr Geist wird völlig gehen, wenn das nicht aufhört. Geh, und hole den Arzt“, befahl Hege.

Parnakka, der Arzt, kam und verschrieb ihr Schlafkräuter. Esther nahm sie dankbar, um damit ihren quälenden Gedanken zu entkommen. Doch als ihr Körper sich an die Dosis gewöhnte, wachte sie schon lange vor dem Morgen wieder auf und lag dann stundenlang schlaflos und bat Armis um eine weitere Dosis. Armis, die wußte, daß Esther Heges besonderer Schützling war, wurde hin- und hergerissen zwischen der Liebe zu dem Mädchen und ihrer wohlbegründeten Furcht vor dem Eunuchen.

Eines Tages, als der Arzt Esther wieder untersuchte und besondere Speisen zur Anregung des Appetits verschrieb, fragte sie ihn nach den Kräutern in ihrem Schlaftrunk. „Woraus bestehen sie, Parnakka?“

„Wir machen unsere beruflichen Geheimnisse nicht bekannt, meine Dame, außerdem nützt es nichts, wenn du es weißt.“

„Das ist wahr“, stimmte sie zu. „Wieviel von dem Pulver kann man denn nehmen? Ich möchte ja keinen Schaden erleiden. Ist es gefährlich?“

Parnakka blickte sie scharf an. Was ging im Kopf dieses scheinbar unzähmbaren Mädchens, das sich nicht an das Haremsleben gewöhnen konnte, vor? „Man müßte sehr viel davon nehmen, damit es wirklich gefährlich wird“, antwortete er.

Einige Nächte später erwachte Esther aus einem kurzen Schlaf. Es war ein schlechter Tag gewesen. Sie hatte viel geweint und war erschöpft. Alle Ängste schienen wieder aufzustehen.

„Ich verliere meinen Verstand“, dachte sie. Leise stieg sie aus dem Bett. Mit Siko auf dem Arm ging sie in den Nebenraum. „Ich werde wieder schreien, Siko, und das darf nicht sein. Wir wollen nicht den Haushalt aufwecken. Ich muß unbedingt noch schlafen.“

Im nächsten Raum standen auf Regalen viele Krüge, Schachteln und Flaschen. Sie begann leise zu suchen, bis sie das Kräuterpulver für ihren Schlaftrunk gefunden hatte. Dann schüttete sie eine große Portion davon in einen Becher mit Wasser, trank es und ging wieder zu Bett.

Am nächsten Tag war der Haushalt in Aufruhr. Zunächst hatten sich die Frauen nichts gedacht, als sie Esther nicht wach bekamen. Sie hatte manchmal keine Lust aufzustehen. Doch bald merkten sie, daß es diesmal anders war. Sie versuchten es mit kaltem Wasser und anderen Mitteln, doch nichts half. Solange sie es wagten, zögerten sie. Doch endlich mußte Hege informiert werden.

Der kam schneller, als man bei seiner Körperfülle hätte glauben können. Er betrachtete Esther und blickte dann die versammelte Dienerschaft mit so wütenden Augen an, daß es kaum Zweifel über ihr Schicksal gab, sollte Esther sterben. „Holt Parnakka“, befahl er, und Siromus rannte.

„Wie konnte das geschehen?“ fragte er die Dienerschaft.

„Wir wissen es nicht, Hege.“

„So, ihr wißt es nicht. Aber es ist eure Aufgabe, es zu wissen. Zwölf Frauen und Eunuchen haben nichts anderes zu tun, als nur für diese Frau zu sorgen, und sie wissen es nicht.“ Er blickte die Eunuchen an. „Wo wart ihr?“

„Auf unseren Posten, Herr. Wir haben nicht geschlafen, das schwören wir bei Ahura Mazda.“

„Ahura muß für vieles herhalten“, fauchte er. „Entweder hat ihr jemand etwas gegeben, was sie nicht haben sollte, oder sie hat es selbst genommen. Ich werde es herausfinden, und dann ...“

Parnakka kam mit dem schnaufenden Siromus. Nachdem er Esther untersucht hatte, fragte er streng: „Wo wird das Schlafpulver aufbewahrt?"

Armis zeigte es ihm. „Ihr Narren", schimpfte er, „seht her. Gestern habe ich euch genug für 20 Tage hiergelassen, und heute ist höchstens noch für zwölf Tage übrig."

Heges Gesichtsausdruck war fürchterlich. „Wer? Wer von euch?"

„Warte, Hege", beruhigte ihn der Arzt. „Ich erinnere mich, daß Esther mich vor einigen Tagen fragte, wieviel davon gefährlich sei."

„Und du hast es ihr gesagt", brüllte der Eunuch.

„Ich sagte ihr, daß man sehr viel nehmen muß, ehe es gefährlich wird. Und das stimmt. Ich glaube nicht..."

Heges Gesicht war ganz nahe vor dem Parnakkas. „Wenn sie stirbt", flüsterte er, „lasse ich dir die Haut abziehen."

„Sie wird nicht sterben, obwohl dies ohne Zweifel ihre Absicht war."

„Stimmt das?" Hege schaute die Dienerschaft an. Niemand antwortete. „Ich will Antwort haben", forderte er. Lura, die mutigste, sagte: „Nein, Herr, das glaube ich nicht. Meine Herrin ist oft traurig und oft allein, aber sie hat sehr viel Mut. Ich glaube nicht, daß sie sich das Leben nehmen wollte.

Hege schaute Parnakka an. „Warum unternimmst du nichts?" fauchte er.

„Es ist nichts zu tun."

„Was meinst du damit? Du hast vorhin gesagt..."

„Das Schlafmittel wird nach und nach seine Wirkung verlieren. Sie wird dann noch schwach und müde sein, vielleicht auch ein wenig krank, aber nachher wieder in Ordnung."

Hege blickte wieder in Esthers Schlafzimmer. Dort war alles unverändert. „Gut", sagte er zu Parnakka, „ich werde hier warten und du auch. Ihr anderen begebt euch an eure Arbeit, aber niemand verläßt das Haus."

Du überraschst mich, Hege, denn gewöhnlich machst du dir um die Frauen hier nicht so viele Sorgen", meinte der Arzt.

„Ich habe gewöhnlich auch kein Mädchen hier, um das man sich solche Sorgen machen müßte, Parnakka. In all den Jahren, in denen ich der Oberaufseher des königlichen Frauenhauses bin, hatte ich noch keine hier wie sie."

„Ich muß zugeben, daß sie sehr schön ist. Aber..."

„Nein, bei ihr ist es noch etwas anderes als ihre Schönheit. Sie hat außergewöhnliche Qualitäten, das spüre ich. In all ihrer Trauer und Furcht habe ich noch nicht erlebt, daß sie zu jemand hart oder grausam gewesen wäre."

„Ist sie religiös?"

„Ganz bestimmt, obwohl sie noch nie den Namen Ahura Mazda erwähnt hat."

„Vielleicht betet sie zu einem anderen Gott."

„Vielleicht. Das soll ihre Sache sein." Hege drehte die Wasseruhr um. Sie warteten weiter. „Wie lange dauert es noch, Parnakka?"

„Ich denke, sie wird bald zu sich kommen."

Nach einer Weile schien die Sonne direkt auf Esthers Gesicht. Sie öffnete die Augen und blickte erstaunt auf Hege und Parnakka. Man sah Hege seine Erleichterung an. „Nein, Esther, dies ist nicht das Leben nach dem Tod. Du bist nicht gestorben. Du hast es zwar versucht, aber es ist nichts geworden."

„Nichts geworden?" Esthers Stimme war noch ganz schläfrig. „Was ist nichts geworden?"

„Wir wollen uns nichts vormachen, Esther. Erinnere dich. Ich bin Hege."

Esthers Blick wurde noch erstaunter.

„Hege denkt", warf Parnakka ein, „du hättest dir mit einer zu großen Dosis Schlafpulver das Leben nehmen wollen."

Esther überlegte noch einen Augenblick, dann mußte sie lachen. „Ich wollte mich nicht umbringen, Hege. Ich konnte nur nicht schlafen. Das ist alles."

„Du hast also das Schlafpulver selbst genommen?"

„Ja."

„Aber du wolltest dich nicht umbringen?"

„Natürlich nicht. Wie könnte ich das? Ich glaube nicht... Es wäre doch nicht recht gewesen."

„Na gut", Hege erhob sich, „tu es nie wieder. Ich werde jetzt alle bestrafen, die es dir ermöglichten, so etwas zu tun."

„Nein." Esther setzte sich aufrecht. „Nein, Hege, du darfst niemand bestrafen. Ich bin allein verantwortlich."

„Ich darf nicht? Was glaubst du denn, mit wem du sprichst?"

„Bitte." Sie hielt ihn an seinem langen Ärmel fest. „Hege, hör mir zu. Es ist nicht recht, die Mädchen oder die Eunuchen zu bestrafen. Ich bin die Schuldige, bestrafe mich. Welche Strafe du für mich bestimmst, ist recht."

Hege setzte sich wieder. Dieses Mädchen erstaunte ihn immer neu. Er hatte sich um sie Sorgen gemacht, und gleichzeitig um seine ehrgeizigen Pläne. Doch es wurde immer mehr Zuneigung zu ihr.

„Gut, ich mache einen Handel mit dir, Esther."

„Was du willst, aber bestrafe nicht meinen Haushalt."

„Das ist ein gefährliches Versprechen, junge Dame. Hör zu: Wenn du versprichst, von nun an nicht mehr so einsam zu leben, deine Mahlzeiten ordentlich zu essen, nachts nicht mehr umherzuwandern, sondern dich zu benehmen wie ein normaler Mensch, werde ich deine Dienerschaft nicht bestrafen."

Esther zögerte. Ihre Sorge um die Dienerschaft hatte sie wacher gemacht. Doch nun wollten sich die alten Gefühle der Einsamkeit und des Kummers wieder einschleichen.

„Esther?"

„Ja, Hege?"

„Du mußt dich entscheiden."

Wie konnte sie sich so benehmen, als hätte sie keinen Kummer? Aber wie konnte sie ihre Mädchen oder ihre Wachen der grausamen Strafe aussetzen? Sie mußte sich entscheiden und dann dazu stehen. „Ich verstehe, Hege."

„Du stimmst also zu?"

Sie nickte langsam. „Ja, einverstanden."

„Sehr gut. Wir werden heute beginnen. Also steh auf."

„Halt, nicht so schnell, Hege", protestierte der Arzt. „Sie braucht einen Tag, um sich zu erholen. Ihr Nervenzentrum..."

„In Ordnung", knurrte der Eunuch. „Dann eben morgen. Ich möchte dich morgen beim Tanzunterricht sehen. Du wirst aufmerksam sein und hart an dir arbeiten. Und noch ein letztes Versprechen: Du wirst so etwas nie wieder tun?"

Esther begriff, daß dies zum Abkommen gehörte. „Ich verspreche es", nickte sie.

Die Beziehung zwischen Esther und Hege war von diesem Tag an anders. Es war Vertrauen zwischen ihnen und ein tieferes Verständnis. Er widmete ihr mehr von seiner Zeit; und sie begann ihm Fragen zu stellen, die den König betrafen. „Was für ein Mensch ist er, Hege?"

„Er ist ein tapferer Soldat, mächtig und klug."

„Nein, ich meine, wie ist er als Mann. Wie er auf dem Schlachtfeld ist, interessiert mich nicht."

„Du meinst", sagte er mit großer Offenheit, „wie er im Bett ist?"

Esther wurde rot und ärgerte sich darüber. Sie hatte geglaubt, ihr würde ein solches Gespräch schon nichts mehr ausmachen. Möglichst gleichgültig antwortete sie: „Ja, das und andere Dinge. Was interessiert ihn? Worüber spricht er gern? Welche Frauen mag er?"

„Was die Frauen angeht, so ist sein Geschmack sehr vielseitig..."

„Ich habe manche Geschichten gehört über seine Tapferkeit, aber auch schreckliche über seine Grausamkeit..."

„Das ist kein Thema für dich", sagte Hege streng.

„Aber wie ist er daheim mit seinen Kindern? Ist er freundlich zu ihnen? Liebt er sie?"

Lieben? Hege hatte nie über diese Seite des Lebens seines Königs nachgedacht. Wie sollte er das wissen? „Ich bin für diese Frage nicht so recht zuständig", meinte er, „aber ich bin sicher, daß er seine Familie liebt."

„Hat er viele Kinder?"

„Eine ganze Anzahl."

,,Manche sind doch schon erwachsen, wie? Er muß schon recht alt sein?"

,,Erinnerst du dich an deinen Freund Mordokai? Der König ist ein oder zwei Jahre jünger als er."

Fast so alt wie Vater. Und mit diesem Mann sollte sie schlafen? ,,Aber Hege, das ist schon recht alt. Erzähle mir von der Königin, von Vasti..."

Hege unterbrach sie. ,,Na gut", nickte Esther. ,,Aber kannst du mir gar nichts von ihr erzählen?"

,,Sie war sehr schön, sehr eigenwillig und sehr königlich.

,,Hat er sie geliebt?" Seltsam, sie empfand fast so etwas wie Eifersucht.

,,Ja. Ich glaube, er hat sogar bereut, sie fortgeschickt zu haben. Doch da er es getan hatte, war es nicht mehr zu ändern."

,,Glaubst du, sie hat ihn geliebt?"

,,Sie hat ihn verstanden", sagte er vorsichtig. ,,Sie wußte, wie sie ihn lenken konnte."

,,Ihn lenken? Einen König lenken? Ich dachte, die Könige lenken?"

Hege lachte. ,,Wir haben versucht dir beizubringen, daß Frauen, wenn sie klug sind, sogar einen König lenken können; ohne daß er es merkt natürlich."

,,Wenn ich zum König gehe, Hege, dann möchte ich ihn kennenlernen, ich möchte, daß er mit mir spricht, mir erzählt was er denkt und fühlt, und ich will ihm erzählen, wie ich denke und fühle."

Hege fürchtete, daß ihr Weg zum König für den unabhängigen Geist dieses Mädchens sehr schwer werden würde. Nur, wenn sie wirklich Königin würde, hatte sie Aussicht, daß solch ein Traum in Erfüllung ging. Er fragte: ,,Esther, hast du je daran gedacht, daß du vielleicht die sein könntest, die der König erwählt?"

Sie zögerte: ,,Gedacht habe ich schon mal daran, Hege. Wir Mädchen unterhalten uns darüber. Doch ich habe nie...", sie schüttelte langsam den Kopf. ,,Ich habe nie ernstlich damit gerechnet. Es gibt viele Mädchen, die hübscher sind als ich. Rhasa zum Beispiel. Sie wäre eine großartige Königin. Ich sollte mich eigentlich davor fürchten, Hege. Was hat eine Königin zu tun?"

„Hauptsächlich natürlich muß sie dem König gefallen, das ist am wichtigsten. Doch sie hat auch gesellschaftliche Verpflichtungen. Sie gibt Festessen für die Frauen hochgestellter Besucher oder die der wichtigen Männer in Susa. Xerxes mag auch, daß die Königin oft mit ihm speist."

„Hat sie etwas zu tun mit der Regierung des Reiches?"

„Offiziell nichts. Doch wir haben in Persien oft sehr einflußreiche Königinnen gehabt. Die Mutter unseres Königs war zum Beispiel eine. Königinnen können durch die Eunuchen und den Harem einen sehr großen Einfluß ausüben. Eine Königin ist eine sehr wichtige Person." Er bemerkte, daß dieser Gesichtspunkt ihre Aufmerksamkeit erregte. „Wenn du die Auserwählte wärst, meine Kleine, dann könntest du auch sehr viel für mich tun."

12. Kapitel

Die Monate vergingen, es wurde langsam Sommer und heiß in Susa. Xerxes war mit seinem ganzen Hof und den Konkubinen in die Kühle der Sommerresidenz Ekbatana gezogen. Die noch nicht „fertigen" Jungfrauen waren in Susa geblieben, und Hege mit ihnen. Oft war er jetzt schlecht gelaunt, weil er die Hitze, die er aushalten mußte, schlecht ertrug. Doch ihm blieb nichts weiter übrig, als mit der Ausbildung der Mädchen, die ihm anvertraut waren, fortzufahren.

Esther hielt ihr Versprechen, das sie Hege gegeben hatte, obwohl es ihr manchmal schwer fiel. Nur Lura, ihre beste Freundin, wußte, wie sie oft zu kämpfen hatte. Sie gab sich große Mühe in den verschiedenen Arten des Unterrichts und machte große Fortschritte.

Endlich war es Herbst. Die Luft wurde klarer und erträglicher, und es kam der Tag, an dem der König mit dem Hof nach Susa zurückkehrte. Hege dachte über seine jungen Schützlinge nach. Seit der König nach Susa zurückgekehrt war, hatte er sehr oft gefordert, eines der neuen Mädchen zu ihm zu bringen. Doch über eine neue Königin hatte man noch nichts gehört.

„Es wird Zeit", dachte Hege, „die kleine Esther zum König zu schicken." Deshalb zeigte er eines Tages, als er sich wieder einmal mit ihr unterhielt, auf einen Gang, in den sie noch nie gekommen war. „Morgen wirst du dort hineingehen und dich melden. Dort kommt der letzte Kurs, den wir die »Liebesschule« nennen."

Esther hatte schon oft Mädchen dort hineingehen sehen. Sie blieben gewöhnlich sehr lange. Das erste Mal kamen sie meist sehr schockiert zurück. Später aber mit einem ganz neuen Ausdruck auf ihrem Gesicht. Neugierig fragte sie Armis: ,,Was geschieht dort?"

Kopfschüttelnd antwortete sie: ,,Ich darf es dir nicht sagen."

An dem Tag, an dem Hege ihr befahl, dort hineinzugehen und den Kurs zu beginnen, kam sie total erschüttert zurück. Man sah ihren Augen an, daß sie unter einem Schock stand. Sie schloß sich ein und wollte für den Rest des Tages mit niemand mehr sprechen.

Als Armis am Abend zu ihr ging, um das Bett fertigzumachen, versuchte sie, ihre Herrin zu trösten. ,,Sei mutig, Esther, auch das geht vorüber."

,,Ich will nicht darüber sprechen", antwortete Esther entsetzt. ,,Es war häßlich und erniedrigend. Wenn ich denke, daß der König ..."

,,Aber Esther, vielleicht wirst du den König lieben, das macht alles leichter."

,,Ihn lieben?" Esther runzelte die Stirn. ,,Lieben, einen Hei...? Einen Mann, den ich vorher nie gesehen habe? Einen Mann, der Hunderte, nein Tausende von Frauen hat? Lieben? Wie kannst du dieses Wort gebrauchen?"

Jetzt, nachdem sie zu dem Kurs in der ,,Liebesschule" gehen mußte, dachte sie oft daran, wie es sein würde, wenn sie zum König gebracht würde. War es so, würde sie sich lieber vorher töten wollen. Sie war eine von Jahwes Auserwählten am Hofe eines heidnischen Königs. Würde es Jahwe nicht viel mehr gefallen, wenn sie ihrem Leben ein Ende machte, als einen solchen Weg zu gehen und nachher im Hause der Konkubinen zu landen? Wofür hatte sie eigentlich noch zu leben?

Doch Hege hatte etwas von Königin werden gesagt. Ihr Verstand spottete: ,,Du? Was glaubst du, wer du bist? Zwanzig

Mädchen, die schöner sind als du, sind in der letzten Zeit zum König gegangen, und keine von ihnen wurde Königin. Vielleicht wird er dich schon nach einer Stunde wieder wegschicken."

Die Monate hatten Esther verändert. Äußerlich hatte sie sich noch mehr vom Kind zur Frau entwickelt. Tagsüber gab sie sich Mühe, fröhlich zu sein und hart an sich zu arbeiten und zu lernen. Doch sie schlief immer noch schlecht. Lura, die auf Heges Befehl mit ihr im Zimmer schlief, versuchte alles. Sie sang, erzählte Geschichten und gab sich Mühe, bis sie selbst einschlief. Dann lag Esther immer noch lange wach und starrte zur Decke empor. Hege schimpfte: „Schwarze Ränder unter den Augen erhöhen deine Schönheit nicht, Esther. Denk an das, was du mir versprochen hast. Was ist denn nicht in Ordnung?"

„Das würdest du nicht verstehen, mein Freund."

Hege strich sich nachdenklich über sein bartloses Kinn. Er erinnerte sich an eine Zeit, die lange vorbei war, wo man ihn von seinem Elternhaus gerissen und Tausende von Kilometern weit an diesen Hof gebracht hatte. Da war die Bitterkeit der Kastration gewesen, die Einsamkeit, die Furcht ... „Vielleicht, Kind, verstehe ich doch. Vielleicht doch."

„Es tut mir leid, Hege", antwortete Esther. „Vergib mir. Sicher kannst du verstehen." Ihre Freundschaft mit Hege war gegenwärtig ihr einziger Trost. Auf gewisse Weise ersetzte er ihr den Vater, der so weit entfernt zu sein schien. Oft saß sie beim offenen Fenster und lauschte dem Gesang der Nachtigallen. „Sing für mich, kleiner Vogel", dachte sie. „Mein Herz will brechen, und die Lieder, die ich liebe, kann ich hier nicht singen. Wie kann ich des Herrn Lied singen in einem fremden Land?"

Die Jungfrauen im Harem hatten nicht sehr viel Freiheit. Auch zu enge Beziehungen untereinander waren nicht gern gesehen. Esthers besondere Stellung hatte auch zuerst den Neid wachgemacht. Doch ihr Charme und ihre Großzügigkeit zogen die Menschen an. Da sie mehr Freiheiten genoß als die meisten anderen Mädchen, gelang es ihr, nach und nach alle zu besuchen. Besonders gern mochte sie die Baktrierin Rhasa. Mit ihr tauschte sie auch manchmal Erinnerungen von ihrer Freundschaft mit David aus.

„Und wie ist es mit deinem Bhindi, du liebst ihn sehr, nicht wahr?“ fragte sie Rhasa.

„O ja, Esther. Wir kennen uns von Kindheit an und wurden einander versprochen, als wir geboren wurden. Ich kann ohne ihn nicht leben und will auch nicht.“

„Rhasa“, mahnte Esther, „dieser Gedanke ist falsch. Du redest von Mord, wenn du dich selbst umbringen willst. Aber Gott verbietet Mord.“

Betrübt antwortete sie: „Dann hätte Er mich nicht nach hier schicken sollen.“

„Das ist nicht Gottes Schuld.“ Esther war selbst überrascht, als sie sich diese Worte sagen hörte.

„Aber ich bin hier“, beharrte Rhasa.

„Ja, sicher, doch Menschen haben dich hierhergebracht, nicht Gott. Gott hat die Menschen so gemacht, daß sie selbst Entscheidungen treffen können.“

„Ich habe mich nicht dafür entschieden, hier zu sein.“

„Nein“, antwortete Esther eifrig, „aber ein anderer Mensch hat diese Entscheidung getroffen. Denn wenn Gott uns die Freiheit gegeben hat selbst zu entscheiden, so bedeutet dies Freiheit zum Guten genauso wie Freiheit zum Bösen. Sonst wäre es keine wahre Freiheit.“

Rhasa hatte nun doch aufmerksam zugehört. „Ich muß jetzt gehen“, meinte Esther mit ein klein wenig Neid im Herzen, daß Rhasa einen jungen Mann hatte, den sie liebte. „Wir werden ein anderes Mal weiter darüber reden.“

Siromus hatte zu seiner eigenen Überraschung Esther auch schätzen gelernt und war ihr mittlerweile ganz ergeben. Eines Tages, als sie im Garten saß und ein Sklave in der Nähe arbeitete, kam er scheinbar ziellos daher gegangen und begann mit dem Sklaven ein Gespräch. Er redete so laut, daß Esther es hören mußte. „Ist dir dieser Mann auch schon aufgefallen, der jeden Morgen am Eingang vorbeigeht?“ fragte er den Sklaven. Dabei vermied er es sehr sorgfältig, zu Esther zu blicken. „Ich habe ihn schon oft gesehen. Er trägt immer einen Zweig Myrte in seinem Gürtel."

Myrte? Hadassa! Esther saß sehr still und lauschte. Dabei hielt sie die Augen auf ihrer Handarbeit.

„Hast du ihn nie gesehen?" forschte Siromus weiter.

„Ich glaube nicht." Der Gärtner zuckte ein wenig verwundert mit den Schultern.

„Er geht oft da entlang. Ich dachte, er wäre dir wegen des Myrtenzweiges auch aufgefallen." Siromus ging weiter. Esther war, als hätte ihr jemand den Arm um die Schulter gelegt.

An einem anderen Tag sprach Siromus wieder mit dem Sklaven, als Esther in der Nähe saß. „Ich sah den Mann wieder, er scheint ein wenig seltsam zu sein. Er sagte etwas, das fremd klang, etwa wie Epen...? Eben...? Ebenezer? So ähnlich hat es geklungen. Ich frage mich, was er gemeint haben kann?"

Der Gärtner ließ sich in seiner Arbeit nicht aufhalten und antwortete uninteressiert: „Vielleicht eine neue Sprache. Es gibt ja so viele davon."

Doch Esthers Herz sang wie ein Vogel. Ebenezer! Sie dachte an den Propheten Samuel und seinen Gedenkstein. „Bis hierher hat der Herr geholfen!" Mut... Ebenezer! Sie spürte, wie Tränen der Freude hervordrängten. Sie war nicht vergessen.

Immer mehr von den Mädchen, die für die große Nacht vorbereitet waren, verschwanden und kehrten nie zurück, sondern gingen dann ins Haus der Konkubinen. Eines Nachts wurde Esther durch schreckliche Schreie wach. Sie und Lura rannten zum Fenster, konnten aber nichts Außergewöhnliches erkennen. Als Esther am nächsten Tag versuchte, von den Eunuchen zu erfahren, was geschehen war, erntete sie nur Kopfschütteln und den Rat: „Frage nicht weiter."

Nach einiger Zeit kam Arunah. Sie war blaß und voller Angst. „Es war Rhasas Freund", berichtete sie. Die anderen näher zu sich winkend, erzählte sie leise: „Rhasas Freund Bhindi ist an der Seitenmauer des Frauenhauses emporgeklettert. Er hat versucht, seine geliebte Rhasa hier herauszuholen. Sie..." Arunah stockte.

„Erzähle weiter", befahl Esther mit der ruhigen Autorität, die sie in letzter Zeit entwickelt hatte.

Arunah seufzte und fuhr fort: „Sie schnitten ihm zuerst die Ohren ab, dann schnitten sie die Zunge heraus und dann... dann stachen sie ihm die Augen aus."

„Ist er tot?"

„Mittlerweile schon, Herrin", nickte Arunah verängstigt.

„Weiß es Rhasa auch?"

„Sie weiß es."

„Dann muß ich sie besuchen", erklärte Esther entschlossen.

„Das geht nicht. Die Eunuchen und Soldaten stehen überall. Sie reagieren auf die geringste Kleinigkeit."

Wie auf ein Stichwort erschien in diesem Augenblick Hege. Er kannte in der Zwischenzeit Esther gut genug und sagte: „Ich weiß, daß du Rhasa jetzt trösten möchtest, Esther. Doch ich muß dich warnen. Gehe vorläufig nicht. Du würdest nichts erreichen und die Dinge nur noch schlimmer machen, vor allem für Rhasa."

Esther nickte, doch im stillen dachte sie: „Es muß einen Weg geben. Vielleicht heute nach Mitternacht, wenn alle schlafen..."

In dieser Nacht erdrosselte Rhasa sich mit ihrem Schal. Esther war schockiert und fühlte sich schuldig. Sie hätte nicht auf Hege hören sollen. Welche Art von Dämonen waren diese Menschen? Nach diesem Vorfall wurde sie noch ruhiger und mehr in sich gekehrt.

„Du wirst zu dünn" sagte Hege eines Tages zu ihr. „Iß ein wenig mehr. Der König mag Mädchen nicht, denen die Knochen herausstehen. Wenn du schon nicht daran denken willst, dann tue es doch bitte um meinetwillen. Es schadet dir doch nicht."

Sie zögerte, doch dann lächelte sie. „Gut, mein Freund, für dich will ich es versuchen." Sie dachte nicht mehr daran, vielleicht aus dem Harem zu entfliehen, da sie mittlerweile wußte, wie unmöglich dies war. Da ihr auch klar war, was mit ihrem Freund Hege geschehen konnte, gab sie sich die größte Mühe.

Doch noch immer träumte sie von daheim, wo sie mit ihrem Vater lernte, lachte und sang. Aufwachen am Morgen war oft schrecklich. Wer bin ich? dachte sie oft. Ich war eine Jüdin mit Namen Hadassa. Ich war Mordokais Tochter. Ich führte seinen Haushalt und freute mich auf eine Heirat, auf Kinder und auf ein jüdisches Familienleben. Ich war eine vom auserwählten Volk. Jetzt ... jetzt bin ich wie ein Sperling, der allein irgendwo verirrt ist.

Doch manchmal sagte ihr Verstand ihr auch: „Weshalb glaubst du, du seist besser als die anderen Mädchen, die zum König gehen? Denkst du, sie gehen gern?" Doch, antwortete sie sich selbst, manche schon.

„Aber du bist wenigstens in deiner Heimatstadt." Was habe ich schon davon?

„Und du weißt, daß dein Vater lebt." Aber ich werde ihn nie wiedersehen.

„Aber er geht wenige Meter außerhalb des Hauses am Eingang vorbei. Wer bist du, daß Jahwe sich um dich besonders kümmern sollte? Hast du Ihm wenigstens schon dafür gedankt, daß dein Vater lebt?" Nein, ich glaube nicht, wenigstens noch nicht oft.

„Bist du nicht auserwählt, Jahwe zu lieben und Ihm zu gehorchen? Du weißt einiges von Seinem Wesen und auch von Seinem Willen. Deshalb bist du auch verantwortlich dafür. Erinnere dich an das Gebot: »Du sollst Jahwe, deinen Gott, lieben von ganzem Herzen und von ganzer Seele.«" Aber Jahwe hat mich vergessen.

„Muß Er dich denn schon deshalb vergessen haben, weil Er deine Gebete nicht immer erhört?" Ich spüre aber nichts von Seiner Gegenwart. Ich fühle mich so allein.

„Jahwe sagt: »Rufe Mich an in der Not, so will Ich dich erretten, und du sollst Mich preisen.« " Ich, Jahwe preisen? Hier in diesem Harem? Ihn preisen und verherrlichen?

Der Gedanke war überraschend. Hatte Jahwe etwa an diesem Ort etwas für sie zu tun? Konnte es einen Plan geben hinter all dem, was hier geschah?

13. Kapitel

Esther spielte auf der Harfe und sang ihren Mädchen ein Lied vor, das sie selbst geschrieben hatte. Es war ein kühler Winterabend, doch hier drin beim Kohlefeuer, das im Becken brannte, war es warm.

Plötzlich stand Siromus in der Tür. Dies war ungewöhnlich so spät am Abend. Etwas in seinem Blick war auch besonders. Heute abend ist es so weit, dachte Esther, ehe Siromus sagen konnte: „Hege läßt dich rufen, Esther."

Esthers Hand rutschte über die Saiten der Harfe. Im Raum war es still. Alle wußten, was diese Aufforderung bedeutete. Langsam legte Esther die Harfe beiseite. „Lura und Armis, ihr kommt mit mir." Sie sah die Enttäuschung im Blick der anderen. „Es wird Zeit genug sein, Mädchen. Ich komme noch und verabschiede mich von euch allen."

Sie wird heute allerhand Kosmetik brauchen, dachte Siromus, als er neben ihr zu Heges Räumen ging, sie ist so blaß wie eine weiße Lilie. Als Esther vor Hege stand, sagte sie: „Es wäre nett gewesen, mich vorher zu informieren. Warum ist das nicht geschehen?"

„Langsam, meine kleine Feuerspuckerin. Ich habe erst vor kurzer Zeit erfahren, daß der König für heute Nacht ein Mädchen zu seiner Gesellschaft wünscht und daß er außergewöhnlich gute Laune hat. Diesen Vorteil müssen wir nutzen. Und außerdem brauchtest du nicht so lange vorher nervös zu sein", setzte Hege noch hinzu.

„Ist noch genug Zeit?" wollte Esther wissen.

„Reichlich. Was möchtest du tragen?"

„Dann, Hege, gönne mir noch einige Minuten allein."

Hege überlegte. Der König speiste jetzt. Das würde noch mehrere Umdrehungen auf der Wasseruhr brauchen. Aber Esther mußte auch noch fertig gemacht werden. „In Ordnung", nickte er, „aber nur einige Minuten. Ich werde Siromus schicken."

Zurück in ihrer Wohnung drängten sich die Mädchen um sie. „Brauchst du nicht zu gehen?"

„Doch", lächelte Esther. „Wartet hier, ich muß ein wenig allein sein."

Sie waren Esthers „religiöse Verrichtungen" gewöhnt und zogen sich zurück. Es gab wohl niemand in dem ganzen Haus, der mehr betete als sie. Sie betrat ihren Raum. Viele Fragen stürmten auf sie ein. Was war nach heute nacht? Was wäre, wenn sie schwanger würde? Ein Kind von einem Heiden, den sie nie vorher gesehen hatte? Sie warf sich über das Bett. Da standen die Worte wieder vor ihr, die Mordokai ihr beim Abschied zugeflüstert hatte: „Auch wenn ich wandere im Tal des Todesschattens..." Sie erhob sich seltsam gestärkt. Ich werde gehen in der Kraft des Herrn.

Sie blickte sich nochmals in dem Raum um, kraulte Siko zwischen den Ohren und ging hinaus. Die meisten ihrer Mädchen weinten. Lura sagte mühsam: „Geh in Frieden, Herrin."

„Kommst du noch zurück, ehe du gehst, damit wir dich noch sehen?" fragten sie.

„Ich komme noch", versprach Esther.

Hege führte Esther in die riesige Garderobe. Sie hatte schon viel davon gehört, aber was sie sah, übertraf alle Erwartungen. Endlose Reihen von polierten Silberspiegeln, die prachtvollsten Gewänder ohne Zahl, Hunderte von Öllampen brannten, Parfüm- und Salbengefäße ohne Ende und kostbare Juwelen in vielen silbernen und bronzenen Schachteln.

Hege wies mit dem Arm auf alles. „Es ist dein Abend, Esther, also darfst du auch wählen." Für den Oberkämmerer war es der Abend seiner Träume, seiner Hoffnungen und Wünsche; aber es war auch ein trauriger, denn er liebte Esther und würde sie vermissen.

„Ich kann meinem Geschmack nicht vertrauen", meinte Esther.

„Aber, aber, dein guter Geschmack ist im ganzen Haus bekannt."

„Schon, Hege, aber nicht heute abend. Wähle du für mich. Ich werde tragen, was immer du aussuchst."

Dies war zu schön, um wahr zu sein. Noch nie hatte er so absolute Freiheit bei einer solchen Gelegenheit gehabt. Er wußte genau, was Xerxes mochte und was ihm gefiel. Schnell ging er an all den glitzernden und überladenen Gewändern vorbei und wählte eine einfache meergrüne Robe. Auch die dazu passenden wundervoll gearbeiteten Goldsandalen und das Untergewand waren schnell gefunden. Er kannte sich hier aus.

„Du bist sehr blaß, meine Kleine", bemerkte er. Esther erwiderte nichts. Sie fühlte sich innerlich wie eine Puppe. Hege bestimmte die Parfüme und Make Up, die von den beiden Frauen aufgetragen wurden. Juwelen, Schmuck? fragte er sich selbst? Was wäre richtig? Er probierte dies und das. Endlich betrachtete er Esther nochmals. Nichts! entschied er. Absolut nichts! Das wäre einmal neu, und außerdem — sie benötigte wirklich keinen Schmuck.

Sorgfältig wählte er noch einen wunderschönen Schleier aus, den er ihr kunstvoll umlegte. Eine letzte Prüfung. „Perfekt, meine Liebe. Hier, betrachte dich selbst im Spiegel." Esther blickte lange Zeit sehr ernst hinein.

„Komm, Esther", mahnte Hege, „ich werde dich selbst zum König bringen."

„Die Mädchen?" erinnerte Armis schüchtern.

„Richtig, es ist noch Zeit. Wir werden sie den Mädchen zeigen", nickte Hege gönnerhaft.

Der ganze Harem wußte mittlerweile schon, daß Esthers

Nacht gekommen war. In jeder Tür standen Mädchen. Alle mochten sie wegen ihrer Freundlichkeit und riefen: „Esther! Esther! Lebe wohl! Alles Gute!"

Ihre eigene Familie war fröhlich. Esther dachte: Es könnte meine Hochzeit sein, so fröhlich benehmen sie sich. Sie wußte ja nicht, daß die Mädchen sich vorgenommen hatten, nicht zu weinen, sondern ihr den Abschied leicht zu machen. Dann stieg sie mit Hege die Treppe hinauf, die vom Harem zu den Gemächern des Königs führte. Oben drehte sie sich nochmals um und winkte zurück.

Xerxes Lachen hallte durch die Gänge. „Welch ein Abend, Harbona. Bei Angru Manyu, ich bin froh, daß er vorbei ist. Der Satrap von Baktrien oder der Satrap von Sogdiana. Aber beide zusammen — oh, ich habe mich zu Tode gelangweilt." Er legte Krone, den Juwelenkragen und das äußere Gewand ab, ehe die Eunuchen helfen konnten. „Jetzt fängt der Abend richtig an. Wo ist die Frau, die ich mir gewünscht habe?"

Hege trat ein. Er hielt Esther fest am Ellbogen. „Vergiß nichts, was du gelernt hast", flüsterte er. „Wenigstens um meinetwillen. Sobald wir vor ihm stehen, fall auf den Boden."

Als sie des Königs Schlafzimmer betraten, wurde Esther nicht einmal klar, welcher von den Männern der König war. Es fiel ihr nicht schwer, sich zu Boden zu werfen, denn ihre Beine trugen sie kaum noch. Irgendwie gelang es ihr aber, elegant auf dem Marmorfußboden zu liegen, ihre Hände weit nach vorn gestreckt, wie sie es gelernt hatte.

„Ach, da bist du ja. Es wird auch Zeit..." Xerxes bemerkte, wer ausgestreckt neben Esther lag und sagte erstaunt: „Sieh an, Meister Hege ist heute abend selbst gekommen."

Auf des Königs Handbewegung hin erhob sich Hege. „Bring das Mädchen hoch", winkte der König zu Esther, die immer noch vor ihm lag. „Ich möchte einen Blick auf die werfen, von der Hege glaubt, sie sei seiner persönlichen Gegenwart würdig."

Hege half Esther auf die Füße. Sie stand ganz still, die Hand im Schleier, wie es ihr gezeigt worden war. Xerxes ging um sie herum und nahm dann den Schleier fort. „Hmm, wirklich gut, Hege, sie wird ...", er legte ihr die Hand auf die Schulter. „Sieh mich an."

Als sie gehorchte, beugte er sich herunter. Das dunkle Haar und die dunklen Augenbrauen hatten ihn nicht ahnen lassen, daß er in grün-blaue Augen schauen würde, so klar wie Seewasser. Er blickte sie lange an und bemerkte, wie sie zitterte. Mit der freien Hand scheuchte er Harbona und Hege fort. „Verlaßt mich."

Als sie allein waren, blickten der Mann und die Frau sich an. Auch Esther war überrascht. Hier stand kein fetter alter Mann. Gewiß, er war nicht jung, aber groß und stattlich. Hege hat recht, dachte sie, er ist nicht viel jünger als mein Vater. Der Gedanke ließ sie ein wenig lächeln.

Das Lächeln verzauberte den König. Er nahm den Schleier ganz ab, und ihr schwarzes Haar fiel in Kaskaden über ihre Schultern. „Komm, Kleine." Er nahm sie an die Hand und führte sie zu dem großen Bett. Als er die Arme um sie legte, sagte er: „Habe keine Angst. Wie ist dein Name?"

„Hada — Esther, mein Herr."

Ihre Nervosität war verständlich, das hatte er schon oft erlebt. Aber da war noch etwas anderes in diesem Mädchen, etwas, das er nicht beschreiben konnte, das ihn aber seltsam bewegte. „Esther — Stern. Du sollst für heute nacht mein Stern sein. Komm, ich verspreche dir, ich werde gut zu dir sein. Glaubst du mir das?"

Sie blickte ihn fest an. „Ich ... ich weiß nicht, Majestät. Aber ich bin sicher, daß mein Herr, der König, das sagt, was er tun wird. Der König aller Völker kann nicht lügen."

Xerxes lachte und ging zu einem goldenen Krug. „Etwas Wein?"

„Ja, bitte, Majestät, ich hätte gern etwas Wein."

Der König reichte ihr einen Becher und sagte freundlich spottend: „Es ist sehr guter Wein."

Als sie getrunken hatte, zog er sie an sich. „Ich verspreche dir, ich werde sehr sanft und freundlich sein", wiederholte er. Und überraschender Weise hielt er sein Wort.

Später in der Nacht zeigte Xerxes träge auf die Harfe, die auf dem Tisch lag. „Ich sehe, Hege hat eine Harfe mitgebracht, gehört sie dir?"

„Ja, mein Herr, es ist eine sehr schöne."

„Spiele und singe etwas für mich. Was wirst du singen?"

Esther legte die grüne Robe um, als sie sich auf die mit Gold überzogene Sitzbank setzte. „Welche Art von Lied würde sich mein Herr, der König, wünschen?"

Xerxes blickte mit einer Mischung von Verlangen, Amüsiertheit und Respekt auf sie. „Wähle selbst, ich möchte hören, welchen Geschmack du hast."

Das Gefühl der eigenen Harfe gab Esther Mut. Sie sang das Lied, das sie selbst geschrieben und am Nachmittag den Mädchen vorgesungen hatte. Wie lange war das schon her?

Xerxes lauschte aufmerksam. Als sie geendet hatte streckte er sich wohlig und bemerkte: „Sehr schön. Selbst gemacht? Aber es ist ein wenig traurig. Singe etwas fröhliches."

Esther kannte sehr viele Lieder. Sie sang eine lange Zeit. Da Xerxes Musik sehr liebte, schätzte er auch die Fähigkeiten des Mädchens. „Ich werde eine Harfe aus Elfenbein und Gold für dich machen lassen."

„Mein Herr ist sehr großzügig."

Er kam zu ihr auf die gepolsterte Sitzbank. Später rief er nach mehr Wein und Früchten. „Tanze für mich, Esther."

Esther erhob sich und begann mit langsamen graziösen Bewegungen. „Nein, nein, nicht in diesem langen Gewand. Du hast das nicht nötig", forderte der König.

Sie ließ gehorsam die lange Robe fallen und hüllte sich in den cremefarbenen Schleier. „Dieser Tanz, mein Herr, ist einer, zu dem es den Schleier braucht", sagte sie.

Bezaubert konnte Xerxes nur mit der Hand seine Zustimmung bekunden. Esther entfaltete beim Tanzen ihre ganze Poesie und ihr Feuer. Der verwöhnte König, der glaubte, alle

Tänze zu kennen, sah etwas, das ihm neu war. Hier tanzte keine Hetäre, auch war nichts Verführerisches in ihren Bewegungen. Hier tanzte ein Mädchen mit viel Anmut und Freude am Tanzen. Es war das Natürliche, das den König packte. Als sie geendet hatte und ausgestreckt vor ihm auf dem Boden lag, war es eine ganze Weile völlig still, ehe Xerxes sagte: „Das war der schönste Tanz, den ich je sah. Komm wieder zu mir, mein Stern."

Als es schon dämmerte, lag Esther hellwach auf dem Bett. Sie dachte über das nach, was sie in dieser Nacht alles erlebt hatte und was nun wohl vor ihr lag. Xerxes erwachte. Das sanfte Licht einer Öllampe erhellte den Raum ein wenig. Er beugte sich über sie, fuhr mit dem Finger über ihre Nase, ihre Augen und ihren Mund und sagte: „Esther, ich liebe dich. Hörst du, ich liebe dich. Das habe ich bis jetzt noch nie zu einer Frau gesagt, die aus dem Harem zu mir kam."

Esther schaute ihn fragend an. „Hör zu, Kleine", fuhr er fort, „du wirst morgen abend wieder zu mir kommen. Das heißt, ich meine natürlich schon heute abend, und..."

„Mein Herr König möchte, daß ich heute abend wiederkomme?"

„Ja, heute abend und den nächsten und übernächsten." Er küßte sie. „Ich liebe dich und muß dich jeden Abend bei mir haben."

So kam sie Abend für Abend aus dem Hause der Konkubinen. Des Königs Liebe setzte in Esther etwas frei. Sie bemerkte, wie sie mit echter Wärme und innerer Zuneigung auf ihn einging. Xerxes spürte diese Veränderung in ihr, und das zog ihn noch mehr an. Er begann sich mit Esther zu unterhalten und ihr seine Gedanken mitzuteilen. Ihre Freundlichkeit heilte seine verwundete Eitelkeit und den Schrecken, der von der Demütigung der Niederlage in Griechenland her noch immer in ihm saß. Esthers Fähigkeit, aufmerksam zuzuhören, und ihr echtes Interesse an den Gefühlen und Problemen des Königs waren für ihn wie Balsam.

Eines morgens, nach einer besonders zufriedenstellenden

Nacht, kam Xerxes der Gedanke. Er hatte die Antwort gefunden. „Du wirst meine Königin!" rief er und wirbelte sie im Raum herum. „Du bist die, nach der ich gesucht habe, Esther, ich weiß es." Laut rief er: „Harbona!"

Harbona betrat den Raum. „Harbona, rufe am Vormittag den Rat zusammen. Heute vormittag, hörst du. Ich habe meine Königin ausgewählt." Harbonas Gesicht zeigte kein Zeichen der Überraschung, obwohl es in ihm stürmte.

„Und, Harbona, sieh zu, daß der Oberkämmerer des Hauses der Konkubinen die Herrin Esther heute morgen selbst begleitet. Noch eins: Gib Befehle, daß man für die kommende Königin eine passende vorübergehende Wohnung bereithält. Und das Haus der Königin soll völlig neu vorgerichtet werden." Er wandte sich an die erstaunte Esther. „Hast du einige besondere Sklavinnen, die du bei dir haben möchtest, kleine Königin?"

Esther dankte im stillen Jahwe. „Ja, bitte, mein Herr König. Die sieben Mädchen, die im Harem bei mir waren: Lura und Arunah und Armis und ..."

„Hör auf!" lachte der König, „du sollst sie alle haben. Geh und sorge dafür, Harbona, und zwar sofort."

14. Kapitel

Vastis luxuriöser Palast wurde gründlich renoviert. Immer wieder wurde Esther von Kammerherren, Künstlern oder Handwerkern nach ihren Wünschen gefragt. Hatak, den Xerxes persönlich als Oberkämmerer für den Haushalt der Königin bestimmt hatte, stellte das Gefolge zusammen. Als alles für Esthers Krönung bereit war, sandte Xerxes ihr eine etwas kleinere Nachbildung seines eigenen tragbaren Throns, mit einem Baldachin aus purpurnem Stoff, der mit Silber abgesetzt war.

In eine mit Gold, Perlen und Edelsteinen verzierte königliche Robe gekleidet, wurde Esther zum Palast des Königs getragen, rechts und links flankiert von ihrem eigenen Gefolge. Die sieben Fürsten hatten die berühmte Dame bisher auch noch nicht zu sehen bekommen. Sie standen scheinbar unbeteiligt neben dem Thron des Königs, doch innerlich brannten sie vor Neugier. Fürst Memukan hielt die damals für Vasti gemachte umstrittene Krone. Wenigstens hat Xerxes dieses Mal nicht wieder die Staatskasse belastet, um eine neue Krone machen zu lassen, dachte er. Diese hier war ja von Vasti noch kaum getragen worden.

Unter Gesang und Lautenspiel wurde Esthers Thron vor dem des Königs niedergesetzt. Als Xerxes sein schimmerndes goldenes Zepter nach ihr ausstreckte, kniete sie nieder und berührte es am äußersten Ende. Als er dann die Krone aus Memukans Händen nahm und eigenhändig auf das dichte dunkle Haar Esthers setzte, warf sie ihm ein Lächeln zu, das die Umstehenden lange nicht vergaßen.

Xerxes rief laut: „Von heute an proklamiere ich dich zu meiner Königin. Ich habe zu deinen Ehren in alle Satrapien des Reiches Gnadenerlasse gehen lassen und Geschenke verteilt, die eines Achämenieden würdig sind. Die Menschen im ganzen Reich freuen sich heute, weil du meine Königin bist."

Der König und die Königin wurden in die große Festhalle getragen. Esther sah nun zum ersten Mal das Innere des riesigen Gebäudes, dessen Ausmaße sie am ersten Abend, als man sie von der Straße wegführte und zum Palast brachte, erschreckt hatten. Überall leuchtende Farben. Keramik-Figuren standen ringsum an den Wänden, die mit Bildern von Phantasietieren bemalt waren.

Während des ausgiebigen Festmahls beobachteten die Sieben aufmerksam das Königspaar. „Sie hat ihn vollkommen gefangen", flüsterte Meres. „Nicht einmal zu Vastis Zeiten waren ihm die anderen anwesenden Frauen so gleichgültig."

„Das wird nicht lange anhalten, denke ich", bemerkte Schethar leise.

„Wer weiß?"

Für den Nachmittag hatte der König etwas noch nie Dagewesenes geplant: eine große Krönungsprozession. Dieser Einfall hatte am Hof zurückhaltendes Murren verursacht, denn die große Hegira, in der der gesamte Hof zum Neuen Jahr nach Parsa zog, war nicht mehr weit entfernt. Und nun noch soviel zusätzliche Arbeit.

Während der ganzen Nacht hatten sich schon Menschen in den Straßen versammelt, um der Prozession zuzusehen und einen guten Platz zu finden. Überall herrschte Gedränge, und die Schwächeren wurden von den Starken rücksichtslos beiseite gedrückt. Die älteren Menschen blieben daheim und hofften, von den Dächern der Häuser oder den Hauseingängen her einen Blick zu erhaschen. Langsam verblaßten die Sterne, und der Morgen zog herauf. Die Menschen rollten ihre Decken und

Matten zusammen und aßen von der mitgebrachten Nahrung. Überall hörte man das Summen vieler Menschenstimmen. In der Nähe von Mordokais Haus hatte sich eine große Menge versammelt, da Gerüchte besagten, die Königin würde durch diese Straße ziehen. Manche hatten sich darüber schon gewundert. Warum gerade durch diese Straße. Von Mordokai selbst war nichts zu sehen.

Nun stieg die Sonne empor, und es wurde schnell wärmer. Immer noch kamen neue Zuschauer, so daß das Gedränge noch größer wurde. Wachen drängten die Menschen zurück. Aufregung ging durch die Menge, als die ersten berittenen Soldaten erschienen und hinter ihnen Musikkapellen. Dann wieder Soldaten und prächtig gekleidete Adlige. Das war eine noch prächtigere Prozession als jene, mit der der König aus Griechenland zurückgekehrt war. Die Menschen jubelten und sangen, warfen Blumen und sogar Schleier und Umhänge in den Zug und bewegten sich im Takt der Musik.

Als sich der Wagen der Königin näherte, erhob sich lautes Jubelgeschrei. Der Wagen war voller Blumen, und die Königin warf diese und zwischendurch auch kleine Geschenke unter die Zuschauer. Die schimmernden Vorhänge verdeckten sie, doch zwischendurch war immer wieder einmal ein Stück von ihrem strahlenden Lächeln und ihrer Schönheit zu erhaschen.

Als der Zug die Oleanderstraße erreichte, wurde er langsamer. Die Zuschauer hielten vor Interesse den Atem an. Die Königin lehnte sich sogar aus dem Wagen und schaute einen langen Augenblick zu einer verschleierten Person hinauf, die auf dem Dach eines Hauses stand. Es war eine Frau, die herunterblickte und winkte. Die Königin übergab dem nächsten Gardesoldaten einen großen Blumenstrauß, den dieser der Frau zuwarf. Die Prozession zog weiter.

Auf dem Dach von Mordokais Haus drängten sich alle um Hulda, die mit zitternden Händen den Blumenstrauß auseinandernahm und dort die Botschaft ihres Kindes fand. Es war ein kleines Kopftuch, das Hadassa als Zehnjährige selbst angefertigt hatte. Hulda erinnerte sich daran, wie stolz Hadassa über diese

Arbeit gewesen war. Ganz deutlich sagte ihr das Tuch: Ich habe dich nicht vergessen. Ich liebe dich.

Hulda band sich wieder einen Schleier um und machte sich auf den Weg zu Bilsans Haus. „Seht mal, was Hadassa mir aus ihrer Kutsche zugeworfen hat!“

Die ganze Familie teilte ihre Freude, nur David blieb recht still. Leise ging er hinaus in den Garten. Das Erinnerungsstück, das Hulda erhalten hatte, und die Weise, wie es zu ihr gekommen war, zeigten ganz deutlich, daß sein Weg und der Hadassas sich getrennt hatten und wohl nie wieder zusammentreffen würden.

Esther schien der Weg zurück zum Palast endlos zu sein. Sie war froh, als ihre Sänfte wieder die große Treppe hinaufgetragen wurde. Überall hatte sie nach Mordokai Ausschau gehalten. War er vielleicht selbst in der Prozession mitgeritten? Oder hatte sie irgendwie sein Mißfallen erregt? Wo konnte er wohl sein?

Mordokai war in der Prozession mitgeritten, und zwar im Glanz seiner neuen, prächtigeren Kleidung. Denn er war am Hofe des Königs befördert worden und war nun einer von denen, die immer im „Tor des Königs“ stehen durften. Die grauen Strähnen in Haar und Bart waren weißer geworden in diesem Jahr. Als sich der Zug wieder dem Palast näherte und vor der großen Treppe anhielt, gelang es ihm, mit seinem Pferd einen guten Platz zu bekommen.

Als die Königin in die Sänfte umstieg, schaute sie sich aufmerksam unter den Teilnehmern der Prozession um, die nun in der Nähe hielten und warteten. Es war ein Schock für beide, als sich ihre Augen begegneten. Tausend Botschaften lagen wohl in diesem Blick. Fast unmerklich nickte Esther mit dem Kopf, bestieg dann die Sänfte. Eine ihrer Dienerinnen zog die Vorhänge vor. Lura wunderte sich, warum die Königin, als sie anschließend allein waren, solange weinte.

Mordokai fuhr fort, eifrig alle Nachrichten zu sammeln, die er über seine Tochter erhalten konnte. Er wurde hin und her gerissen zwischen dem Stolz über Hadassas Stellung und dem Kummer, vielleicht nie wieder mit ihr sprechen zu können. Fragen quälten ihn: War der König gut zu ihr? Wie lange würde die königliche Gunst dauern? Erinnerte sie sich an alles, was er sie gelehrt hatte? Hatte er ihr auch wirklich genug beigebracht? Sicher, er hatte sie gewarnt, nicht zu sagen, daß sie eine Jüdin sei, und dafür gab es gute Gründe. Er spürte, wie sich unter der toleranten Oberfläche der Stadt Rassenhaß besonders gegen die Juden anstaute. Irgendwo mußte es eine Quelle geben, die diesen Haß schürte.

Sicherlich würde Esther den Glauben ihrer Väter nicht vergessen und keine Anbeterin von Ahura Mazda werden. Oder würde Xerxes es vielleicht von ihr fordern? Nein, das würde er wohl nicht, denn er war in allen religiösen Fragen sehr tolerant.

Und so war es auch. Xerxes unterhielt sich über viele Dinge mit Esther, wenn er sie zu sich rief. Aber Religion war für ihn kein Gesprächsthema. Er verliebte sich immer mehr in seine noch so junge Königin, die es so gut zu verstehen schien, auf seine Launen einzugehen. Mit ihr konnte er sich noch viel mehr als mit Vasti über seine Gedanken, Gefühle und Beweggründe unterhalten. Xerxes spürte, daß ihre Zuneigung zu ihm aus echtem Interesse an seiner Person erwuchs und nicht aus der Tatsache, daß er der König war.

Esther fand sich nur langsam mit der Pracht und den Gepflogenheiten des Palastlebens zurecht. Sie mußte sich erst daran gewöhnen, daß jeder ihrer Wünsche schon erfüllt wurde, noch ehe sie ihn recht geäußert hatte. Zuerst fesselten sie die vielen Kleider, die reiche Ausstattung, der Schmuck und vieles andere, doch bald wurde ihr die Leere, die hinter der äußeren Pracht stand, langweilig. Wie viele Parfümbäder hintereinander konnte man überhaupt ertragen? dachte sie. Sie beschäftigte sich mit Handarbeiten, übte fleißig weiter auf der Laute und auf der Harfe, war eine eifrige Gastgeberin der Frauen, Mütter, Schwestern und Töchter von wichtigen Männern. Doch all das war keine wirkliche Herausforderung für ihren stets wachen Geist, für ihre hohe Intelligenz.

Sie vermißte Hege, nach dem sie ab und zu für kurze Besprechungen sandte. Doch ihre Welten waren nun zu weit auseinander. Ihre Dankbarkeit für seine Zuneigung und Hilfe in der Vergangenheit zeigte sie ihm dadurch, daß sie ihm feine Geschenke zukommen ließ. Hege war damit völlig zufrieden.

Der einzige Mensch, mit dem sie wirklich intelligente Unterhaltungen führen konnte, war Hatak, den der König als Oberkämmerer über ihren Haushalt gesetzt hatte. Jährlich sandte Babylon als Teil der Tributzahlung an den Großkönig auch 500 kastrierte Jungen, einer davon war vor bald 50 Jahren auch Hatak gewesen. Jetzt, im Alter von mehr als 50 Jahren, war er untersetzt, grauhaarig, freundlich und erfahren und weise in den Dingen des Lebens am Königshof. Er verehrte die junge Königin sehr und war ihr treu ergeben. In der Unterhaltung mit ihm fand die Königin eine willkommene Abwechslung von dem banalen und öden Einerlei des Hofes. Er berichtete ihr die Neuigkeiten von der Welt draußen. Durch seine Hilfe war sie in der Lage, den König immer wieder mit ihren guten Kenntnissen in persischer Geschichte, in der Hofpolitik und in den Angelegenheiten des Reiches zu überraschen.

Xerxes staunte darüber, daß er sich mit einer so schönen Frau auch noch auf so intelligente Weise unterhalten konnte. Bis jetzt hatte er dies nur mit Männern gekonnt; und selbst da waren solche Gespräche, seiner isolierten Stellung wegen, ziemlich selten gewesen. Er begann Regierungsprobleme, vorzunehmende Beförderungen und Streitigkeiten unter seinen Satrapen mit ihr zu besprechen. Da er diese Dinge stets als lästig empfunden hatte, verließ er sich immer mehr auf ihr Urteil. „Sag mir, Esther, was ich tun soll. Zwei meiner Satrapen streiten sich um eine Frau.“

„Kennst du sie, mein Herr?“

„Nur das, was man über sie sagt. Sie soll einen so starken Willen haben wie ein Ochse.“

„Dann wirf deinen Einfluß für den Satrapen in die Waagschale, der den stärkeren Charakter hat, mein Herr. Wenn sie den mit dem schwächeren Charakter bekommt, wird sie ihn beherrschen. Aber ein charakterstarker Satrape ist eher zu kontrollieren als eine willensstarke Frau."

„Ein guter Rat", sagte er gähnend. „Diese Dinge langweilen mich, meine Kleine, und zwar je länger um so mehr. Mich interessieren viel mehr meine neuen Bauwerke in Parsa."

Esther runzelte unmerklich ein wenig die Stirn. Es gefiel ihr nicht, daß der König seine Pflichten so wenig ernst nahm. Oder waren etwa alle Könige so?

Eines Morgens ließ Esther Hatak rufen. „Ich möchte viel über die Handwerker in Susa lernen und möchte wissen, was sie zur Wirtschaft des Reiches beitragen, unter welchen Bedingungen sie arbeiten und was sie denken. Rate mir, womit ich beginnen soll, Hatak?"

Hatak hatte sich längst an die überraschenden Einfälle seiner Herrin gewöhnt.

„Vielleicht, meine Königin, wären die Teppichweber ein guter Anfang?"

Ein Meisterteppichweber mit Namen Mul wurde gerufen, der in einer von Hamans großen Werkstätten seine Ausbildung erhalten hatte. Mit ihm kam Dola, sein bester Weber, zwei Sklavinnen und mehrere Sklaven, die den großen Webstuhl trugen. Hatak hatte die feinste Wolle in allen möglichen Farben aus den großen Vorratsräumen des Palastes kommen lassen.

Mul war ganz aufgeregt. „Es ist uns eine große Ehre, Hatak, unsere Kunst vor ihrer Majestät, der Königin Esther, zeigen zu dürfen."

Hatak ging schweigend vor der Gruppe der Weber her. „Weißt du auch", fuhr Mul fort, „daß ich der begabteste Teppichmacher in Susa bin?"

„Deshalb habe ich dich ja rufen lassen", antwortete Hatak kurz.

„Ich habe in meinem Kopf mehr als 150 verschiedene Teppichmuster, die ich aus dem Gedächtnis immer wieder weben lassen kann. Ich webe Bienen (als Symbol der Unsterblichkeit, wie du weißt) und Schiffe (sie sehen auf Teppichen immer besonders schön aus und bedeuten Gelassenheit und Heiterkeit).“

Hatak begann sich zu fragen, was dieser geschwätzige Kerl wohl von Gelassenheit wußte und ob er klug gewesen war, ihn zu rufen.

Doch Mul fuhr unbeirrt fort: „Dann ist da der Bulle, das Symbol für die Quelle des Lebens. Der Halbmond für Jungfrauenschaft, Palmen für langes Leben und die Eidechse für göttliche Weisheit.“

„Vielleicht solltest du die Eidechse noch sorgfältiger studieren, Mul“, erwiderte Hatak verärgert über das Geschwätz.

„Die Eidechse noch sorgfältiger? Liebt die Königin Eidechsen? Ich kann ganz ausgezeichnete Eidechsen weben, Hatak.“

„Nicht deshalb“, gab Hatak knurrend zurück, „sondern der großen Weisheit wegen meinte ich es.“

Sie traten aus einem langen Gang in das Sonnenlicht des Gartens, wo die Vorführung stattfinden sollte. Als alles aufgebaut und fertig war, erschien die Königin mit ihrem Gefolge. Ein durchsichtiger Vorhang trennte sie von den Handwerkern. Sie stellte viele Fragen, wollte wissen, wie lange es brauchte, um einen Teppich zu weben, welche Art von Kunden er hatte, woher sie kamen, wie er die Teppiche in weit entfernte Gegenden transportieren ließ und vieles andere. Endlich sagte sie: „Du wirst einen Teppich für mich weben, Mul!“

Sie wählten die Farben aus. Wie gewöhnlich hatte Esther auch dieses Mal eigene Ideen. „Was hältst du von Pferden, Hatak, Hirschen und Adlern? Es soll etwas sein, das dem König gefällt, wenn er kommt, um bei mir zu essen.“

Mul erkannte voller Freude, daß er nun den Raum bekam für seine schöpferische Phantasie und daß er sich in der Wahl der Mittel keine finanziellen Beschränkungen aufzulegen brauchte. „Es soll ein Teppich werden, der ein ganzes Leben hält“, rief er. „Nein, er wird hundert Leben lang halten. Die Farben werden so leuchten wie Wein, wenn die Sonne durch ihn hindurchscheint. Und er wird so dick sein, daß ihre Majestät glaubt sie ginge auf Wolken, wenn sie darübergeht.“

Das Garn wurde im Webstuhl eingefädelt und die Arbeit begann. Sie wurde begleitet von Musik. Esther schaute aufmerksam zu und nahm alles in sich auf. Die Hände der Sklavenmädchen bewegten sich so schnell wie Schmetterlinge, während sie immer neue Knoten knüpften. Um die Mittagszeit zogen sich die Königin und ihr Gefolge zur Mahlzeit zurück. Auch den Handwerkern im Garten wurden auf silbernen Geschirrteilen feine Speisen gebracht.

„Niemand wird mir das glauben", sagte Mul zu Dola, „wenn ich daheim erzähle, daß ich im Garten der Königin von silbernen Tellern gegessen habe. Obwohl ich niemals lüge, wird man mir nicht glauben."

Als die Königin zurückkehrte, um weiter zuzusehen, begannen die Handwerker leise bei ihrer Arbeit zu singen, und zwar im gleichen Rhythmus, in dem das Weberschiffchen von den fleißigen Händen hin und her bewegt wurde. Das Muster wuchs langsam, und es war von auserlesener und einmaliger Schönheit. Esthers Augen funkelten vor Befriedigung.

Spät am Nachmittag wurde Mul mit seinen Leuten verabschiedet. Hatak war beauftragt, mit ihm einen Liefertermin für den Teppich auszumachen und ihm einen Beutel mit Silbermünzen mitzugeben. Als Mul die Palaststufen hinunterging, erhöhte er in Gedanken die Preise aller seiner Teppiche in seinem Geschäft. Wie schnell konnte er die Neuigkeit verbreiten, daß er jetzt der Teppichmacher der Königin war? Immer wieder griff er mit der Hand in den Beutel mit den Silbermünzen. „Mein Glück ist gemacht. Ich habe einen königlichen Auftrag", sagte er zu Dola.

„Aber es gibt genug Juden in Jerusalem, Bilsan, und sie sind fleißig dabei, die Stadt wieder aufzubauen. Was willst du tun, wenn du nach dorthin zurückgehst?"

Es war ein regenreicher Winterabend. Mordokai saß mit Bilsan nahe am Feuer. Bilsan überlegte und antwortete: „Nichts würde ich tun können, dazu bin ich zu alt. Aber es ist mein Herzenstraum, in Jerusalem zu sterben. Sogar unser großer Erzvater Joseph wollte ..."

„Na, er wurde nicht in Jerusalem beerdigt", unterbrach Mordokai.

„Das nicht, aber er wollte nicht, daß seine Gebeine in einem fremden Land blieben."

„Bitte, sage nicht, daß du mich bitten würdest, deine Gebeine nach Jerusalem zu bringen, wenn du zu unseren Vätern versammelt wirst."

Bilsans Augen blickten sehnsüchtig. „Das würdest du nicht tun, ja?"

„Doch, ich würde es tun, wenn es dein Wunsch wäre. Doch was ist falsch daran, hier beerdigt zu sein?"

„Es ist einfach nicht Jerusalem", antwortete der alte Mann hartnäckig.

„Großvater, ich werde deine Gebeine nach Jerusalem bringen, wenn du das wünschst." David war unbemerkt eingetreten und schüttelte sich das Wasser aus den Haaren. „Nur sprich jetzt bitte nicht mehr von einem so traurigen Thema."

Mordokai sagte, als David nach oben ging: „Er ist ein Mann geworden, Bilsan, und zwar ein sehr stattlicher."

„Welch ein feines Paar hätten die beiden gegeben, David und deine Hadassa."

Mordokai lächelte rätselhaft. „Es war eben nicht Jahwes Wille."

„Und vielleicht auch nicht der deine?" fragte Bilsan.

Zornig erwiderte Mordokai: „Willst du andeuten, ich hätte irgend etwas mit dem zu tun, was Hadassa heute ist?"

„Nein, mein Freund", beruhigte ihn Bilsan. „Ich weiß es besser. Vergiß nicht, daß wir dies alles gemeinsam durchgestanden haben. Aber da sie jetzt einmal dort ist, hast du doch bestimmte Gedanken."

Mordokai war lange still.

Endlich sagte er nachdenklich: „Ich weiß es auch nicht genau, Bilsan. Ich vermisse sie jeden Tag aufs neue. Oft frage ich mich, ob sie glücklich ist? Doch andererseits frage ich mich auch, warum es so gekommen ist, daß sie nun die Königin eines so mächtigen Königs ist?"

„Worauf willst du hinaus, mein kluger Freund? Glaubst du, Xerxes weiß nicht, daß sie Jüdin ist?"

„Er weiß es nicht. Ich habe ihr gesagt, sie soll es nicht verraten. Und auch jetzt noch tut Hadassa alles, was ich ihr sage."

„Wie bringst du denn deine Botschaften zu ihr?"

„Durch Bestechung natürlich. Mit Geld kann man fast alles erreichen."

„Warum willst du nicht, daß sie wissen, daß sie Jüdin ist, Mordokai? Sie würde dadurch doch nicht in Gefahr geraten."

Mordokai zuckte mit den Schultern. „Zum Teil ist es Instinkt, denke ich. Der Palast ist eine fremde, verwirrende Welt, in dem die Intrigen nie aufhören. Es scheint mir so sicherer zu sein."

„Und deine anderen Gründe? Du bist doch auch nicht ohne Ehrgeiz, Mordokai?"

„Das gebe ich zu", nickte er. „Ich möchte noch höhere Positionen erreichen; aber durch meinen eigenen Verdienst und nicht durch die Gunst meiner Tochter. Aber da ist noch etwas anderes: Ich spüre, daß in Susa antijüdische Gefühle und Stimmungen immer mehr wachsen, und zwar hauptsächlich deshalb, weil Haman so gegen uns hetzt."

„Haman? Wer ist Haman?"

„Ein Agagiter."

„Ein Agagiter? Also einer unserer alten Feinde."

„So ist es. Doch das ist nicht so wichtig. Aber er ist sehr ehrgeizig, ohne Skrupel, und sein Ansehen und Einfluß beim König wächst sehr schnell."

„Also noch ein ehrgeiziger Mann", meinte Bilsan.

Mordokai ignorierte diese Worte. „Es könnte der Tag kommen, wo ich überraschend die Vorteile meiner Verwandtschaft zur Königin ausspielen muß."

„Ich wünschte, ich wäre sicher, daß deine Hingabe zu unserem Volk und zu Jahwe genauso stark ist wie die zu Hadassa und die zu — vergib mir, wenn ich dies sage — deiner eigenen Karriere.“

„Aber Bilsan, sei gerecht. Ich sende zu jedem Neumond meinen Zehnten nach Jerusalem. Was soll ich denn noch tun?“

„Der Zehnte ist gewiß eine gute Sache. Doch in deiner Stellung ...“

„Bilsan“, unterbrach Mordokai, „ich habe eine einflußreiche Stellung in einem fremden Land. Mir ist hier eine wichtige Aufgabe anvertraut. Sicher kann ich für meine Brüder mehr tun, wenn ich meinen Einfluß und mein Geld benutze ...“

„Und dadurch kannst du in der Nähe von Hadassa sein ...“

„Ich sehe nicht, was daran falsch sein soll“, unterbrach David, der leise von oben zurückgekommen war, die Unterhaltung. „Vergib mir, Großvater, aber du willst doch nicht sagen, Onkel Mordokai sollte seine einflußreiche Stellung im Palast aufgeben und nach Palästina ziehen?“

„Nein, das meine ich nicht. Ich meine nur, unser guter Freund hier hat große Talente, die er noch besser als bisher zum Wohl unserer Nation Israel nutzen könnte.“

„Nation? Wir sind zur Zeit keine Nation“, antwortete David.

„Ich habe mich falsch ausgedrückt, David, ich hätte sagen sollen: »Für die Juden«.“

„Womit hast du dich heute beschäftigt?“ fragte Mordokai den jungen Mann, um auf ein anderes Thema zu kommen.

„Die üblichen Dinge. Ich habe Bogenschießen geübt und Reiten. Auch mit dem Speer komme ich immer besser zurecht, seitdem ich größer geworden bin.“

„Sehr gut.“ Mordokai mochte David sehr. „Wie steht es mit deinen Sprachstudien?“

David lachte. „Prüfe mich, Onkel Mordokai.“

Mordokai stellte einige Fragen in der elamitischen Sprache. Die drei unterhielten sich eine Weile in dieser Sprache und wechselten dann zum Griechischen über. „Ausgezeichnet“, lobte Mordokai. „Und wie steht es mit deinen Geschichtskenntnissen?“

„Geschichte ist mir lieber geworden, als ich je geglaubt habe. Doch das erinnert mich daran, daß ich morgen bei Torbal Geschichtsunterricht habe. Und er ist sehr streng. Erlaube mir, Großvater, daß ich mich in mein Zimmer zurückziehe, um noch zu lernen."

Doch David konnte sich in seinem Raum nicht so recht auf die Geschichte konzentrieren. Durch Mordokai war er wieder an Hadassa erinnert worden. Er fragte sich, welches Leben Esther im Palast wohl führen mußte und ob sie sich dort wohl fühlte? Er vermißte Esther sehr. Er dachte an seine eigene Zukunft ohne sie. Welche Wünsche hatte er? Ein Heim und Kinder? Gewiß. Sollte er die Gesetze studieren wie Onkel Mordokai? Das Geschäftsleben erschien ihm zu öde. Vielleicht zum Militär? Nun, diese Fragen konnten noch warten. Mit neuem Eifer wandte er sich seinen Geschichtsstudien zu.

Esther und ihr Gefolge gingen im Garten spazieren. Sie dachte über Vasti nach und fragte sich, wie diese wagen konnte, sich gegen Xerxes aufzulehnen. Wie konnte sie ihm nur so weh tun? Sie selbst hätte das nie tun können. Welche Ursache sollte es wohl je geben, dem Willen dessen, den sie liebte, ungehorsam zu sein? Ja, sie spürte, daß sie den König liebte und hoffte, er würde sie an diesem Abend wieder zu sich rufen.

Und er ließ sie rufen. Die beiden verbrachten wieder eine Nacht in ihrem privaten Paradies. Am Morgen, als Esther von einem leisen Windhauch geweckt wurde, beugte sie sich über den noch schlafenden König, küßte ihn ganz leicht auf die Stirn und verließ dann leise das Schlafzimmer. Geleitet von den Eunuchen, die die ganze Nacht draußen gewacht hatten, ging sie in ihren Palast zurück.

David war ein wenig trübselig im Garten und spielte auf seiner Laute. Je mehr ihm die lebendige Erinnerung an die Gegenwart Hadassas, an ihre Schönheit, ihre Wärme und ihre enge Freundschaft schwand, um so mehr flüchtete er sich in die romantische Vorstellung, sich selbst als einen jungen Liebhaber zu sehen, dessen Herz gebrochen war und der von nun an sein Leben nur noch mit Musik und den schönen Erinnerungen verbringen mußte.

„David!" Jakob und Ruth betraten den Garten. Sie waren noch erhitzt von einigen Spielen, und ihre Augen strahlten. „Was tust du da unter dem Baum? Träumst du?" Jakob warf einen Pfirsich nach ihm.

„Paß auf!" rief David lachend, trotz seiner bedrückten Laune, und warf den Pfirsich zurück. „Laß mich erst meine Laute in Sicherheit bringen."

Bald rannten die drei durch den Garten, jagten und suchten einander unter Büschen und Hecken, hinter Bäumen und Hausecken, bis Ruth, erhitzt von dem Rennen, in den flachen Teich sprang. David und Jakob wollten sich totlachen. Ihr Gelächter wurde noch lauter, als Ruth zuerst herumspritzte und dann, als sie versuchte, wieder aus dem Teich herauszukommen, ausrutschte und vollends hineinfiel.

„Kommt doch, ihr beiden, und helft mir heraus", rief sie kläglich. „Der Grund ist so schlüpfrig, daß ich keinen Halt finde."

Als sie Ruth herausgezogen hatten und sie in ihrem nassen Kleid vor ihnen stand, wurde David sich plötzlich bewußt, daß sich das Mädchen, das er immer noch als Kind gesehen hatte, zu einer hübschen Frau entwickelte. „Ruth", mahnte Jakob, der sich als älterer Bruder verantwortlich fühlte, „geh nach Hause und wechsle deine Kleider."

Ruth kicherte. „Soll ich etwa so durch die Straßen laufen?"

David und Jakob mußten wieder lachen, und Ruth stimmte mit ein. Ihre Freudenrufe brachten Bilsan in den Garten. „Müßt ihr denn solchen Lärm machen? Ich versuche gerade ein wenig zu studieren. Ruth... meine Liebe, was ist denn geschehen?"

„Ich... ich bin ausgerutscht."

„Nun, dann mußt du sofort trockene Kleidung anziehen. David, hole einen deiner weiten Umhänge für Ruth und bring sie nach Hause. Sie sieht aus", er zwinkerte freundlich mit den Augen, „... als sei sie aus dem Roten Meer gekommen; aber erst nachdem das Wasser wieder zurückgekehrt war. Jakob, kannst du ein wenig in mein Zimmer kommen, ich hätte mit dir zu reden?"

Erst später fragte David sich manchmal, ob der alte Mann mit seinen Anordnungen nicht einen Hintergedanken verfolgt hatte.

Eingehüllt in Davids weiten Umhang ging Ruth neben ihm her zu ihrem Haus. Die nasse Spur, die sie hinter sich zurückließ und ihr triefendes Haar ließen die beiden von neuem lachen. Als sie auf den Torhüter warteten, strich David ihr das nasse Haar zurück, und ihre Augen begegneten sich. Beide konnten den Blick nicht abwenden.

Ruth nahm den Unhang ab, reichte ihn David zurück und sagte: „Vielen Dank." Wieder wurde sich David ihrer erblühenden Weiblichkeit bewußt. Nicht in der Lage sich zurückzuhalten, streckte er die Arme nach ihr aus. Doch in diesem Augenblick hörten die beiden jungen Leute, wie der Riegel zurückgeschoben wurde. Die Tür öffnete sich. Er sah noch, wie ihr Gesicht sich mit einer Röte überzog und wie ihr Puls am Hals heftiger zu hämmern begann, ehe sie sich verabschiedeten. Dann war sie hinter der Tür verschwunden.

Schnell lief er nach Hause. Sein Blut pulsierte heftig, und er fühlte ein Prickeln durch seinen Körper gehen. Der immer blasser werdende romantische Traum von Hadassa verschwand mit den anderen Erinnerungen seiner Jungenzeit. David Ben-Bilsan war nun ein Mann, der sich verliebt hatte.

Teil IV

HAMAN

15. Kapitel

Der Schatzmeister des Königs in Parsa blickte von den hohen Mauern des Königsschlosses hinunter ins Tal. „Schau hin, Artatakhma, sie kommen von allen Seiten gezogen wie die Ameisen, um am großen Fest teilzunehmen."

„Wo werden sie nur alle wohnen?" fragte Artatakhma, der Meister der Kupferschmiede.

„Ich danke den Göttern, daß ich mir darüber nicht den Kopf zerbrechen muß", antwortete Vahusch. „Mir reicht es schon, wenn ich genug Raum in unseren Schatzkammern finde, um die jährlichen Tribute aller Satrapien, die ja immer zum Neujahrsfest hier nach Parsa, in die Zeremonial-Stadt des Reiches, vor den Großkönig gebracht werden müssen, unterzubringen."

„Ich weiß", nickte Artatakhma, „das macht dir Sorgen, wenn all das Gold, Silber und die Bronze, Wein und Öl, Pferde und Schafe kommen. Hattest du letztes Jahr nicht sogar Kamele dabei?"

„Erinnere mich nur nicht daran", brummte Vahusch. „Die entfernter liegenden Provinzen senden immer exotischere Dinge und versuchen einander zu übertreffen, um gut in der Gunst des Königs zu stehen. Allein die Götter wissen, was sie dieses Jahr wieder alles anschleppen werden. Doch ich muß jetzt wieder an meine Arbeit gehen und zusehen, daß ich in den Schatzkammern noch Raum machen kann. Denn wenn die Tributzahlungen alle kommen und ich finde nicht genug Platz dafür, möchte ich nicht unter die Augen des Königs treten müssen, wenn er die Schatzkammern besuchen und besichtigen will." Damit ging er eilends davon.

Esther hatte sich auf die Reise zum heiligen Schrein von Parsa zur Neujahrsfeier am 21. Viyaxna gefreut. Der königliche Zug war mehrere Parasang lang. Gegen Mittag rastete die Karawane. Außer einigen staubigen Dornbüschen wuchs kaum noch anderes in der Nähe, so daß die Wagenlenker und Packtiertreiber schimpften, weil sie kein Futter für die Tiere fanden.

„Weiter", forderte der König nach einiger Zeit. Der Befehl wurde in großer Eile durch die lange Kolonne zur Spitze weitergegeben. Langsam setzte sich der riesige Zug wieder in Bewegung.

Nach etwa drei Tagereisen ging die Straße ziemlich bergan, so daß es nur noch langsam vorwärts ging. Ein Vorratswagen kam an einer engen Stelle zu weit nach außen und stürzte mit dem Gespann in eine steile Schlucht hinunter. „Nicht anhalten!" lautete der Befehl.

Esther war schockiert. „Lura, es waren doch Männer auf dem Wagen, die nun in der Schlucht dort unten liegen!"

„Von denen kann niemand mehr am Leben sein, Herrin. Sieh, wie tief die Schlucht ist und welche Felsbrocken mit hinabstürzten. Die Maultiere kannst du erkennen. Sie sind tot."

„Aber es könnte doch noch jemand leben. Sende sofort einen Sklaven zum König."

Xerxes spielte mit den Fürsten, die an diesem Nachmittag mit ihm im königlichen Wagen fuhren. „Es scheint, als möchte unsere kleine Königin den König aller Völker aufhalten, nur um festzustellen, ob sich zwei ungeschickte Sklaven ihren wertlosen Hals auch wirklich in dieser Schlucht gebrochen haben", meinte er, Karschna, Admatha und Tharsis dabei lächelnd anblickend. Obwohl die drei kein Wort gesagt hatten, spürte er doch, daß sie gespannt darauf warteten, ob er so ungewöhnlichen Wünschen Esthers nachgeben würde.

Xerxes nahm die kostbare Halskette ab, die er trug, gab sie dem Boten und sagte: „Bring dies der Königin und richte ihr mein Bedauern aus, aber der Großkönig darf nicht aufgehalten werden." Damit wandte er sich wieder seinem Spiel zu.

„Ich kann das nicht verstehen", meinte Esther, als sie die Botschaft erhielt. „Ein Mensch, vielleicht auch mehrere, liegen in der Schlucht und mögen noch am Leben sein."

„Es wird schon Hilfe kommen", versuchte Lura zu beruhigen.

„Hilfe? Woher denn? Eher schleichen sich Räuber in die Schlucht und plündern die Hilflosen aus."

„Macht euch doch keine Sorgen, Herrin, es sind ja nur Sklaven."

„Lura!" fuhr Esther auf, „sage so etwas nie wieder. Es sind Menschen!"

Lura senkte vor Esthers Zorn den Kopf und hatte Mühe, die Tränen zurückzuhalten.

Für den Rest des Tages war Esther sehr still. Die wertvolle Halskette hatte sie achtlos in die Ecke geworfen. Welchen Mann hatte sie nur geheiratet? Sie hatte versucht, für Xerxes Handeln Entschuldigungen zu finden. Doch es war ihr nicht recht gelungen. War dies die Art der persischen Könige? Sie erinnerte sich an einiges aus ihrer jüdischen Erziehung. „Jedenfalls ist es nicht meine Art", dachte sie.

„Parsa, vor uns liegt Parsa!" Der Ruf ging durch die Reihen des langen Zuges. Stolz blickte Xerxes auf die Gebäude, die, am Hang liegend oder sich oben auf dem Berg ausbreitend, in der Sonne leuchteten. Es waren wirklich große Fortschritte beim Bau gemacht worden in der letzten Zeit. „Meine Traumstadt. Mein Vater begann sie, aber ich, Xerxes, baue sie auf, erweitere sie und gebe ihr die Größe und Schönheit, über die noch die Nachwelt lange staunen wird." Vor ihnen lag das gewaltige Tor aller Nationen, bewacht von zwei riesigen steinernen Bullen, die Flügel und menschliche Gesichter hatten.

Die Königin wurde zu ihrem Palast gebracht. Obwohl er sich in Größe und Pracht der Ausstattung längst nicht mit dem in Susa vergleichen ließ, war er doch sehr freundlich und harmonisch ausgestattet. Sie blickte von den Mauern auf die immer größer werdende Zeltstadt hinab, die sich unten in der Ebene ausbreitete. ,,Holt mir doch Hatak herbei", befahl sie ihren Begleiterinnen.

Als Hatak erschien, fragte sie: ,,Wie geht es nun weiter?"

,,Sobald der König dazu bereit ist, beginnt die Vorführung aller Tributzahlungen."

,,Wie lange Wege haben die Satrapen zurückgelegt? Sind auch welche aus den entferntesten Provinzen hier?"

,,Einige Repräsentanten sind sogar von dem weit entfernten Indien gekommen."

,,Indien? Dann sind sie doch wochenlang gereist?"

,,Monate, Majestät."

,,Welchen Tribut bringen die Inder meinem Herrn Xerxes?"

,,Sie bringen hauptsächlich Goldstaub. Viele Hunderte von Karsas Goldstaub."

,,Und sie brauchen sich unterwegs nicht vor Räubern zu fürchten?"

,,Es müßte schon ein besonders mutiger Bandit sein, der es wagt, den König aller Völker zu berauben. Große Scharen persischer Soldaten würden ihn solange jagen, bis sie ihn gefangen hätten."

,,Und die Satrapen kommen aus allen Provinzen des Reiches mit ihrem Tribut?"

,,Aus allen wird Tribut gebracht", nickte Hatak. ,,Manche Satrapen, vor allem aus den weiter entfernt liegenden Provinzen, können nicht selbst kommen, weil sie vielleicht durch Grenzkriege oder andere wichtige Dinge dort festgehalten werden. Aber alle Satrapien haben ihre Tribute zu bringen."

,,Weiß denn der König, wo sie alle herkommen?"

,,Er hat ein sehr gutes Gedächtnis", antwortete Hatak. ,,Außerdem wird der Anführer jeder Delegation von einem Ausrufer mit Namen angekündigt. Der König hat dazu jemand, der Haman heißt. Er soll das beste Gedächtnis im ganzen Königreich haben.

Wird die Tributvorführung bald sein?"

„Vielleicht in ein oder zwei Tagen. Es wird mit den kleineren Satrapien begonnen. Der größte Tag ist dann natürlich der Neujahrstag selbst, der 21. Viyaxna."

„Wird es uns gestattet sein, dabei zuzuschauen?"

Hatak war schockiert. Kopfschüttelnd sagte er: „Das wird nicht gestattet sein, Majestät. Doch ich denke, wir werden einen Ort finden, von dem aus ihr wenigstens einen Teil dessen, was geschieht, beobachten könnt."

Esther seufzte und zog den Schal enger um die Schulter. Hatte sie überhaupt keine Rechte? Erst wurde ihre Sorge um die Sklaven beiseite geschoben, und nun durfte sie nicht einmal neben ihrem Gatten sitzen.

Es war der 20. Viyaxna. Sklaven trugen den König zum östlichen Säulengang, wo er in prächtiger Kleidung auf einem Thron Platz nahm, der auf einem hohen Sockel über der Straße stand. Eine schier endlose Linie von Menschen stand unter ihm, darauf wartend, sich in einzelnen Gruppen dem Thron nahen zu dürfen, um die Geschenke der Provinzen zu präsentieren. Xerxes wandte sich an die sieben Fürsten die seitlich hinter ihm standen. „Seht euch das an", sagte er. „Es sind noch mehr als im letzten Jahr."

„Und auch die Tribute scheinen wesentlich größer zu sein", nickte Schethar.

„Seht einmal diesen wunderschönen goldenen Wasserkrug."

„Diese armenischen Widder sind wirklich Prachtexemplare."

Eine Stunde nach der anderen verging, während die Abordnungen der einzelnen Satrapien an Xerxes vorbeizogen und ihre Tribute präsentierten. Xerxes war müde und staubbedeckt. Doch er hielt die Tradition, die sein Vater Darius eingeführt hatte, aufrecht: Erst bei Sonnenuntergang würde dieser Tag zu Ende gehen.

„Ich hörte, eine Provinz hat neben anderen Dingen 30000 Hühner geschickt", lachte Meres.

„Bei Ahura, ich bin froh, daß sie nicht in unserer Nähe untergebracht sind", erwiderte Marsna.

„Haben die Babylonier ihre üblichen Tribute gesandt?"

„Fünfhundert junge Eunuchen? Der König hat an ihren Abgaben nichts geändert, also werden sie es wohl getan haben. Sonst..."

„Bei Angru Manyu!" Xerxes mußte sich alle Mühe geben, still sitzen zu bleiben und seine königliche Würde zu wahren, als jetzt eine große Herde weißer Pferde an ihnen vorbeigetrieben wurde. „Schaut sie euch an", rief er, „es sind mehr als 300. Sie kommen aus Silicien. Ich werde ihnen für dieses prachtvolle Geschenk eine Belohnung zukommen lassen."

Als es Abend wurde, ging in den verschiedenen Lagern ein lustiges Treiben los. Überall wurde Musik gemacht, gelacht und getanzt bis weit in die Nacht hinein. Dazu wurde überreichlich gegessen und getrunken. Auch der Hof feierte. Doch seine ausschweifenden Orgien wurden sorgfältig vor der Öffentlichkeit verborgen gehalten.

Der 21. Viyaxna brachte dann das große Gastmahl des Königs für die vornehmen Herren der einzelnen Satrapien. Die ganze Nacht war im Palast gearbeitet worden, um alles vorzubereiten. Tausende von Fasanen und Rebhühner, Hunderte von Schafen, Ochsen, Hirschen und anderem Wild und sogar Pferde und Kamele wurden geschlachtet und drehten sich nun an großen Bratspießen. Berge von Früchten waren aufgestapelt. Melonen der verschiedensten Art, Aprikosen, riesige Weintrauben, Pfirsiche, Feigen, Birnen und viele andere Sorten. Die verschiedensten Gemüsesorten, Obst-, Fleisch- und Kuchenpasteten sowie unzählige Krüge mit gekühltem Wein wurden bereitgehalten, um beim Festmahl, das den ganzen Tag andauern würde, verzehrt zu werden.

Sobald der Hof Parsa erreicht hatte, sah Mordokai sich nach Informanten um, die er gut bezahlte, um fortwährend Neuigkeiten über das Befinden der Königin zu erhalten. Solange es Esther gut ging, konnte er sich darauf konzentrieren, seine Position am Hof weiter auszubauen und noch größeren Einfluß zu gewinnen. Er staunte immer noch darüber, daß seine Hadassa Königin geworden war. Ihm schien hinter dem allen ein großer Plan zu stehen, doch er konnte nicht erkennen, worum es ging.

Während der Ruhetage, die nun in Parsa folgten, lud er die sieben Fürsten zu Gastmählern ein und unterhielt sie mit allerlei Abwechslung. Er hatte mit seiner üblichen Gründlichkeit dafür gesorgt, daß ihm ihre Stärken und Schwächen sowie die Dinge, die sie gern mochten, bekannt waren. Sie waren höflich zu ihm, doch jeder wußte, daß es dabei um verborgene politische Machtkämpfe ging. Memukan und Schethar bewunderten Mordokais brillianten Geist. Marsna beobachtete ihn voller Mißtrauen, und die anderen waren eher gleichgültig.

Was Haman anging, beobachtete Mordokai seinen wachsenden Einfluß mit großer Sorge. Hierfür fand er bei den meisten der sieben Fürsten großes Verständnis, da sie den neuen Favoriten des Königs auch nicht mochten, sondern fast alle ihm mißtrauten.

Als Mordokai eines Tages durch das Tor aller Länder ging, begegnete ihm dort einer seiner zuverlässigsten Informanten, der ihn gesucht hatte. Mordokai erschrak: „Ist etwas mit der Königin?“

„Der Königin geht es gut, mein Herr Mordokai, aber...“

Mordokai entspannte sich und legte dem anderen freundlich die Hand auf die Schulter. „Was erregt dich dann so sehr?“

Das Gesicht des Mannes war schweißbedeckt. „Mein Herr, du mußt mir glauben“, stammelte er. „Versprich mir, daß du mir glauben wirst.“

„Warum sollte ich dir nicht glauben?“ wunderte sich Mordokai.

„Ich... ich fürchte mich zu reden, aber ich muß es tun.

Ich muß. Schwöre mir, daß du bei der ganzen Sache nicht meinen Namen erwähnen wirst."

„Sicher, ich verspreche es. Aber nun erzähle, worum es geht."

Der Mann beugte sich ganz nahe zu ihm und flüsterte: „Bigthan... Teresch und... und der König..."

„Der König?"

„Leise, mein Herr. Hör mir nur zu."

Mordokais Aufmerksamkeit war geweckt. „Wir wollen nicht hier stehen bleiben, das fällt nur auf. Laß uns zu den Archiven gehen. Dann sieht es so aus, als hätten wir Geschäfte zusammen zu erledigen." Sie gingen in Richtung der riesigen Archive, in denen viele Tausende von Dokumenten auf Leder oder auf Tontafeln aufbewahrt wurden. „Nun", forderte Mordokai, „berichte was dich so aufregt."

„Bigthan und Teresch..."

„Die Kammerherren, die des Königs Torhüter sind? Ich kenne sie gut. Was ist mit ihnen?"

„Sie sind verrückt, Herr. Sie sind aus irgend einem Grund wütend auf den König und wollen ihn umbringen."

Mordokai fuhr zurück. „Den König umbringen? Das kann nicht wahr sein."

„Doch, Herr, sie planen ihn zu töten."

„Bist du sicher?" fragte Mordokai ernst.

„Ich belauschte durch Zufall ein Gespräch der beiden. Sie unterhielten sich darüber und sagten etwas von »Gift« und »Bestechungen«, und auch das Wort »Mundschenk« fiel."

„Hast du gehört, wann es geschehen soll?"

„Heute abend."

Mordokai fuhr zurück. „Dann ist höchste Eile geboten. Sage zu niemandem auch nur ein Wort. Ich werde mich darum kümmern." Eilig ging er in Richtung des Palastes der Königin davon.

Natürlich gab es am Hof immer wieder einmal Gerüchte, daß es unter den einflußreichen Eunuchen des Palastes zu Machtkämpfen kam. Daß der König Harbona so sehr bevorzugte, erregte die Eifersucht anderer. Doch Mordokai hatte die Sache nie zu ernst genommen. Überall, wo man Macht ausübte, wurden auch Intrigen gesponnen. Damit mußte man leben. Doch diesmal schien es ernster zu sein.

Im Palast der Königin sandte Mordokai eine Botschaft an Hatak. „Es tut mir leid, daß ich dich zu dieser heißen Stunde des Tages störe. Aber ich muß dich sofort sprechen, und zwar in einer Angelegenheit, die der größten Geheimhaltung bedarf. Wo kann man uns ganz bestimmt nicht belauschen?"

„Komm mit." Hatak führte Mordokai in einen kleinen Raum, der keine Fenster besaß. Er war leer, nur rundum an den Wänden gab es Steinbänke.

„Du mußt eine Botschaft zur Königin bringen, Hatak."

„Zur Königin?"

Mordokai berichtete, was er erfahren hatte. Jetzt war es Hatak, dem der Schrecken in die Glieder fuhr. Der von den Göttern eingesetzte König sollte ermordet werden? Einen schrecklicheren Plan konnte es im ganzen Reich nicht geben. „Bring die Botschaft zur Königin. Sie muß irgendwie den König erreichen. Meine Hada... ich meine, die Königin ist klug. Sie wird wissen, was zu tun ist."

Hatak nickte. Mordokai verabschiedete sich von ihm. Er hatte getan, was er konnte.

„Was kann ich tun, Hatak? Ich kann nicht zum König gehen, wenn er mich nicht rufen läßt. Ich gehe zwar heute abend nach dem Essen zu ihm, aber da mag es schon zu spät sein. Und dann, würde er der Botschaft einer Frau glauben? Er würde vielleicht meinen, ich sei zu besorgt um ihn."

„Majestät", schlug Hatak vor, „diktiert mir eine Botschaft. Wir werden sie in Mordokais Namen senden. Der König achtet ihn und hat ihn kürzlich erst zu einem Platz im »Tor des Königs« befördert."

„Dann wollen wir uns beeilen. Schreibe auf. Aber welche Worte soll ich wählen, daß der Ernst der Angelegenheit begriffen wird?" Sie stand am Fenster und überlegte. Endlich begann sie:

„An den Großkönig! Möge der König für immer leben! Euer ergebener Diener Mordokai hat heute erfahren, daß ein Anschlag auf das geheiligte Leben meines Herrn, des Königs Xerxes, geplant ist. Heute abend wollen zwei Männer, denen der König vertraut, ihn töten. Ich bitte euch, Majestät, zögert nicht, sondern handelt sofort. Diese bösen Menschen Bigthan und Teresch, die des Königs Tür bewachen, planen Hand an eure königliche Person zu legen. Ich verbürge mich dafür, daß dies die Wahrheit ist. Mordokai, Ratgeber im »Tor des Königs«."

Xerxes wollte der Botschaft zuerst auch keinen Glauben schenken. Bigthan und Teresch, die vertrauenswürdigen Bewacher seiner Tür? Er ließ die sieben Fürsten und andere Ratgeber rufen. Dann wurden die beiden Übeltäter herbeigebracht. Sie taten ihr bestes, alles abzuleugnen, doch sie wußten, daß sie verloren waren. Es war ein sehr klug eingefädeltes Komplott, doch unglücklicherweise hatten die beiden andere Männer ins Vertrauen ziehen müssen. Und diese waren nun die schwachen Glieder in der Kette und verrieten alles, als sie verhört wurden.

Xerxes verfiel in einen seiner Wutanfälle. „Schafft sie hinaus", schrie er, „und hängt sie sofort auf. Augenblicklich!"

„Majestät, großer König, Gnade!" Doch die Schreie verhallten unerhört. Eilig wurden Galgen errichtet, und noch ehe die Sonne unterging schwangen die Körper der beiden Hingerichteten an den Galgen, die auf der Stadtmauer standen, damit sie von allen gesehen werden konnten, hin und her.

Der König befahl, daß dieser Vorfall in allen Einzelheiten in die Chroniken niedergeschrieben werden mußte. Dadurch wurde er zu einem Teil der Geschichte des persischen Reiches.

Einer, der die beiden Übeltäter an den Galgen hängen sah, war Mordokai. Ein anderer, der sie ebenfalls sah, war Haman. „Ihr Narren", dachte er, „es geschieht euch recht, wenn ihr es so dumm anstellt."

Es würde gut sein, wieder nach Susa zu kommen, überlegte

Haman. Es war Zeit, zu überprüfen, welche Fortschritte seine Söhne im weiteren Aufbau ihrer Pläne in der Zwischenzeit gemacht hatten. Hier in Parsa erfuhr man doch nicht soviel, wie in der Hauptstadt des Reiches selbst.

Während dieser Überlegungen mußte Haman wieder einmal an Seresch denken. Ob sie wohl noch am Leben war? Er hatte sie nie vergessen können. Sie hätte eine würdige Gefährtin für ihn gegeben. Und außerdem war sie eine Priesterin. Dem abergläubischen Haman erschien es, als wäre sie wie ein Talisman, ein Amulett der Sicherheit gegen seine verschiedenen Befürchtungen gewesen. Auch wenn sie beide verschiedenen Göttern dienten. Wenn er sie noch finden würde, konnte sie ihm vielleicht sogar durch jene Nächte helfen, in denen ihn die üblen Geister besonders plagten.

Das riesige Steinrelief des Löwen, der den Bullen ansprang, schimmerte bleich im Licht des mittlerweile aufgegangenen Mondes. Wie zwei böse Nachtgespenster schwangen die Leiber der beiden Gehängten im Abendwind. Vor Haman schien sich etwas zu bewegen. Fast hätte er laut aufgeschrien. Doch dann erkannte er, daß es sich nur um die Widerspiegelung eines hin und her gehenden Wachposten in einem der nahen Teiche handelte. Was sollte noch werden, wenn er schon begann, in jedem sich bewegenden Schatten einen im Dunkeln lauernden Feind zu sehen?

16. Kapitel

Schethar, einer der Sieben, trat zu Mordokai im „Tor des Königs“ in Susa und sagte: „Herr Mordokai, ich bin betrogen worden und möchte Wiedergutmachung.“

„Von wem wurdest du betrogen, mein Herr Schethar?“

„Du kennst Parsandatha, Hamans ältesten Sohn?“

„Ja, leider kenne ich ihn.“

„Er hat in der letzten Zeit viel Land aufgekauft. Ich habe ihm nun ein großes Stück Land zu einem enormen Preis abgekauft. Jetzt hat sich allerdings herausgestellt, daß gar keine klaren Rechtstitel vorhanden sind. Ich fürchte, ich habe das Land und das Geld verloren.“

„Welches von beiden möchtest du gern zurückhaben, Herr Schethar?“

„Mir hängt die ganze Sache zum Halse heraus. Ich habe kein Interesse mehr an dem Land und möchte mein Geld zurück. Aber ich möchte nicht nur mein Geld zurück, sondern würde gern auch Rache nehmen an dem Betrüger.“

„Ich verstehe. Gib mir Zeit bis morgen, Herr Schethar, damit ich darüber nachdenken kann. Könnten wir uns morgen wiedersehen?“

Als Schethar am nächsten Tag wieder zu Mordokai kam, erklärte dieser ihm den Plan, den er sich inzwischen ausgedacht hatte. Schethar rieb sich die Hände.

„Überlaß nur alles mir, Herr Schethar", sagte Mordokai zum Schluß.

Am folgenden Morgen suchte Mordokai Hamans Sohn Parsandatha auf. Nachdem die üblichen Begrüßungsworte gewechselt waren und man zunächst über einige allgemeine Dinge geredet hatte, sagte Mordokai: „Ich hörte, du verkaufst Land in einiger Entfernung westlich von Susa?"

Parsandatha nickte. „Es ist Land, das meinem Vater gehört. Er hat mir die Genehmigung erteilt, es zu verbessern. Teile des Landes verkaufe ich an ausgesuchte Kunden. Die Parzellen sind groß genug, um einen sehr schönen Landsitz abzugeben."

„Ich würde gern ein solches Stück Land kaufen."

Der Preis, der sehr hoch war, wurde ausgehandelt. Dann wurden die Kaufurkunden unterzeichnet. Parsandatha konnte noch kaum glauben, daß es ihm gelungen war, mit einem Juden ein für ihn so vorteilhaftes Geschäft zu machen. Noch dazu mit dem klugen Mordokai. Was würde sein Vater sagen?

„Jetzt möchte ich noch", sagte Mordokai, als alles erledigt war, „daß du mir das gekaufte Land zeigst."

Parsandatha rutschte nervös auf seinem Sitz hin und her. „Es wäre besser, wenn wir damit noch ein wenig warten, Herr Mordokai."

„Hast du sehr viel zu tun?"

Parsandatha griff nach der Ausrede. „Ja, heute ist noch ungewöhnlich viel zu erledigen."

„Gut", nickte Mordokai, „dann werde ich morgen früh sehr zeitig wiederkommen. Richte alles so ein, daß du mir dann mein Land zeigen kannst."

„Aber es sollten erst noch einige Verbesserungen ..." Man sah ihm an, daß Parsandatha sich nicht recht wohl fühlte.

Doch Mordokai ließ sich auf nichts mehr ein. „Also abgemacht, morgen in aller Frühe."

Damit ging er.

Am nächsten Tag fuhr ein sehr bedrückter Parsandatha mit Mordokai hinaus zu dem Land. Es war recht gutes Land. Doch ein sehr, sehr breiter, dafür auch extrem flacher Fluß bedeckte einen großen Teil des Landes. „Ich sehe überall lange Stangen in dem Fluß stecken, welchem Zweck dienen sie?“ wollte Mordokai wissen.

„Damit sind die Grenzen der einzelnen Parzellen abgesteckt.“

„Aha“, nickte Mordokai. „Wo ist denn nun meine?“ Er verglich das Land mit der auf Leder aufgezeichneten Landkarte, die er von Parsandatha beim Kauf erhalten hatte. „Ich sehe schon“, meinte er dann. Wenn ich die Karte richtig lese, erstreckt sich mein Land von dem Pfahl dort in der Mitte des Flusses in einem großen Rechteck nach da und nach da. Das bedeutet, der größte Teil meines Landes liegt unter Wasser. Stimmt das?“

Parsandatha schwitzte. „Es stimmt schon, Herr Mordokai. Aber das ist ja der Grund, weshalb ich sagte, ich will das Land noch verbessern. Unter diesem flachen Wasser liegt guter fruchtbarer Boden, der großartig für Gartenland geeignet ist. Ich möchte das Wasser ein ganzes Stück flußaufwärts anstauen und in kleine Rinnsale ableiten lassen, dann hast du ein Stück vom besten Land in der ganzen Provinz Susiana. Es wird nur einige Zeit dauern.“

„O nein“, sagte Mordokai.

„Was bedeutet dieses »Nein«?“

„Ich will sagen, daß ich dieses Land gekauft habe wie es ist. Es gehört jetzt mir. Hier ist der Kaufvertrag, den wir gestern gemacht haben. Stimmt das?“

„Ja, sicher..., aber...“

„Ich habe also Land gekauft, das unter Wasser liegt, und ich möchte, daß es unter Wasser bleibt“, erklärte Mordokai. „Du hast keinerlei Recht, mein Land in irgendeiner Weise zu verändern.“

„Aber“, stotterte Parsandatha, „ich muß das Wasser aufstauen, sonst liegen die anderen Parzellen auch zum größten Teil unter Wasser und sind wertlos. Ich kann sie dann nicht mehr verkaufen. Und die anderen Interessenten, die schon gekauft haben, wollen gutes Land und nicht Wasser.“

„Das ist deine Sache, nicht die meine", erklärte Mordokai energisch. „Mein Land jedenfalls bleibt wie es ist."

Parsandatha begriff, daß er verloren hatte. „Also gut", lenkte er ein. „Du hast sicherlich gewußt, daß dadurch mein ganzer Plan zunichte gemacht wird. Wieviel verlangst du, wenn ich dir das Stück Land wieder abkaufe?"

„Ich möchte den dreifachen Preis dessen, was ich dir gezahlt habe."

Parsandatha jammerte und stöhnte. Doch Mordokai war durch nichts zu bewegen, weiter mit sich handeln zu lassen. Parsandatha mußte zahlen.

Als Schethar die Geschichte hörte, konnten er und Mordokai sich vor Vergnügen nicht mehr halten, sie brachen in schallendes Gelächter aus. Die Geschichte sprach sich bald in ganz Susa herum. Jeder, der sie weitererzählte, schmückte sie noch ein wenig aus, so daß die Torheit Parsandathas immer größer wurde. Haman kochte vor Wut, als er es hörte.

In Hamans Haus brachte der Torhüter die Nachricht zu seinem Herrn, daß ein draußen wartender Sklave ihn zu sehen wünsche. Haman gähnte. „Schick ihn wieder fort, ich habe jetzt keine Lust, mich mit geschäftlichen Dingen abzugeben." Dabei griff er nach einem Sklavenmädchen, die neue Früchte in eine leere Schale legte. Sie zuckte zurück, denn es war bekannt, daß Haman mit Frauen sehr grausam umging.

„Aber der Bote sagt, er sei von einer Dame namens Seresch", fügte der Torhüter hinzu.

„Was?" Haman sprang auf. „Warum hast du das nicht gleich gesagt, du Narr?" Er rannte zum Tor, öffnete es und forderte von dem Sklaven: „Wo ist sie? Führe mich sofort zu ihr." Schnell ließ er den Wagen anspannen und fuhr damit dem vorangehenden Sklaven nach.

Irgendwie hatte es Seresch verstanden nach Susa zu kommen. Hier hatte sie sich mehrere Monate versteckt, um zunächst ihre frühere Schönheit zurückzuerlangen. Nun führte sie Haman in einen kühlen und nett eingerichteten Raum. Haman fand sie noch genauso faszinierend wie damals. Seresch wandte sich ihm zu und sagte mit einer leichten Verbeugung: „Willkommen, mein Herr Haman. So sind wir uns also doch wieder begegnet."

Haman trat zu ihr und zog sie in seine Arme. „Halt, halt, mein Herr", lachte sie atemlos, „du brichst mir noch sämtliche Rippen. Zügele dich ein wenig und nimm Platz."

Haman ließ sie keine Sekunde aus den Augen. „Wo bist du gewesen? Was ist mit dir geschehen? Warum hast du mir keine Botschaft gesandt? Wie lange bist du schon hier?"

„So viele Fragen auf einmal, mein Herr? Bitte, trinke ein wenig Wein." Sie reichte ihm einen Becher. „Als Schischia starb, mußte ich sehr schnell verschwinden, sonst hätte man mich getötet. Ich verkleidete mich als Eunuch."

„Wie kamst du an die Kleidung?"

„Ich habe den Eunuchen getötet. Es blieb mir keine Wahl. Entweder mußte er sterben oder ich. Dann habe ich mich so gut wie möglich durchgeschlagen. Es war sehr schwer, und oft war ich hungrig. Endlich konnte ich mich der Karawane eines reichen Kaufmanns anschließen und kam nach hier."

„Hat er entdeckt, daß du eine Frau bist?"

„Nach einiger Zeit schon. Aber was macht das aus. Ich bin hier und habe mich seitdem für meinen Herrn Haman vorbereitet."

„Du wirst heute noch meine Frau werden."

„Langsam, langsam, Herr Haman. Du bist ein Mann von Welt, da braucht alles seine Zeit. Sicher willst du nicht ganz verschwiegen in irgendeinem Winkel Hochzeit machen. Du bist ein angesehener Mann. Entsprechend groß muß die Hochzeit sein. Dazu gehören dann Vorbereitungen, Einladungen und Feste..."

„Ich habe schon zu lange auf dich gewartet. Ich will dich jetzt haben", rief Haman.

Doch Seresch hatte nicht die Absicht, sich so billig zu verkaufen. Sie wollte Hamans Ehefrau sein, keinesfalls weniger.

Da sie niemand traute — am wenigsten Haman —, wollte sie ihm keine Gelegenheit geben, sie zu verachten und dann wegzuwerfen. Sie trat hinter die hohe Lehne eines Stuhles zurück und lächelte kühl: „Sicher, mein Herr, du wirst mich haben, aber erst nach der Hochzeit."

Nach ihrer großartigen Hochzeit zogen sie in ein riesiges Anwesen mit prächtigen großen Gärten und einem weiträumigen Hof, in dem Brunnen plätscherten. Haman sowie Seresch hatten einen außergewöhnlichen Geschmack. So wurde ihr großes Haus ein Schauplatz vieler ungewöhnlicher Gegenstände und Schätze. Seresch glänzte in ihrer Position als Hamans Frau. Ganz besonders tat sie sich bei den Gelegenheiten hervor, wenn der König in ihrem Haus zu Gast war und mit Haman und anderen auf die Jagd ging. Morgens zeitig ritten die Jäger aus, um Leoparden, Bären, Wölfe, Antilopen und Löwen zu jagen. Häufig kehrten sie betrunken mit ihrer Jagdbeute zurück.

Bei den anschließenden Festmählern zeigte sich Seresch in glitzernder Schönheit. Sie amüsierte den König, der erstaunt gewesen wäre, hätte er gewußt, daß sie eine Priesterin der Astarte war und daß sich der abergläubische Haman von ihr die Zukunft voraussagen ließ.

Es gab aber auch noch viele andere Feste in Hamans Palast. Da war zwar der König nicht anwesend, dafür aber viele hochstehende und einflußreiche Gäste aus der Hofgesellschaft und dem öffentlichen Leben von Susa. Bei diesen Festen hielt Haman meist endlos lange und eintönige Ansprachen, die gewöhnlich nur ein Thema hatten, nämlich: Haman. Haman und sein Reichtum, Haman und seine vielen Ämter am Hof und beim König, Haman und alle seine Erfolge, und vor allem Haman und seine Söhne. Wenn er über seine Söhne sprach, wurde es immer am langweiligsten. Doch die Gäste wagten es nicht, ihre Langeweile zu zeigen. Zu schnell konnte man bei dem mächtigen Favoriten des Königs in Ungnade fallen, und das schadete der eigenen Karriere. Deshalb gaben sie sich alle Mühe, großes Interesse zu heucheln und wach zu bleiben.

Haman konnte die Vorzüge seiner Söhne stundenlang rühmen, ohne daß er merkte, wie wenig Interesse seine Gäste dafür hatten. Am Schluß erklärte er dann gewöhnlich noch, daß seine Töchter die schönsten Frauen in ganz Susa seien. Doch da Haman soviel Einfluß beim König hatte, kamen seine Gäste immer wieder, obwohl seine Feste gewöhnlich so langweilig waren.

Haman selbst war ein ungemein fleißiger Arbeiter und trieb seine Untergebenen nahezu bis zur Erschöpfung an. Doch obwohl es ihm gelungen war, den König für sich einzunehmen, behandelten ihn die sieben Fürsten, mit Ausnahme von Marsna, mit sehr großer Zurückhaltung und standen ihm sehr mißtrauisch gegenüber. Alle übrigen Leute in Susa waren geteilter Meinung in solche, die Haman schätzten und lobten und solche, die ihn haßten und verachteten. Niemand war ihm gegenüber neutral. Das einzige Geheimnis, das er vor seiner Frau hatte, war seine antijüdische Gesinnung. Über all seine anderen Eskapaden lächelte sie nur, da auch sie sich eine Anzahl davon gönnte. Doch er wußte, daß sein Haß einem Volk gegenüber, von dem sie glaubte, es sei nicht wert, auch nur einen Gedanken daran zu verschwenden, sie sehr erstaunt hätte.

„Ist er sehr klug, mein Herr?" Esther versuchte herauszubekommen, wie der König über seinen Favoriten Haman dachte. Sie war bisher nur wenige Male mit dem Agagiter zusammengekommen, hatte ihm aber von Anfang an mißtraut. Er war ihr zu glatt. Die großzügigen Geschenke, die er ihr machte, beantwortete sie stets mit höflichem Dank und gab sie an ihr Gefolge weiter.

„Er ist ein brillianter Mann, meine Esther. Er hat mehr Fähigkeiten für die Verwaltung, als ich je vorher bei einem Mann gefunden habe."

„Sogar mehr", die Königin sprach sehr vorsichtig, „als der Ratgeber Mordokai im »Tor des Königs«?"

„Mordokai. Was weißt du denn über Mordokai?"

Sie wollte ihn gerade daran erinnern, daß Mordokai ihm

damals in Parsa das Leben gerettet hatte. Doch der König war in Gedanken schon wieder bei Haman. „Er hat mir einen großen Teil der Regierungslasten abgenommen“, sagte er, „vor allem den vielen alltäglichen Kleinkram.“

„Meinst du nicht, daß die sieben Fürsten sich von ihm verdrängt fühlen könnten?“

Xerxes blickte sie aufmerksam an. „Für eine Frau denkst du ziemlich viel. Die Sieben sind meine erprobten Freunde und die wichtigsten Männer am Hofe in meinem ganzen Königreich. Doch Haman hat ungeheuer große Fähigkeiten, und außerdem hat er zehn Söhne gezeugt.“

„Sind sie genauso klug wie er?“

„Nein, nein, er ist scheinbar einmalig. Doch er hat sie erzogen. Ich werde ihnen in der Zukunft allen wichtige Posten übertragen.“

Natürlich mußte Hamans Frau zu Esthers Gastmählern eingeladen werden. Sie gab sich äußerlich gleichgültig, musterte die Königin aber sehr aufmerksam. „Ein Kind. Zwar sehr schön, wenn jemand sich für diesen Typ interessiert, aber doch nur ein kleines Nichts, das zur Königin gemacht wurde. Sie ist sicherlich ein nettes Spielzeug für den König, aber keine Gefahr für uns“, dachte sie.

„Ihre Majestät hat einen erlesenen Geschmack“, bemerkte sie.

Esther blickte in Sereschs Augen und dachte: „Die Frau ist eine Schlange.“ Laut erwiderte sie: „Du bist sehr freundlich. Auch dein Kleid ist bestimmt einmalig. Wo hast du es machen lassen?“

„Eine ganz ausgezeichnete Schneiderin hat es mir gemacht. Aber sie ist sicher eine viel zu niedrige Person, als daß ihre Majestät an ihr Interesse haben könnte.“

Gleichzeitig angezogen und abgestoßen von einer Frau, die aus einer so anderen Welt als der ihren kam, bemerkte Esther: „Es ist nicht der niedrige Stand eines Menschen, der ihn für mich uninteressant macht.“ Mordokai wäre an diesem Abend vielleicht nicht sehr stolz auf seine Hadassa gewesen.

Doch nach und nach erkannte Seresch, daß sich hinter der gesellschaftlichen Freundlichkeit der Königin ein diplomatischer Geist entwickelte. Sie begann sich Sorgen zu machen. Es wäre nicht gut für ihre Pläne, wenn die Königin echten Einfluß auf den König bekommen würde. Sie mußte Haman warnen.

Sie wäre vielleicht überrascht gewesen, hätte sie gewußt, daß ihre Sorge im Blick auf die Königin auch von den Sieben geteilt wurde. Aber noch mehr Bedenken hatten sie, wenn sie den schnellen Aufstieg Hamans beobachteten.

Wieder einmal hatte der König zu einem Festessen geladen, diesmal aber nur einen sehr kleinen Kreis von Gästen. Es waren nur die sieben Fürsten und Haman. Als der Agagiter an Harbona vorüberging, strich er sehr auffällig über seinen Bart und schaute betont scharf auf Harbonas nacktes Kinn. Er ließ kaum eine Gelegenheit vorübergehen, um Harbona auf seinen Mangel an Männlichkeit hinzuweisen. Nach und nach hatte er sich zwischen Harbona und den König geschoben und sogar schon damit begonnen, sich um die Pläne der Festlichkeiten des Hofes zu kümmern.

Xerxes schien an diesem Abend in einer seltsam geheimnisvollen Laune zu sein. Listig blickte er seine Gäste an. Ab und zu blitzte ein seltsames Lächeln über sein Gesicht. Die Sieben fanden sein ungewöhnliches Benehmen jedenfalls ziemlich erstaunlich und besorgniserregend. Plötzlich erhob der König sein großes Trinkhorn. „Meine Herren, ich habe euch etwas mitzuteilen. Es handelt sich um etwas, worüber ich lange und sorgfältig nachgedacht habe.“

Memukan blickte Schethar an, Meres schaute verstohlen zu den anderen. Worum ging es? Obwohl sie an Xerxes Launen und die Palastintrigen gewöhnt waren, wurden sie von dem, was folgte, völlig überrascht.

„Ich möchte ein neues Amt schaffen, dessen Wichtigkeit meine Vorfahren noch nicht erkannt hatten. Ihr Sieben habt zu mir gestanden in guten und schlechten Zeiten.“ Xerxes beobachtete alle aufmerksam. ,,Doch mir ist klar geworden, daß ich einen Mann brauche, der mein täglicher Vertrauter ist; einer, in dem sich die Weisheit der anderen sammelt und der sie sozusagen in einem einzigen Becher zu mir bringt. Deshalb habe ich beschlossen, das Amt eines Großwesirs einzuführen.''

Damit brach der König wieder mit einer alten Tradition. Die Assyrer hatten zwar Wesire gekannt, aber die Perser bisher niemals. Doch die Sieben begannen über den Vorschlag nachzudenken, und jeder überlegte, wie das Amt zu seiner eigenen Person passen würde. Memukan versuchte, nicht zu selbstbewußt dreinzuschauen. Jeder wußte, daß er von den Sieben dem König am nächsten stand. Die anderen dachten: Wenn Memukan ernannt wird, können wir wenigstens mit ihm weiterarbeiten wie bisher. Er ist dem König, dem persischen Reich und der Tradition treu ergeben.

,,Also, meine Herren'', fuhr Xerxes fort, ,,ich habe den Mann schon ausgewählt. Euch, die ihr mir so nahe steht und so lieb seid — gute Perser, die unsere Tradition hochgehalten haben, auch mein Vater hatte diesen Rat der sieben Fürsten —, will ich nicht auseinanderreißen. Ihr Sieben sollt zusammenbleiben. Ich möchte keine Unzufriedenheit und Eifersucht in diese besondere Gruppe meiner sieben Ratgeber bringen. Deshalb ernenne ich hiermit zum Großwesir — den Herrn Haman.''

Sogar Haman, der von einer immer größeren Karriere träumte, war in diesem Augenblick so überrascht, daß er laut hörbar die Luft einsog. Die Sieben packten ihre Trinkhörner fester, so daß manchen die Knöchel weiß wurden. Alle mußten sich sehr bemühen, ihre Gesichtszüge unter Kontrolle zu halten.

,,Meine Herren?'' fragte der König.

Marsna erhob sein Trinkhorn. ,,Es lebe Herr Haman!'' Die sechs anderen stimmten ein.

,,Erhebt euch, meine Herren'', befahl der König, ,,und trinkt auf den neuen Großwesir.''

Irgendwie gelang es allen, die Glückwünsche auszusprechen, die der König erwartete. Doch ihnen allen dauerte das Gelage heute abend viel zu lange. Sie wünschten sich nichts sehnlicher, als den König verlassen zu können, um an irgendeinem sicheren Ort ihrem Kummer, ihrer Verwirrung und ihrem Zorn Ausdruck zu geben.

„Großwesir", schimpfte Memukan, als er sicher daheim war, wohin er Meres und Schethar mitgenommen hatte. „Woher hat er nur diese Idee? Was soll uns ein Großwesir nützen? Es ist gegen alles, was Darius je geplant hat. Gegen alle Vorbilder und gegen alle Tradition."

„Sicher, Memukan. Doch wenn er wenigstens jemand von uns gewählt hätte, vielleicht dich, hätten wir fast so weitermachen können wie bisher."

„Du schmeichelst mir", murmelte Memukan. „Aber dieser Emporkömmling, dieser Agagiter ...?" Man sah ihnen an, daß viele verschiedene Gedanken durch ihre Köpfe gingen.

Doch das Haus Hamans strahlte an diesem Abend im Glanze vieler Lichter. Man hörte weit hinaus, daß laut gefeiert wurde, und zwar bis in den Morgen hinein. Seresch war von einem Freudenrausch ergriffen. Am nächsten Morgen verbreitete sich die Neuigkeit rasend schnell über ganz Susa: Haman ist Großwesir! Haman ist der Zweite im Reich nach dem Großkönig!

17. Kapitel

Esther ging im Garten spazieren. Seit fünf Jahren war sie nun Königin. Seit fünf Jahren hatte sie ihr Heim verloren, ihre Familie, ihre Unschuld und ihre Zukunft. Jetzt hatte sie alles — und nichts.

In der Anfangszeit wurde sie immer überwältigt von Sehnsucht, wenn sie aus der Stadt herauf hörte, wie die Juden ihre religiösen Festtage feierten. Doch nach und nach wurde dies alles mehr ein Teil ihrer verlorengegangenen Kinderzeit. Eines Tages, als das Singen und die Musik aus dem jüdischen Stadtviertel wieder einmal besonders laut war, fragte Lura sie, was dies sei. „Singen? Welches Singen? Ach das, was wir da hören." Esther zuckte mit den Achseln. „Sicher wieder ein religiöser Feiertag, nehme ich an, von den Juden."

„Wißt ihr etwas über die Juden, Herrin?"

Das Leben am Hof hatte Esther noch nicht ihre Wahrheitsliebe genommen. Sie zögerte und antwortete dann. „Ja, schon, ich weiß einiges . . ., aber das betrifft uns doch nicht. Komm, laß uns selbst ein wenig Musik machen." Mit diesen Worten hatte sie begonnen zu tanzen.

Nach und nach traten die alten Denkstrukturen, die jüdischen Gesetze und Überlieferungen immer weiter in das Unterbewußtsein ihres Lebens zurück. Auch zu Jahwe betete sie nicht mehr so oft wie früher. Wenn es doch in ihr Gedächtnis trat, schmerzte es zu sehr. Deshalb drängte sie es zurück. Außerdem nahm das abwechslungsreiche Hofleben ihr Interesse gefangen — und vor allem natürlich der König.

Der König! Ein ganzer Monat war nun schon vergangen, seit er sie das letzte Mal zu sich gerufen hatte. Vorher war sie jede Woche mehrere Male bei ihm gewesen. Sie gab sich neuerdings besondere Mühe mit den Parfümbädern, den Massagen und Salbungen. Jeden Abend kleidete sie sich sehr sorgfältig an und blieb oft bis weit in die Nacht hinein in dieser Kleidung. Immer in der Hoffnung, der König würde sie rufen lassen. Doch nichts geschah. Jeder Abend war eine neue Demütigung.

Susa erlebte wieder einen sehr schönen Tag. Rosenduft lag in der Luft, als es jetzt langsam der Abenddämmerung zuging. Hier im Garten war es schon schattig, doch die Wipfel der Bäume lagen noch im Sonnenlicht. Überall sangen die Vögel. Vor allem besonders viele Sperlinge saßen an diesem Abend auf den blühenden Büschen.

Esther liebte Sperlinge. Schon in ihrer Kindheit in Mordokais Garten waren die Sperlinge ihre Freunde gewesen. Sie hatte mit ihnen geredet und sie gefüttert und sich über die Lebendigkeit der kleinen lustigen Gesellen oft gefreut. Heute erinnerte das übermütige Gezwitscher der Sperlinge sie an ihre sorgenfreie und frohe Kindheit und an die spannungsgeladene Gegenwart. Welch ein Unterschied! Der Lärm der Vögel begann ihr der Erinnerungen wegen, die sie in ihr erweckten, unerträglich zu werden. Sie hielt ihre Ohren zu und ging in ihre Räume zurück.

Vom Fenster ihres Schlafzimmers aus sah sie Haman mit schnellen Schritten über den Hof eilen. Er war in eine prachtvolle Robe gekleidet. „Ich traue dem Mann nicht“, dachte sie. „Seit er Großwesir ist, hat er mehr und mehr Macht an sich gerissen. All seine Söhne hat er auf wichtige und einflußreiche Positionen gebracht. Mein Herr scheint nicht zu sehen, welch ein Mann er in Wirklichkeit ist.“

Draußen wurden überall die Lampen angezündet. Von einem anderen Palasthof drang Musik an ihr Ohr. „Was ist vorgefallen zwischen meinem Herrn und mir?“ überlegte sie.

„Womit könnte ich ihn verletzt haben? Einen Monat schon war ich nicht mehr bei ihm. Oder gibt es da eine andere Frau?" Sie schaute in den Spiegel. Nur ihre Augen blickten weiser als früher. Sonst war sie noch dieselbe schöne Frau wie immer. Aber ständig werden viele neue Mädchen in seinen Harem gebracht. Wer wird wohl heute nacht bei ihm sein? Sie fühlte, wie Eifersucht in ihr aufsteigen wollte. „Sicher kann er sich über mich nicht beklagen", sann sie weiter. „Und wer würde ihn so verstehen wie ich? Und er braucht doch soviel Verständnis!" Esther fühlte sich plötzlich merkwürdig alt.

Es würde sie vielleicht überrascht haben, hätte sie gewußt, daß keine Frau ihr Rivale beim König war, sondern ein äußerst kluger Mann. Haman, der von Seresch vor dem Einfluß gewarnt worden war, den Esther auf den König ausüben konnte, tat sein bestes, diesen zu unterminieren.

Auch in den Garten des Königs fielen schon die Schatten. Ganz in der Nähe rieselte Wasser. Auf Hamans Befehl brachten Sklaven kühle Getränke. In der Nähe lagen Konkubinen im Gras oder räkelten sich auf Bänken. Der König und sein Großwesir entspannten sich.

„Die Frau des großen Königs ist erstaunlich, eine wirklich passende Gefährtin für den König aller Völker", begann Haman vorsichtig.

„Nicht wahr", nahm der König den Ball auf, „sie ist wunderbar, und obendrein auch noch sehr schön. Und du kannst dir nicht vorstellen, wie intelligent sie ist. Erst letzte Woche..." Nun erzählte er ausführlich, welches Gespräch er mit Esther geführt hatte und welche Meinungen sie geäußert hatte. Haman wurde dadurch nur noch entschlossener, ihren Einfluß auf den König zurückzudrängen.

„Ihr glaubt, dies sei intelligent, mein Herr?" versuchte Haman schon einen leisen Zweifel in seine Frage zu legen.

„O ja, sehr. Du kannst dir nicht vorstellen, wie klug sie ist. Bei einer anderen Gelegenheit..." Der König begann von neuem Esthers Vorzüge zu rühmen.

Haman überlegte. Hier war viel Diplomatie nötig, erkannte er. Der Einfluß Esthers auf den König war größer, als er geahnt hatte. „Ihr seid wirklich glücklich zu preisen, Majestät. Meine eigene Frau, Seresch, war einige Zeit auch so ähnlich."

„Was willst du damit sagen?"

Haman lachte leise. „Ich habe leider erst nach und nach gemerkt, daß ich langsam anfing, mich lächerlich zu machen."

„Lächerlich? Du? Wieso denn?"

„Meine Freunde, und sogar meine Diener, tuschelten hinter meinem Rücken über mich."

Xerxes, der immer ein wenig unsicher war, bemühte sich, den Sinn hinter Hamans Worten zu verstehen. „Ich sehe nicht ganz, wo dabei ein Zusammenhang zwischen deiner und meiner Frau besteht."

„Ach, es war eine dumme Sache, ich hätte es gar nicht erst soweit kommen lassen sollen."

„Was für eine Sache, Haman, hör auf, in Rätseln zu reden."

„Nun, ich wurde einfach auf unpassende Weise beeinflußt von... ja, von einer Frau. Natürlich würde euch so etwas nie geschehen, mein Herr Xerxes, niemand würde an der Männlichkeit und eigenen Urteils- und Entscheidungskraft eurer Majestät zweifeln."

„Natürlich nicht." Xerxes Antwort fiel kurz aus. „Meine Frau hat ein sehr liebliches und freundliches Wesen."

„Das stimmt, Majestät. Ich höre oft, wie sie im Palast gerühmt wird, sie sei »eine Frau, die selbst Ahriman durch ihren Charme bewegen würde, ihren Willen zu tun«."

„Ihren Willen? Was sagst du da? Ich sprach davon, daß sie immer auf den meinen eingeht."

„Vergebt mir, Majestät, ich war töricht, die Worte zu wiederholen, die man im Palast und in der Hauptstadt hört."

„Sie reden über meine Königin?"

„Ich versichere euch, Majestät, es sind nur Komplimente. Sie ist so liebenswert, daß die Menschen ihr richtig ergeben sind und ihrem kleinsten Wink gehorchen würden."

„Ergeben? Ihr?"

Der Stachel saß und begann in Xerxes zu arbeiten.

Und so bohrte Haman weiter. Ein Wort hier, eine Andeutung da. Immer versuchte er auf raffinierte und versteckte Weise dem König einzusuggerieren, er solle Esther auf Distanz halten. „Meine eigenen bescheidenen Erfahrungen haben mich gelehrt, daß es nicht gut ist, Frauen glauben zu lassen, sie seien unentbehrlich. Mit einem solchen Vorrecht werden sie nicht fertig."

Xerxes nickte verunsichert. „Du bist auch in diesen Dingen ein weiser Mann, wie ich sehe, mein Haman."

„Längst nicht so weise wie mein König. Alle Welt weiß um die große Erfahrung des Königs als Liebhaber. Schau dir zum Beispiel einmal diese Frauen hier an, mein Herr", er wies auf die im Garten liegenden, sitzenden oder spazierenden Konkubinen, „sie warten alle auf euch. Habt ihr die kleine Hellhaarige da drüben bemerkt?"

Der König hatte nicht. Haman sandte einen Sklaven, der das Mädchen herbeiholte. „Mein Herr Xerxes ist ein Sammler", sagte er, als sie vor ihnen stand. „Und Sammler haben nie nur ein einziges Stück von dem, was sie sammeln." Schnell verschwanden Xerxes und das Mädchen aus dem Garten.

In einem anderen Garten saß die Königin mit ihrem Oberkämmerer. Da es am Morgen geregnet hatte, atmete alles besondere Frische. „Erzähle mir mehr über den König, Hatak. Du kennst ihn doch schon seit...?"

„Seit er noch ein Junge war, Majestät. Ein Teil seiner Erziehung war mir anvertraut."

„Welcher Teil?"

„In jenen Tagen verbrachte der Kronprinz einen großen Teil seiner Zeit mit militärischen Dingen wie Bogenschießen, Speer- und Lanzenwerfen, Reiten usw. Dann wurde er zu mir gesandt für Unterricht in Sprachen und Geschichte. Ich habe ihn gelehrt, in drei Sprachen zu lesen und zu schreiben."

„Welche Art Schüler war er, Hatak?"

„Nicht immer ein sehr eifriger. Er war immer mehr für

Unternehmungen als für das Lernen, wenn ihr gestattet es so zu sagen, Majestät."

„Natürlich gestatte ich, denn ich will die Wahrheit darüber hören, wie er war und wie er ist. Es gibt immer noch so viele Seiten an ihm, die ich nicht kenne."

„Ist das nicht unvermeidlich?"

„Wahrscheinlich", nickte Esther. „Und doch denke ich über viele Dinge nach. Warum zum Beispiel bekommt er zu Zeiten so schreckliche Wutanfälle, Hatak?"

Hatak schaute sich vorsichtig im Garten um. Dies war kein Thema, über das er gern sprach. „Es ist einfach seine Natur, meine Königin", flüsterte er.

„Das schon — aber warum?"

„Der große Ahura Mazda hat uns alle gemacht, Majestät, und den König nun einmal so."

Nachdenklich meinte die Königin: „Du glaubst nicht, daß wir selbst auch etwas mit unserem Charakter zu tun haben?"

„Ich weiß es nicht, Majestät. Aber es wird heiß, soll ich den Sklaven nicht befehlen, einige Erfrischungen zu bringen?"

„Erzähle mir von anderen, die der König geliebt hat."

Hatak schüttelte den Kopf. „Das wäre nicht sehr klug, Majestät."

Sie lachte. „Also gut, dann mehr allgemein. Zieht er Blonde vor? Oder mag er vielleicht solche, die etwas dicker sind als ich oder dünner? Scheint er Frauen mit glattem oder mit lockigem Haar zu bevorzugen?"

Hatak erkannte mit einem Schock, daß diese Frau sich ihrer selbst nicht sicher zu sein schien. Er machte einige mehr allgemein gehaltene Meinungsäußerungen.

„Noch eine Frage, Hatak, dann magst du nach einigen Früchten senden. War Vas... ich meine die frühere Königin, war sie schöner als ich?"

Hataks Antwort kam diesmal schnell und ganz fest: „O nein, meine Königin, niemals!"

Esthers Gedanken blieben bei dem König. Worin konnte sie ihn verärgert haben? Hatak hatte ihr gerade bestätigt, daß sie schöner war als Vasti. Plötzlich, zum ersten Mal seit mehreren Monaten, vermißte sie ihr altes Heim und Hulda, David, Jakob, Ruth und Onkel Bilsan. Und was hätte sie darum gegeben, sich eine Stunde mit ihrem Vater unterhalten zu dürfen. Warum sollte es soviel ausmachen, wenn der König entdeckte, daß sie eine Jüdin war?

Hulda trug in Mordokais Haus die Speisen auf den Tisch, an dem der Hausherr mit Bilsan und David saß. Mordokai mochte David, der die starken Nationalgefühle seines Großvaters teilte. Seine Empörung über die wachsende antijüdische Stimmung in Susa war groß. „Es wird langsam zu viel", sagte David. „Heute war ich gerade gegenüber der Weinhandlung, die einem der Söhne Hamans gehört. Ich glaube Poratha heißt er, ich kann ihre Namen nie auseinanderhalten."

„Er heißt Adatha", bemerkte Mordokai. „Poratha besitzt neben seinen offiziellen Ämtern noch die Teppichgeschäfte."

„Also gut, Adatha. Jedenfalls ging Ruth mit einem ihrer Diener vorbei. Da hörte ich diesen Adatha zu einem Kunden sagen: »Da gehen wieder zwei dieser schmutzigen Juden.«"

„Solange ich in Susa lebe, hat man nie so über uns geredet", wunderte sich der alte Bilsan.

„Das muß ich bestätigen", nickte Mordokai. „Jedenfalls ist es beunruhigend. Aber ich möchte euch sagen, daß auch ich langsam zu einem Nationalisten werde, wenn ich sehe, wie man die Angehörigen unseres Volkes behandelt. Das muß euch doch freuen, denn ihr betet ja schon lange dafür."

Mordokai hörte in seiner Position im „Tor des Königs" Dinge meist schon viel früher als die anderen Leute. Er wußte auch, daß diese antijüdische Stimmung von Haman geschürt wurde. Deshalb wunderte er sich gar nicht über seine eigene Reaktion.

„Dann ist wenigstens etwas Gutes dabei herausgekommen", sagte Bilsan.

„Werden wir eines Tages wieder eine eigene Nation sein?" fragte David.

„Die Frage muß dein Großvater beantworten", meinte Mordokai. „Er ist es, der eifrig die prophetischen Schriften studiert."

„Ja, mein Sohn, eines Tages wird es so sein. Doch niemand weiß, wann. Das Wichtigste ist jetzt, daß wir treu zu Jahwe stehen und unsere Brüder unterstützen, wo immer sie sind."

„Wie können wir das?"

„Erstens können wir beten. Ihr beiden Männer der Tat solltet nie die Wirkung des Gebets unterschätzen. Dann können wir Geld und andere Hilfe zu denen schicken, die Jerusalem wieder aufbauen."

„Aber was ist mit der Lage hier in Susa", fragte David, „können wir nicht irgendwie protestieren?"

„Wenn es eine so wachsende Stimmung gegen uns gibt, wie ihr sagt, brauchen wir all unsere Kraft und unseren Glauben in Jahwe. Er wird uns zur richtigen Zeit zeigen, was wir tun sollen."

David schaute seinen Großvater und Mordokai nachdenklich an. Die Liebe seines Großvaters zu Gott zerstörte immer wieder die Zweifel, die in ihm aufkommen wollten seit sein Vater gestorben war, und die sich noch verstärkt hatten, als ihnen Hadassa genommen wurde. Und in Mordokai sah David einen Mann, der mutig und intelligent für die Sache seines Volkes kämpfte. Und ein solcher wollte er auch werden, denn Jahwe brauchte sicher beides: Beter und Lehrer wie seinen Großvater, und Menschen der Tat wie Mordokai.

18. Kapitel

Memukan und Schethar gingen durch Susas Hauptstraße, als sie von der anderen Seite her laute Rufe, Beifallsgeschrei und das Blasen einer Trompete hörten. „Bei Angru Manyu, das ist Haman." Schethar zog am Arm des Freundes. „Komm schnell in dieses Weingeschäft."

Memukan folgte eilig, wußte aber nicht, warum. Im Geschäft führte Schethar ihn zu einer Bank und bestellte Wein. „Du bist lange Zeit fort gewesen, Memukan, und hast dich um deine Landbesitzungen gekümmert, deshalb weißt du noch nichts vom neuen Gesetz."

„Noch ein Gesetz?"

„Der Großkönig hat befohlen, daß alle sich verbeugen müssen, wenn Haman irgendwo erscheint."

„Verbeugen? Vor Haman? Aber niemand hat sich je vor uns verbeugen müssen."

Schethar nickte. „Außerdem kommt noch hinzu, daß sein Sitz an der königlichen Tafel jetzt höher ist als die unseren."

Erst jetzt begann Memukan zu begreifen. „Willst du etwa damit sagen, daß auch wir Sieben uns in der Öffentlichkeit vor Haman verbeugen müssen?"

Schethar nickte wieder. Memukan warf vor Aufregung den Weinbecher um. „Das werde ich nicht tun", sagte er.

„Leise, mein Freund. Es gibt überall Ohren."

Memukan senkte seine Stimme. „Was meinst du mit Ohren? Gibt es jetzt mehr als sonst?"

„Viele mehr. Wir haben immer gewußt, daß der König seine Spitzel hat. So muß es ja auch sein. Doch auch Haman hat jetzt die seinen, und zwar überall. Es gibt kaum ein größeres Geschäft, ein Gasthaus, eine Werkstatt und sogar die Häuer einflußreicher Familien, in denen nicht jemand für Haman lauscht. Und alles, was er erfährt, läßt er aufschreiben. Wer ein Bankkonto eröffnet. Wer mit wem schläft und wie oft. Wer über die Steuern klagt, und vieles andere."

Memukan wiegte nachdenklich den Kopf. „Da ist also aus dem Ei eine Schlange gekrochen", meinte er. „Und was wird von uns Sieben dagegen unternommen?"

„Heute abend haben wir ein geheimes Treffen in meinem Haus."

„Ihr habt euch schon öfter getroffen?"

„Wöchentlich."

„Welche Beschlüsse habt ihr gefaßt?"

Schethar war ein wenig verlegen. „Bis jetzt ist uns noch kein vernünftiger Plan eingefallen."

„Dann müssen wir einen finden."

„Ich hoffe, du hast einige gute Gedanken, Memukan. Unsere Hoffnung ist, daß Haman selbst die Sache vielleicht übertreiben wird."

„Wir sollten ihn noch ermutigen, damit er genau das tut."

Als sie das Weingeschäft verließen, war der Zug schon eine Weile vorbei. Doch als sie eine Gruppe von Dienern in Hamans Livree sahen, kam Memukan eine Idee. „Ich glaube, wir sollten dem großen Herrn Haman einen Besuch abstatten."

„Wenn du das willst, gehen wir in die falsche Richtung", meinte Schethar.

„Aber sein Haus ist doch nicht mehr weit hinter der nächsten Biegung."

„Sein altes Haus."

„Er hat ein neues? Warum? Sein altes war doch sehr schön?"

„Aber es ist ihm zu klein geworden", meinte Schethar sarkastisch. „Viel zu klein. Man sieht, daß du sehr lange nicht in der Stadt warst. Komm, du mußt das neue sehen, es steht an der Zitadelle. Wir mieten uns eine Sänfte."

Als sie Hamans Torhüter ihre Namen nannten, wurden sie sofort empfangen. Die prächtigen Türen des Hauses öffneten sich weit. Haman selbst kam ihnen entgegen. „Meine Herren, hätte ich gewußt, daß ihr mir diese Ehre tut, würde ich ein großes Fest veranstaltet haben. Aber ich will mein bestes tun." Er klatschte in die Hände und rief die Sklaven herbei.

„Mach dir keine Umstände, Herr Haman", sagte Memukan abwehrend. „Wir haben gerade in unseren eigenen Häusern gegessen. Um diese Tageszeit gibt man noch keine Feste. Ich bin gerade von meinen Gütern in Pasargadae zurückgekehrt" — das war ein wohlüberlegtes Geschoß, denn nur Angehörige der Familien, die mit dem ersten König das Reich aufgebaut hatten, durften dort Güter besitzen —, „da hörte ich von deinem neuen Haus. Ich muß mich doch wenigstens entschuldigen, weil ich nicht früher kommen konnte. Dürften wir uns das Haus ansehen?"

„Aber gern." Haman sah eine Gelegenheit, einige der stolzen Fürsten zu beeindrucken und machte selbst den Führer. Ein Raum war prunkvoller als der andere. Überall standen Diener. „Und nun, meine Herren", sagte Haman, „meine Schatzkammer."

„Deine Schatzkammer?" Schethar konnte seine Überraschung nicht verbergen.

„Natürlich. Als Großwesir erhalte ich viele Geschenke. In diesem Raum sind die besonderen Geschenke, die ich anläßlich meiner Beförderung erhielt. Der König selbst hat den einzelnen Satrapen mitgeteilt, was sie mir senden sollen."

„Sicher wollte der König dadurch auch selbst geehrt werden", bemerkte Memukan freundlich. „Denn deine Ehre, mein Herr Haman, ist doch nur der Widerschein der Ehre unseres großen Königs."

„So ist es. Genau wie die eure", schoß Haman zurück.

Memukan verbeugte sich. „Ich habe es auch nie anders gesehen. Und nun bedanken wir uns für deine Freundlichkeit, uns das Haus zu zeigen. Wir sind wirklich beeindruckt."

Haman ließ sie in seinem Privatwagen heimbringen. Sie schwiegen während der Fahrt, denn Kutscher haben oft sehr lange Ohren. In Memukans Haus angekommen, konnten sie sich aber nicht mehr zurückhalten. „Haman ist größenwahnsinnig", rief Schethar. „Er hat den Größenwahn!"

„Du hast recht", stimmte Memukan zu. „Und seine Dame Seresch sieht aus wie eine reiche Prostituierte."

„Ein Leopard kann eben seine Flecken nicht loswerden", nickte Schethar. „Ich muß aber jetzt gehen. Wir sehen uns heute abend in meinem Haus. Jeder kommt zu einer anderen Zeit und benutzt einen anderen Eingang."

„Ist es schon so schlimm? Wann soll ich kommen?"

„Bei Sonnenuntergang, und zwar zum Südtor."

„Gut, bis heute abend."

„Macht Platz, macht Platz für den Herrn Haman, den Großwesir des Königs aller Völker!" Haman ritt mit seiner Begleitung schnell auf das „Tor des Königs" zu. Stolz saß er auf seinem Pferd und schaute voller Verachtung auf die Menschen rundum herab. Ein Ausrufer ritt vor ihm her. Wachen und sein Gefolge umgaben ihn.

Mordokai stand an seinem üblichen Platz im Tor und beobachtete den Zug. Einer der königlichen Schreiber sagte: „Er kommt heute sehr nahe an uns vorüber, Herr Mordokai, es wäre vielleicht klug, wenn auch sie, wie wir anderen alle, ihren steifen Nacken beugen."

„Ich nicht."

„Der Zug kam jetzt ganz nahe an das Tor und wandte sich dann nach links. Alle im „Tor des Königs", darunter Männer von Rang und Ansehen, verneigten sich bis auf die Erde. Nur Mordokai nicht. Er blieb stehen und las in einer Lederrolle. Haman bemerkte ihn nicht, da er so sehr mit sich selbst beschäftigt war.

„Herr Mordokai“, sagte ein anderer Hofbeamter, als der Zug vorbei war, „du spielst mit dem Feuer. Warum willst du dich nicht verbeugen?“

„Seit 20 Tagen besteht nun der königliche Befehl, daß wir uns vor Haman genau wie vor dem König auf die Erde werfen müssen“, sagte jener zu Mordokai, der ihn schon zuerst angesprochen hatte, „aber du hast es noch nicht einmal getan. Du bringst uns alle mit in Gefahr. Warum tust du das?“

„Warum? Weil ich ein Jude bin.“ Überraschtes Murmeln war rundum zu hören. „Und wir Juden beugen uns nicht vor Menschen.“

„Aber du beugst dich vor dem Großkönig.“

„Ja, weil er für mich die von Gott eingesetzte allerhöchste Autorität verkörpert. Aber dieser so schnell emporgekommene Agagiter ...“

„Leise, sprich nicht solche Worte.“

„Ich möchte euch nicht in Gefahr bringen, meine Herren, aber ich werde mich nicht verbeugen.“

So ging es auch in den nächsten Tagen weiter. Die anderen Beamten dort wurden immer nervöser. Bis einer sagte: „Ich glaube, wir sollten unseren Hals nicht für diesen Juden riskieren. Wir sollten die Sache dem Großwesir zur Kenntnis bringen.“

„Aber dann bringen wir unseren Kollegen in Gefahr.“

„Lieber ihn, wenn er nicht hören will, als uns selbst. Wenn der Großwesir die Hartnäckigkeit des Juden bemerkt, muß er wissen, daß wir anderen damit nichts zu tun haben.“

Als der Zug am nächsten Tag sich wieder dem Palast näherte, blickte Haman scharf zu den Männern, die im „Tor des Königs“ ihre Aufgaben hatten. Tatsächlich: während sich alle anderen zu Boden warfen, blieb der Jude Mordokai mit dem Rücken zu ihm, so als hätte er nichts bemerkt, stehen und las in seinen Dokumenten. Hamans Gesicht wurde blutrot vor Zorn.

Als Haman an diesem Abend heimkam, konnte er seinen aufgestauten Zorn kaum mehr unterdrücken. Seresch bemerkte es und fragte was geschehen sei. „Man hat mich gröblichst beleidigt", wütete Haman.

„Was hat man dir denn getan?"

„Du weißt doch, daß der König befohlen hat, daß sich alle Menschen vor mir, dem Großwesir Haman, verbeugen müssen. Aber dieser Jude Mordokai hat nicht einmal von seinen Dokumenten aufgeschaut, die er las, sondern mir einfach den Rücken zugedreht."

„Warum läßt du ihn nicht töten?" fragte die praktische Seresch.

„Bist du töricht?" schrie Haman.

„Warum?"

„Selbst eine Frau sollte die Antwort darauf kennen. Wir leben in einem Land, in dem Gesetze gelten. Es ist nicht möglich, einen so prominenten Mann einfach töten zu lassen."

„Nicht einmal für meinen Herrn Haman?" bohrte Seresch weiter.

„Auch für mich nicht. Nur der König hat Macht über Leben und Tod. Und auch er selbst braucht zwei Zeugen, ehe er einen Menschen zum Tode verurteilen kann. Aber womit könnte ich Mordokai beschuldigen? Er ist ein Gelehrter, kein Politiker."

„Dann laß dir doch etwas einfallen. Du hast mit deiner Klugheit bisher ja immer einen Weg gefunden", stachelte Seresch ihn auf.

„Das werde ich tun", knurrte Haman wütend und ging in seine eigenen Zimmer.

Er hörte nicht auf zu grübeln, um einen Weg zu finden, wie er dem Juden Mordokai die Beleidigung heimzahlen könnte. Mitten in der Nacht hatte er den Plan der Rache fertig und lachte darüber so laut und höhnisch, daß selbst Seresch in ihren Räumen davon erwachte, zu zittern begann und betete: „O Astarte, beschütze mich."

Am nächsten Morgen rief Haman seinen Haushofmeister und befahl ihm: „Hole mir Asanus, den Magier."

Als Asanus eintraf, wurde er in einen abgedunkelten Raum geführt, in dem es nach Blut und verbranntem Fleisch sowie nach Weihrauch und Wein roch. Der Magier verbeugte sich nicht. Als Priester brauchte er es nicht zu tun. „Asanus“, forderte Haman, „ich muß das genaue Datum für eine Sache von größter Wichtigkeit wissen. Es ist ein Ereignis, das in die Geschichte eingehen wird.“

„Mein Herr möchte wissen, wann es geschehen wird?“

„Nein, ich selbst werde es geschehen machen. Und wenn du, Priester, je etwas davon verrätst, dann wirst du sterben müssen.“

„Du möchtest also den Tag wissen, an dem du diese Tat tun sollst?“

„So ist es. Und es muß der richtige Tag sein.“

„Dann müssen wir das Los werfen.“

„Dann wirf es“, forderte Haman.

„Mein Herr, etwas so Wichtiges kann nicht hier und jetzt geschehen. Dazu braucht es genaue Zeremonien. Wir müssen Feuer haben, die alten Kalender und die heiligen Würfel.“

„Also wann und wo kann es geschehen?“ wollte Haman wissen.

Asanes überlegte. Wir haben keine Tempel in Susa, nur Feueraltäre. „Also gut“, sagte er endlich. „Komme heute um Mitternacht zu dem östlichen Feueraltar. Wenn es so wichtig ist, müssen alle Magiere der Stadt Susa anwesend sein. Ich werde sie benachrichtigen.“

Um Mitternacht näherte sich Haman in Begleitung seines Haushofmeisters dem Altar. Flammen brannten darauf, und 24 mit langen weißen Roben und hohen spitzen Hüten bekleidete Männer bildeten einen Kreis um den Altar. Sie wiegten sich in einem seltsamen Tanz, und ein tiefes Summen wurde einmal lauter und dann wieder leiser. Es war unheimlich und furchterregend. Hamans Hände wurden naß vor Aufregung. Was versteckte sich vielleicht noch hinter dem Feuerring in der Dunkelheit? Konnte es eine Falle sein?

Asanes stieg langsam die Stufen zu dem Altar hinauf. Die anderen umringten ihn. Der summende Gesang wurde wieder lauter. Nun zog Asanes schwarze und weiße Würfel aus seiner

Robe. Einer nach dem anderen hielten ihm die anderen Magiere Tafeln hin. Es waren uralte babylonische Kalender, einer für jeden Monat des Jahres.

„Zuerst müssen wir den richtigen Monat finden", sagte Asanes ernst und warf die Lose. Monat für Monat und Tag für Tag kamen an die Reihe. Die Magiere murmelten, die Würfel klickten und klapperten, während immer neue Tafeln hergereicht wurden.

Haman war nicht in der Lage, den Einzelheiten zu folgen. Aber seine Spannung wuchs immer mehr. Endlich hob Asanes die Hände. Blickte zuerst nach Norden, dann nach Osten, Süden und Westen und verbeugte sich zum Schluß vor dem Feuer. „Es ist getan", sagte er.

„Wann?" Hamans Hals war ganz trocken.

„Die Götter haben gesprochen. Es ist der 13. des zwölften Monats, des Monats Adar."

Haman seufzte unwillkürlich. „Aber wir haben jetzt erst Nisan, den ersten Monat."

Asanes Augen bohrten sich hart in die seinen. „Man streitet nicht mit dem Los, Herr Haman."

Zurück in seinem Wagen schimpfte Haman: „Adar, Adar. Ich soll noch elf Monate auf meine Rache warten."

„Es scheint noch eine lange Zeit zu sein", beruhigte ihn sein Haushofmeister. „Aber es ist wichtig, große Dinge zu der Zeit zu tun, wenn die Götter es wollen."

„Du hast recht", nickte Haman. „Ich weiß jetzt, daß die Götter meinem Plan zustimmen und habe genug Zeit, alles gut vorzubereiten."

Am nächsten Morgen war Haman zeitig am Königshof. Fast täglich hatte er Besprechungen beim König und trug ihm die laufenden Geschäfte vor. Als Harbona ihn zum König führte, bemerkte Haman: „Sicher wirst du dich freuen, Harbona, wenn ich dir berichte, daß mein jüngster Sohn wieder ein Kind gezeugt hat."

Harbona preßte die Lippen zusammen und forderte ihn mit einer stummen Geste auf, einzutreten. Der König sprach an diesem Morgen lange über Staatsangelegenheiten, während Haman ungeduldig wartete, sein Anliegen vorzubringen. Nach einer langen Zeit gähnte Xerxes und lehnte sich zurück. „Genug für heute. Ich bin hungrig. Ich hätte gern einen Fasan und ein kleines Lamm. Haman, du wirst heute mit mir speisen."

Dies war eine besondere Ehre und Ermutigung. Ein gutes Omen? „Da ist noch eine andere Sache, Majestät."

Xerxes gähnte nochmals. „Nichts Geschäftliches mehr!"

„Doch, etwas sehr Wichtiges, mein Herr König."

„Es hat sicher bis morgen Zeit."

„Aber es ist eine Sache von allergrößter Wichtigkeit, Majestät."

Xerxes lachte. „Wenn mein hart arbeitender Wesir sagt, es ist wichtig, dann wird es schon wichtig sein. Also heraus damit."

Haman hatte sich alles gut überlegt und brachte seine Sache absichtlich sehr zögernd vor. „Ich möchte meinen Herrn Xerxes nicht beunruhigen, da ich weiß, wieviel er zu bedenken hat..."

„Nun rede schon, Haman."

„Herr König, es gibt ein Volk in eurem Reich..."

„Es gibt eine ganze Menge davon", lachte Xerxes.

„Aber dies ist ein Volk, das verstreut ist durch euer ganzes Königreich und ihre Gesetze sind ganz anders als die aller anderen Völker."

„Du kannst sicher nicht die Karer meinen?"

„Nein, mein Herr König, dieses zerstreute Volk findet sich überall."

„Das hört sich so an, als wären es Nomaden. Weiter."

„Sie haben nicht nur ihre eigenen Sitten."

„Du weißt sicher, daß ich mich nicht in die religiösen Angelegenheiten der einzelnen Völker mische", sagte Xerxes scharf. Er wurde langsam ungeduldig, da er hungrig war.

„Sicher, Majestät. Ich kenne eure große Toleranz und euer Verständnis. Aber dieses Volk richtet sich nicht nach den Gesetzen des Königs."

„Was?"

„Es ist so, Herr", log Haman. „Nachdem ich die ganze Angelegenheit lange und sorgfältig untersucht habe, bin ich der Meinung, daß es nicht in des Königs Interesse ist, wenn es diesem Volk erlaubt wird, weiter zu existieren."

Xerxes überlegte. Das hörte sich nach einer ernsten Sache an. Aber er hatte keine Lust mehr für Staatsangelegenheiten an diesem Tag. Haman fuhr fort: „Wenn es dem König gefällt, so sollte ein Gesetz erlassen werden, daß diese Rebellen vernichtet werden müssen."

„Vernichtet?" zweifelte der König. „Ist das nicht ein wenig zu hart?"

Doch Haman drängte weiter. „Ich bin so besorgt um das Reich meines Königs und um seine Sicherheit, daß ich aus meinem eigenen Vermögen 10000 Talente Silber für all jene bezahlen will, die mit der Ausführung des königlichen Gesetzes beauftragt werden, damit des Königs Vermögen nicht darunter leidet. Ich werde die 10000 Talente in des Königs Schatzkammer bringen lassen." Er erwähnte dabei nicht, daß er die Absicht hatte, sich diese riesige Summe und noch viel mehr von den Juden wiederzuholen, die er vernichten wollte, da dieses Volk ja einen guten Teil des Reichtums des persischen Reiches besaß.

Die Bereitschaft Hamans, ein so großes Vermögen einzusetzen, erweckte des Königs Respekt. „Wenn du soviel tun willst, Haman, muß die Sache sicherlich ernst sein."

Da in diesem Augenblick auch die ersten Sklaven mit den Speisen eintraten, zog der König langsam seinen Siegelring vom Finger. Hamans Herz klopfte heftiger, als er dies sah. Hatte sein Plan Erfolg? „Behalte dein Silber, Haman", sagte der König gönnerhaft. „Wer immer sie auch sein mögen, sie sind in deiner Hand." Er übergab Haman den Ring. „Tue, was du für nötig hältst und siegle es mit meinem Ring. Und jetzt, bei Angru Manyu, soll mich niemand mehr am essen hindern."

19. Kapitel

Es war schon dunkel, bis alle Sieben in Schethars Haus versammelt waren.

,,Du hast einen ausgezeichneten Koch, Schethar, und dein Wein ist hervorragend.“

Als sie gegessen hatten, sagte Schethar zu seinen Sklaven: ,,Bringt frischen Wein und laßt uns dann allein. Laßt niemand in das Haus und schon gar nicht in die Nähe dieses Raumes.“

,,Hamans Einfluß auf den König nimmt immer mehr zu“, eröffnete Tharsis das Gespräch.

,,Leider, und dabei ist er so geschickt, daß der König glaubt, alle hamanschen Pläne seien von ihm selbst.“

,,Die Pläne Hamans sind oft recht gut“, meinte Schethar. ,,Es ist sein Ehrgeiz, der ihn gefährlich macht. Außerdem hat er einen ungewöhnlichen Haß auf die Juden. Ich weiß nicht, woher das kommen mag.“

,,Es mag daran liegen, daß die Juden überall soviel Einfluß haben und so reich sind. Haman würde ja seiner eigenen Großmutter die Haut abziehen, um noch mächtiger zu werden.“

,,Wir dürfen auch nicht vergessen, daß Haman einen großen Anhang unter dem Volk hat“, warnte Tharsis.

,,Das stimmt“, nickte Meres. ,,Aber das ist nur der Pöbel, der jedem Emporkömmling anhängt, der ihm ab und zu ein paar Münzen hinwirft.“

„Wir können froh sein, daß er wenigstens keine Macht über Leben und Tod hat."

„Nicht offiziell, aber man kann es immer einrichten, daß ein Mann ums Leben kommt, wenn man die entsprechenden Beziehungen und den nötigen Reichtum besitzt. Aber das ist natürlich ein zweischneidiges Schwert, das jeden treffen kann."

„Das sind starke und gefährliche Worte, Meres. Vergiß nicht, Haman ist gegenwärtig des Königs Favorit und Großwesir des Reiches. Xerxes hat in ihm wahrscheinlich den Mann gefunden, den er braucht. Er muß immer eine starke Persönlichkeit haben, an die er sich lehnen kann. Früher war es sein Vater Darius, dann Mardonius und später Vasti. Und nun ist es eben Haman."

„Das mag stimmen", nickte Memukan. „Aber wir kommen vom Thema ab. Wir Sieben sind durchaus in der Lage, wie früher schon, Haman zu ersetzen. Denn wir haben uns als eine gute Gruppe von Ratgebern erwiesen. Aber der König hat uns beiseite geschoben."

„Wir müssen Haman loswerden", drängte Meres. „Ich wäre nötigenfalls auch für einen Mord. Aber wer kommt an Haman heran? Wen könnten wir dafür gewinnen? Vielleicht Harbona?"

„Harbona haßt Haman so sehr, daß er ihn wohl gern eigenhändig umbringen würde", überlegte Schethar. „Aber wir können ihm nicht vertrauen. Er ist zu gefühlsmäßig veranlagt."

„Was ist mit der Königin?", fragte Karschna.

„Es ist bekannt, daß unsere charmante Königin Haman nicht mag. Aber einem Mord würde sie wohl nie zustimmen, wie ich sie einschätze", widersprach Memukan.

„Was ist mit Mordokai, dem Rechtsanwalt. Ein Freund von mir, der im »Tor des Königs« sitzt, hat mir erzählt, daß Mordokai es ablehnt, sich vor Haman zu verbeugen", sagte Meres.

„Es lebe Mordokai", rief Tharsis. „Aber ich glaube, es ist ein wenig töricht, so ein Risiko einzugehen. Ich glaube nicht, daß er der richtige Mann für uns wäre."

Sie diskutierten die ganze Nacht hindurch. Als schon fast

der Morgen dämmerte, hörten sie viele Pferde auf den Straßen dahingaloppieren. Schethars Haus lag an der Hauptstraße Susas, die zum Nordtor hin führte. „Was ist da draußen los?“

Sie drängten alle zum Fenster und wollten die dicken Gardinen beiseite schieben. „Halt“, rief Schethar, „wir wollen erst die Lichter löschen. Wir leben in einer seltsamen und gefährlichen Zeit.“

Als sie hinausschauten, sahen sie eine große Anzahl Berittener zum Nordtor reiten. Schethar ging auf die Straße, hielt einen der Reiter an und fragte: „Sage mir, was habt ihr vor?“

Der Reiter erkannte in ihm einen der sieben Fürsten. Zügelte kurz sein Pferd und sagte: „Wir müssen ein neues Gesetz des Königs in alle Satrapien des Reiches bringen, mein Herr.“

Schethar wollte erst noch etwas fragen, ließ den Mann aber dann reiten. Er ging zurück zu den anderen und berichtete: „Ein neues königliches Gesetz wird von den Kurieren in alle Provinzen des Reiches getragen.“

„Ohne daß man uns um Rat gefragt hat?“ wunderte sich Memukan.

„Du siehst es selbst, mein Freund.“

„Aber was bestimmt dieses neue Gesetz?“

„Ich wollte den Kurier erst fragen“, sagte Schethar, „habe mich dann aber geschämt zuzugeben, daß einer von den sieben Fürsten nicht weiß, was in diesem Reich vorgeht.“

„Wenn wir zum »Tor des Königs« gehen, werden wir es sicher herausfinden. Es wird dort wie immer angeschlagen sein“, schlug Meres vor.

Die Sieben machten sich auf den Weg und stiegen die lange Treppe zum „Tor des Königs“ empor. Dabei fiel ihnen die Unruhe auf, die Susa scheinbar ergriffen hatte. „Da liegt etwas Seltsames in der Luft, das mir gar nicht gefällt“, meinte Karschna.

Am „Tor des Königs“ stand eine Gruppe von Männern, die einem Herold zuhörten, der eine Proklamation verlas. „... alle Juden zu vertilgen, zu ermorden und umzubringen, vom Knaben bis zum Greise, Kinder und Weiber, an einem Tage, am

13. des zwölften Monats, das ist der Monat Adar, und um ihre Habe zu plündern."

Die Sieben schauten einander ungläubig an. Töten? Zerstören? Ihre Bankiers? Die besten Kaufleute des Reiches? Aus welchem Grund nur? Was konnten sie getan haben, daß man sie so wahnsinnig verfolgte? Schethar zog Memukan beiseite: „Ich denke, der König ist verrückt geworden", meinte er.

„Selbst der irre Kambyses hat nicht solche Torheiten begangen", sagte Memukan kopfschüttelnd. „Xerxes kann doch seinem Reich keinen so großen Schaden zufügen."

Die anderen Fünf traten zu ihnen. „Das Gesetz ist vom König unterzeichnet und mit seinem Ring gesiegelt. Die Schreiber haben gestern den ganzen Tag und auch noch heute nacht daran geschrieben."

„Aber wie kann man Frauen und Kinder... ein ganzes Volk... an einem Tag?", fragte Meres bestürzt. „Welcher Tag soll es sein?"

„Der 13. Tag des Monats Adar."

„Das wäre in elf Monaten. Welch böser Geist hat Xerxes das eingegeben?"

„Du kennst den Namen dieses bösen Geistes recht gut", erwiderte Memukan. „Ich glaube, wir sollten jetzt gemeinsam zum König gehen und mit ihm reden."

Alle nickten und gingen in den Palast. Doch dort wurde ihnen gesagt: „Der König hat bei Todesstrafe befohlen, niemand zu ihm zu lassen. Er befindet sich mit seinem Großwesir heute in einer überaus wichtigen Besprechung."

Noch nie vorher war der König für seine sieben Ratgeber unerreichbar gewesen.

Als sie den Palast wieder verließen, hörten sie lautes Klagen und Jammern. „Die Juden, es kommt aus ihrem Stadtteil", sagte Karschna, nachdem sie einen Augenblick gelauscht hatten.

„Sie haben auch allen Grund zum Klagen."

Plötzlich hörten sie einen Schrei, der ihnen kalt den Rücken hinunterlief. „Seht, es ist Mordokai", rief Schethar erregt.

Memukan lief zum Fuß der Treppe, wo der unglückliche

Jude stand. Er streute Asche auf sein Haupt. „Mein Herr Mordokai, hör mir zu", rief er.

Doch Mordokai stieß weiter diese furchtbaren Schreie aus. Er hatte einen Sack über seine zerrissene Robe gezogen. Als er jetzt die Stufen hinaufging, hielt Memukan ihn fest. „Nein, Herr Mordokai, du kannst nicht in einen Sack gehüllt in des »Königs Tor« gehen. Man wird dich töten."

„Töten?" Mordokai lachte wild, ließ sich aber von der Treppe hinwegführen. Dann ging er die Straße hinunter in Richtung seines Hauses und stieß weiter die bitteren Schreie aus.

„Mir war gar nicht bewußt, daß Mordokai ein Jude ist", meine Tharsis verwundert.

„Mir auch nicht", stimmte Karschna zu. „Aber er hat nun sehr viel zu verlieren." Wieviel, das wußte keiner von ihnen.

„Ich dich lieben? Warum sollte ich?"

„Dafür braucht es keinen Grund", antwortete David fröhlich. „Was glaubst du, warum ich dich liebe?" Ruth und David gingen zusammen im Garten spazieren.

„Oh", überlegte sie, während sie mit einem Armreifen spielte, „ich bin hübsch und klug und außerdem eine Jüdin und . . ."

„Das sind andere Mädchen auch", erwiderte David, „und trotzdem liebe ich sie nicht."

„Warum liebst du mich dann?" wollte Ruth wissen.

Er zog sie schnell an sich und küßte sie. „Ich weiß es auch nicht", meinte er, ihr tief in die Augen schauend. „Aber ich liebe dich von ganzem Herzen."

Während sie sich noch festhielten, hörten sie plötzlich Stimmen näher kommen, die sehr aufgeregt klangen. Ruths Mutter rief: „Ruth! David! Wo seid ihr?"

„Hier, Mutter", antwortete Ruth. „Was gibt es?"

Die Mutter erschien. Sie war sehr aufgeregt. „Ruth, du mußt sofort ins Haus. Und David, geh nach Hause so schnell du kannst."

„Warum, Tante Rachel?" wollte David wissen.

„Geh nur, geh. Dein Großvater wird dich brauchen."

„Aber Tante Rachel, willst du mir nicht sagen, was geschehen ist? Gibt es irgendwelche Gefahr für uns? Wenn es so ist, werde ich Ruth nicht verlassen."

Ruths Mutter erzählte, was sie wußte. David stand einige Augenblicke wie erstarrt, dann sagte er: „Geht beide sofort ins Haus und bleibt dort. Schließt die Vorhänge. Geht unter keinen Umständen nach draußen oder ans Fenster. Wenn ans Tor geklopft wird, verhaltet euch still. Wo ist Onkel Rabos?"

„Natürlich zur Arbeit um diese Zeit."

„Ich werde ihn finden und komme zurück, so schnell ich kann."

„Was willst du tun?"

„Ich weiß es auch noch nicht genau", antwortete David zögernd. „Doch wir Juden haben uns immer gegenseitig geholfen. Ich werde schon eine Möglichkeit finden."

Die beiden Frauen blickten David nach. Rachel sagte: „Ich hoffe, er hat recht. Barmherziger Jahwe, ich flehe zu Dir, hilf ihm."

David rannte nach Hause und fand dort Verwirrung vor. Die Frauen hörte man weinen. Alle männlichen Verwandten standen beieinander und diskutierten heftig. Als ältester sprach Bilsan zuerst: „Wir wollen beten und auf Jahwe warten. Er wird uns erretten."

„Großvater", Davids Stimme war erregt, „wir können doch nicht einfach nichts tun und sterben wie Ratten im Käfig."

„Es sind noch elf Monate Zeit, mein Sohn. Jahwe ist der Allmächtige. Wir wollen Ihm vertrauen und fasten und beten."

„Aber Jahwe erwartet auch, daß wir den Verstand gebrauchen, den Er uns gegeben hat."

Wieder begann die Diskussion und wurde noch hitziger als vorher. Doch Bilsan blieb unerschütterlich. „Jahwe wird uns bewahren. Auf Ihn können wir uns verlassen."

Unbemerkt verließ David wieder das Haus und lief zu Ruths Vater Rabos. Mit ihm zusammen ging er zurück zu Ruths Haus. Dort fanden sie die gesamte Familie beim Einpacken.

„Was bedeutet das?" fragte Rabos.

„Wir machen uns fertig, um zu gehen", antwortete Jakob.

„Wohin können wir gehen? Das Gesetz gilt für das ganze Reich."

„Wir haben elf Monate Zeit, um einen sicheren Platz zu finden", gab Rachel zu bedenken. „Wir haben ziemlich viel Geld gespart, damit können wir vielleicht manche Menschen bestechen. Für Geld tun Menschen immer noch, was sie nicht aus Anstand oder Mitleid tun würden."

David ging zu Ruth, die in einem anderen Raum einige Dinge zusammenpackte. „Ich werde mit euch gehen", sagte er.

„Und was wird mit deinem Großvater?" fragte Ruth.

„Er hat einflußreiche Freunde und eine große Familie. Sie werden sich zu helfen wissen. Ich gehe mit euch. Wann brecht ihr auf?"

Jakob, der die letzten Worte mitgehört hatte, rief freudig: „Du bist uns sehr willkommen, David. Wir werden uns um Mitternacht auf den Weg machen."

„Wie wollt ihr an den Wachen vorbeikommen?"

„Wir haben da einen Plan..." flüsterte Jakob ihm ins Ohr.

In der isolierten Welt des Palastes lobte der König seinen Großwesir, der ihm gerade berichtete, wie er mit dem angeblichen Aufruhr fertig werden würde. „Sehr gut, Haman", rief Xerxes, „du zögerst nicht, beim Ausführen meiner Aufträge. Nachdem alles so gut geordnet ist, wollen wir trinken." Der König und sein Günstling gaben sich ihren Vergnügungen hin.

Doch ganz Susa wunderte sich. Die großen jüdischen Bankhäuser schlossen, ebenso viele Geschäfte. Überall hörte man Weinen und Klagen. Viele nichtjüdische Bewohner der Hauptstadt, die Freunde unter den Juden hatten, kamen zusammen und diskutierten über das Gesetz. Doch alle waren sehr vorsichtig. Niemand hatte den Mut, seine Meinung laut zu äußern, wenn sie gegen das neue Gesetz war. Es war, als sei die sonst so lebendige Stadt gelähmt.

Einige Minuten nach Mitternacht richteten sich die Wachen am Osttor auf und lauschten aufmerksam. „Hallo!“ rief einer, „welcher Karren kommt denn um diese Zeit angerollt?“ Und als er näher kam, fügte er hinzu: „Das stinkt ja abscheulich.“

„Halt!“ rief der Soldat. „Wohin willst du?“

Ein schon gebeugt gehender alter Mann mit einem abgetragenen Schal um den Kopf antwortete lächelnd. „Mein Herr meinte, ich könne mit dieser Fuhre nicht während des Tages durch die Stadt fahren, weil es die anderen Leute belästigen würde.“

„Belästigen ist überhaupt kein Ausdruck“, meinte der Soldat naserümpfend. Er wagte sich kaum an den stinkenden Karren heran und hob nur sehr vorsichtig das äußere Ende einer verrotteten Kuhhaut an. „Was hast du mit diesem Zeug vor?“

„Ich will die verdorbenen Häute draußen in der Ebene vergraben, weil sie zu nichts mehr zu gebrauchen sind.“

„Hm... das ist aber sehr ungewöhnlich“, bemerkte der Soldat und drehte dabei wie zufällig seine geöffnete Hand um, die er nun dem Alten entgegenhielt.

Der alte Mann nickte, suchte kurz in seinen ebenfalls übel riechenden Kleidern und brachte zwei Silberstücke zum Vorschein, die er dem Soldaten in die Hand legte. „Hast du vielleicht Verwendung dafür?“ fragte er.

Schnell steckte der Soldat die Münzen ein und öffnete das Tor. Der Karren mit seiner stinkenden Ladung rumpelte hindurch und verschwand in der Nacht. In sicherer Entfernung vom Stadttor hielt David, denn er war der angebliche alte Mann, den Karren an und räumte die verdorbenen Häute herunter. „Ich glaube, ihr könnt jetzt herauskommen“, rief er.

Schnaufend und nach Luft schnappend kamen fünf Menschen aus dem Karren: Rabos, Rachel, Jakob, Ruth und ein anderes hübsches Mädchen. „Hallo?“ rief David erstaunt, „wer bist du denn?“

Sie blickte schüchtern auf Jakob, der den Arm um sie legte. „Das ist Judith“, sagte er, „ich werde sie heiraten. In letzter Minute habe ich sie noch in den Karren geschmuggelt.“

David lächelte. Er verstand seinen Freund sehr gut. Doch ihr Risiko würde dadurch noch größer werden. Irgendwie war ihm die Führung dieser Flucht zugefallen. Ruths Vater Rabos war durch die Ereignisse zu sehr mitgenommen und konnte keinen klaren Gedanken fassen. Er seufzte nur. Seine beruflichen Fähigkeiten halfen in diesem Falle gar nichts. „Wir werden alle sterben", sagte er immer wieder. „Daß ich so etwas erleben muß."

„Wir werden nicht sterben", sagte Jakob entschlossen, „sondern werden, wie besprochen, versuchen zu deinem guten Freund in der Provinz Südarabien zu kommen."

„Aber dort gilt das Gesetz auch noch, denn die Provinz gehört zum persischen Reich", wandte Ruth ein.

„Sicher wird Vaters Freund uns gegen gute Bezahlung helfen über die Grenze zu kommen, so daß wir dann in dem Teil Arabiens sind, der nicht mehr zu Persien gehört."

„In so einer Wüste sollen wir leben?" fragte Ruth entsetzt.

„Besser in einer Wüste als überhaupt nicht mehr", meinte Rachel. Sie packten ihre Sachen zusammen und setzten entschlossen ihren Weg fort.

Als Haman spät in der Nacht vom Königspalast heimwärts fuhr, mußte er sich sehr zusammennehmen, um nicht vor Befriedigung laut zu schreien. „Alle Juden müssen sterben", dachte er. „Ich halte ihr Leben in meiner Hand. Jetzt ist der Tag der Rache für das, was sie unseren Vorvätern angetan haben, gekommen. Und Mordokai wird als letzter sterben, nachdem er den Untergang seines elenden Volkes hat ansehen müssen", schwor sich Haman. „Und wie schrecklich er würde sterben müssen!"

Teil V

DER SCHWERE WEG

20. Kapitel

Am Tage, als das Gesetz erlassen wurde, erwachte Esther ziemlich niedergeschlagen. Sie benahm sich Hatak gegenüber recht kurz und übersah ihre Mädchen. Nachdenklich saß sie am Fenster und schaute hinaus. Von der Stadt her waren leise viele verschiedene Geräusche zu hören. Plötzlich schreckte sie durch einen unheimlich langen Schrei auf. War es ein Mensch oder ein Tier gewesen? Welches Lebewesen schrie auf diese Weise? „Lura!" rief sie, „lauf und finde heraus, was diese Schreie bedeuten."

Als Lura zurückkehrte, wurde sie von anderen Mädchen und drei Eunuchen begleitet. Sie wußten nichts Näheres. Sie hatten nur gehört, daß Mordokai, der jeden Tag am Eingang zum Palast der Königin hin und her ging, an diesem Tag nicht erschienen war, sondern durch die Straßen lief, diese Schreie ausstieß, Asche auf sein Haupt gestreut hatte und in einem Sack einherging.

„Vater?!", dachte Esther, „was ist mit ihm geschehen?" War vielleicht ein jüdischer Feiertag? Sie versuchte sich zu erinnern; doch das konnte nicht der Fall sein. „Bringt ihm frische Kleider und nehmt ihm diesen Sack ab, er könnte sonst mit den Leuten des Königs Schwierigkeiten bekommen", befahl sie.

Die Diener kehrten bald zurück und brachten die Kleidung wieder. „Majestät, der Herr Mordokai weigert sich die Kleidung anzuziehen."

„Habt ihr ihm gesagt, daß ich sie sende?"

„Ja, das taten wir. Aber er hat kaum lange genug aufgehört zu schreien, um uns richtig zuzuhören.“

„Ruft sofort Hatak herbei.“ Der oberste Kämmerer erschien eilig und mit besorgtem Gesichtsausdruck. „Hatak“, forderte Esther, „geh zu Herrn Mordokai. Ich muß wissen, was geschehen ist.“

„Er ist krank, Majestät.“

„Nein ... ja ... vielleicht. Ich meine, ich weiß auch nicht, was nicht in Ordnung ist.“ Sie erzählte ihm, was die Sklaven ihr berichtet hatten. „Geh nun, Hatak, beeile dich.“

Mordokai war erschüttert. Das Gesetz hatte ihn überraschend und unvorbereitet getroffen. Obwohl es in des Königs Namen und mit seinem Siegel erlassen worden war, hatte er keinen Zweifel, wer es eigentlich veranlaßt hatte. Er fühlte sich schuldig und fragte sich, ob dies auch geschehen wäre, wenn er sich nicht geweigert hätte, sich vor Haman zu verneigen. Wurde wegen ihm nun Jahwes Volk ausgerottet? War das, was er Treue zu Jahwe genannt hatte, nur sein eigener Stolz gewesen?

Ein Wagen hielt neben ihm. „Herr Mordokai, ich bringe eine Botschaft von der Königin!“

„Ist sie in Sicherheit, Hatak?“

„In Sicherheit? Natürlich.“ Hatak wunderte sich über eine solche Frage. Was hatte wohl Mordokai damit zu tun? „Meine Königin macht sich Sorgen um dich“, fuhr er fort. „Sie sandte dir Kleidung, aber du hast dich geweigert, sie anzunehmen. Das ist nicht sehr höflich der Königin gegenüber, Herr Mordokai“, tadelte Hatak. „Sie hat mich jetzt gesandt, um zu erfahren, was nicht in Ordnung ist.“ Man merkte Hatak an, daß er empört war über Mordokais Benehmen zur Königin.

„Du hast von dem Gesetz gehört, Hatak?“

„Sicher, alle haben. Macht dir das Kummer?“

„Ich muß mit dir allein sprechen“, sagte Mordokai.

Mit einer Handbewegung sandte Hatak den Fahrer und den Diener davon. Mordokai setzte sich neben ihn in den Wagen und erzählte ihm von seiner Auseinandersetzung mit Haman und seiner Weigerung, sich vor ihm zu beugen, weil er ein Jude war.

„Aber es ist des Königs Gesetz, Herr Mordokai..."

„Es ist nicht des Königs Gesetz, sondern das Hamans."

„Wie kannst du das so sicher behaupten?"

„Haman hat dem König versprochen, 10000 Talente Silber in seine Schatzkammer zu zahlen, wenn das Gesetz erlassen wird. Ich weiß das aus sicherer Quelle", erklärte Mordokai.

„Aber das ist ja entsetzlich. Warum nur?"

„Weil ich ihn beleidigt habe, Hatak. Siehst du das nicht. Er will sich damit an mir rächen."

„Aber du hast doch nur getan, was du als richtig empfandest."

„Ob ich nun richtig oder falsch gehandelt habe, spielt jetzt keine Rolle mehr. Aber mein Volk ist nun verurteilt, dieserhalb zu leiden und vielleicht gar zugrunde zu gehen", antwortete Mordokai trübsinnig.

Hatak antwortete nicht. Eine ganze Weile saßen die beiden Männer schweigend nebeneinander. Plötzlich richtete Mordokai sich auf, sein Gesichtsausdruck veränderte sich. „Laß doch bitte eine Kopie des Gesetzes holen, Hatak", bat er. Als er es in der Hand hielt, sagte er: „Bring dies zur Königin, Hatak. Lies es ihr vor und sage ihr von mir, sie muß zum König gehen und muß ihn bitten..."

Hatak sprang vor Überraschung förmlich von seinem Sitz hoch, so daß die Kutsche zu schwanken begann. „,... sie muß zum König gehen und für ihr Volk bitten", fuhr Mordokai fort.

„Für ihr Volk?" Hatak fühlte, wie es ihm kalt den Rükken hinunterlief. „Ja, für ihr Volk", wiederholte Mordokai. „Schwör mir bei deinem Leben", daß du dieses Geheimnis für dich behalten wirst."

„Das schwöre ich, mein Herr."

„Sie ist meine Pflegetochter und eine Jüdin. Ich habe sie aufgezogen. Siehst du nun, wie weit die Sache mit dem Gesetz noch gehen kann?"

Hatak begriff viel mehr, als ihm lieb war. Die schöne Esther, die er so sehr verehrte, war in Gefahr. Was würde Xerxes tun? „Weiß der König über die Herkunft der Königin, Herr Mordokai?“, fragte er beunruhigt.

„Nein.“ Mordokai stieg aus dem Wagen. „Bring das Gesetz zur Königin und sage ihr von mir, sie muß zum König gehen.“

Ganz benommen kehrte Hatak zu Esther zurück und berichtete ihr, was Mordokai ihr gesagt hatte.

„Nein, Hatak, mein Vater fordert Unmögliches.“ Esther saß mit Hatak allein in einem mit dicken Vorhängen abgeschlossenen Raum und hatte aufmerksam zugehört. Daß Mordokai ihr Geheimnis verraten hatte, war allein schon nahezu unglaublich. Doch sie konnte unmöglich ungerufen vor dem König erscheinen. „Mein Vater versteht das nicht. Hatak, du weißt noch besser als ich, wie unmöglich das ist.“

„Ich weiß es, Majestät.“

Esther strich sich nachdenklich über das Haar. Dann wandte sie sich entschlossen zu ihrem Oberkämmerer. „Bringe Mordokai folgende Botschaft: Alle Diener des Königs und alle Bewohner des gesamten Königreichs wissen, daß niemand, kein Mann und keine Frau, zum König gehen kann, wenn der König nicht nach ihnen gerufen hat. Das Gesetz sagt, jeder, der ungerufen zum König kommt, wird sofort getötet, es sei denn, der König streckt sein goldenes Zepter nach ihm aus. Außerdem...“, Hatak, der eifrig die Botschaft der Königin auf eine Tontafel schrieb, hörte Esther leise seufzen. „... außerdem hat mich der König schon 30 Tage lang nicht mehr rufen lassen.“ Das Eingeständnis, das in diesem letzten Satz lag, war ein schwerer Schlag für ihren Stolz.

Am vereinbarten Treffpunkt übergab Hatak die Botschaft der Königin an Mordokai. Dieser las, ballte die Fäuste und sagte: „Sie hat alles nicht begriffen.“

Empört antwortete Hatak: „Ich glaube, Herr Mordokai, du bist es, der die Sache nicht begreift.“

„Hast du Schreibzeug dabei?“ fragte Mordokai. Hatak griff zu einer Tontafel und dem Stift. Er fühlte sich ein wenig in seiner Würde verletzt. Nur der Königin wegen würde er jetzt die Arbeit eines Schreibers tun.

Mordokai begann: „Denk nur nicht, daß du im Königspalast dein Leben retten kannst, wenn alle anderen Juden umgebracht werden. Wenn du in dieser Stunde schweigst, wird den Juden von anderswoher Hilfe und Rettung kommen. Aber du und deine Familie, ihr habt dann euer Leben verwirkt und werdet zugrunde gehen." Mordokai dachte daran, auf welch seltsame Weise Esther Königin geworden war. Seine Stimme klang noch fester, als er jetzt fortfuhr: „Wer weiß, ob du nicht genau um dieser Gelegenheit willen zur Königin erhoben worden bist?"

Hatak hatte nicht alles verstanden, aber getreulich aufgeschrieben, was Mordokai diktierte. Als er jetzt zurückfahren wollte, fügte Mordokai hinzu: „Bring mir die Antwort der Königin. Ich warte hier."

Haman hatte seine einflußreichsten Anhänger und eine Reihe Männer, die ihm Dank schuldig waren, zu sich gerufen. „Die Götter haben bestimmt, daß noch elf Monate vergehen müssen, ehe das Gesetz gegen die Juden angewendet werden darf. Doch in der Zwischenzeit wollen wir ihnen das Leben schwer machen. Sie sollen bluten, leiden und stöhnen. Wir werden sie lächerlich machen weil sie ihrem Gott vertrauen. Wir reden allen anderen Leuten ein, daß ihr Unglück nur daher kommt, weil die Juden sich weigern, Ahura Mazda anzubeten."

„Das wird aber nicht leicht sein", bemerkte ein kluger Kaufmann. „Die Perser sind sehr tolerant. Das haben die Achämenieden ihnen gut beigebracht."

„Es wird einfacher sein, als du denkst", antwortete Haman. „Wir werden geheime Dokumente an alle Satrapen senden, in denen wir berichten, daß die Juden die Frauen verführen, daß die Juden mit Krankheiten verseucht sind und daß sie planen, den König zu töten und das Reich an sich zu reißen." In Hamans Gedanken hatten sich Wahrheit und Lüge schon so sehr vermischt, daß er selbst fast von diesen Dingen überzeugt war.

„Natürlich werden wir nicht so plump sein und all diese Beschuldigungen auf einmal vorbringen. Wir werden nach und nach die Leute bewegen, uns zu glauben."

„Aber für solche Anschuldigungen braucht es Zeugen, Herr Haman", wandte ein anderer ein.

„Du solltest wissen, daß man hier in Susa für alles Zeugen kaufen kann, wenn man nur genug bezahlt", lachte Haman. „Doch jetzt hört genau zu. Wir müssen sicher sein, daß kein Jude entkommen kann."

„Wohin sollten sie denn gehen?"

„Es gibt sicher nicht viele Möglichkeiten, und bald wird es gar keine mehr geben. Aber ich möchte, daß jedes Schlupfloch verstopft wird."

„Aber wie willst du sie alle entdecken? Es gibt sicher eine ganze Anzahl Juden, von denen wir gar nicht wissen, daß sie welche sind."

„Auch darüber habe ich nachgedacht", nickte Haman. Man sah ihm an, wie stolz er auf seine Ideen war. „Wir werden eine Verordnung herausgeben, daß alle Juden sich registrieren lassen müssen. Schon wenn ein Mensch nur zum Teil jüdisches Blut in sich hat, soll er mit unter das Gesetz fallen. Wir werden eine Belohnung für alle aussetzen, die Juden anzeigen, welche sich nicht registrieren lassen."

„Was soll mit ihren Frauen geschehen?", fragte ein reicher Rechtsanwalt.

„Ich glaube, dazu braucht es keine besonderen Anweisungen", fuhr Haman fort. „Die Juden sind eine Gefahr. Sie sind eine geheime Gesellschaft, deren Netz über das ganze Reich ausgespannt ist."

„Ich hatte bis heute davon keine Ahnung", murmelte ein anderer. „Dabei haben wir all die Jahre mit solchen gefährlichen Menschen zusammengelebt. Mein Nachbar schien ein so feiner Mann zu sein."

„Von jetzt an", sagte der Großwesir zu ihm, „möchte ich laufend genauen Bericht darüber, was dein jüdischer Nachbar tut."

„Das soll geschehen, mein Herr", beeilte sich der andere zu versichern. „Ich bin ziemlich blind gewesen, doch ich werde meine Treue zu dir und zum König beweisen."

Ein anderer bemerkte: „Die Juden haben große Bibliotheken, mein Herr. Sie sind sehr gelehrte Menschen. Was soll mit den Büchern geschehen?"

„Ihre Gelehrsamkeit sei verflucht", schimpfte Haman. „Ihre Ideen müssen ausgelöscht werden. Alle Dokumente, die sie besitzen, müssen wir zerstören, verbrennen und zerbrechen. Brecht jetzt wieder auf, wir haben alle genug zu tun, um unsere Pläne auszuführen." Als er wieder allein war, dachte er besorgt nach. Es gab viele einflußreiche und mächtige Juden in Susa. Er mußte möglichst auf all ihre Schachzüge gefaßt sein.

Nachdem Hatak ihr Mordokais Botschaft vorgelesen hatte, blieb Esther lange bewegungslos sitzen. Endlich sagte sie: „Laß mich jetzt allein, Hatak."

Gehorsam erhob er sich, bemerkte aber noch: „Der Herr Mordokai wartet auf die Antwort, meine Königin."

Esther lächelte traurig. „Er liebt mich, Hatak, deshalb wird er mir Zeit lassen darüber nachzudenken, ob ich den Mut habe zu sterben."

Ihr war, als säße sie in der Finsternis. Es war eine tiefe innere Dunkelheit des Geistes. Sie dachte an Xerxes — an sein Lächeln, sein Lob, wie er mit ihr seine Gedanken, Sorgen und Ängste teilte. So war es gewesen — bis vor einem Monat. Sie sollte alle Gesetze brechen und seinen Zorn herausfordern? O ja, sie wußte mittlerweile auch, wie zornig und gewalttätig er werden konnte.

„Ich kann nicht", seufzte sie. „Es ist Wahnsinn, auch nur daran zu denken. Vater kann das nicht verlangen." Was hatte Mordokai gesagt: „,... aber du und deine Familie ... ihr werdet zugrunde gehen." Was würde geschehen, wenn der Großwesir erfuhr, daß sie eine Jüdin war? Der König hatte das Gesetz mit seinem Siegelring bestätigt, also konnte Haman auch sie fordern, um sie zu töten, weil sie Jüdin war.

Wild blickte sie um sich. Wo ist Jahwe? Lange hatte sie nicht mehr an Ihn gedacht und zu Ihm gebetet. Doch dieser Schock durchdrang alles, was sie in den vergangenen Jahren am persischen Hof geworden war. Sie fühlte, daß sie wieder vor Jahwe, dem Gott ihrer Väter, stand und rief: „Ich kann nicht! Nein, ich kann nicht! Vater ist im Irrtum. Es muß doch einen anderen Weg geben, mein Gott. Auch der König kann sein Gesetz nicht mehr ändern. Warum sollte ich dafür mein Leben riskieren?" Doch ihres Vaters Stimme schien zu antworten: „Bei Jahwe sind alle Dinge möglich."

„Dann soll er einen anderen Boten finden", antwortete sie sich selbst. Doch wieder hörte sie Mordokais Stimme: „Wer weiß, ob du nicht genau um dieser Gelegenheit willen zur Königin erhoben worden bist."

Sie würde wahrscheinlich sterben müssen, aber konnte sie dadurch wenigstens ihr Volk retten? Und wenn der König doch sein Zepter nach mir ausstrecken sollte, so bin ich trotzdem eine Jüdin. Aber ich bin doch auch ihre Königin! Vielleicht hatte Mordokai recht, und ich bin von Gott zu einem ganz bestimmten Zweck in diese Stellung gebracht worden? Vielleicht zu diesem Zweck? „O Jahwe", flehte sie, „hilf mir!"

Langsam wich die Dunkelheit aus ihrer Seele und ein Plan begann sich abzuzeichnen. Sie ging hinaus in ihren Empfangsraum und rief nach Hatak. „Bitte, bring folgende Botschaft an den Herrn Mordokai: »Geh und rufe alle Juden in Susa zusammen. Haltet ein Fasten für mich. Drei Tage lang sollt ihr nichts essen und nichts trinken, auch nicht bei Nacht; und ich werde zusammen mit meinen Dienerinnen dasselbe tun.«" Sie zögerte ein wenig, ehe sie weitersprach. Doch dann fuhr sie entschlossen fort: „Dann gehe ich zum König, auch wenn es gegen das Gesetz ist. Komme ich um, so komme ich um!"

Mordokai saß wie ein Häufchen Unglück Bilsan gegenüber. „Sag mir ehrlich, habe ich richtig gehandelt?" fragte er seinen alten Freund.

„Du hast getan, wie die fühltest, daß du tun mußtest, Mordokai."

„Aber wenn ich mich vor Haman verbeugt hätte..."

„Mordokai, es ist jetzt zu spät, rückwärts zu schauen. Vielleicht hätten andere Juden sich verbeugt, aber das wäre dann vielleicht aus Feigheit geschehen. Du hast wenigstens Mut und Festigkeit bewiesen."

„Wenn man selbst zahlen muß für seine Überzeugung, ist das richtig, aber wenn andere dadurch mit hineingezogen werden, ist es etwas ganz anderes", erwiderte Mordokai bitter.

„Ich glaube, du solltest alles nun Jahwe überlassen. Er weiß, weshalb du es getan hast und hat auch zugelassen, daß Haman den König zu diesem Gesetz überreden konnte", sagte Bilsan und fuhr dann fort: „Du sagst, die Königin hat unsere jüdische Gemeinschaft hier in Susa gebeten, zu fasten?"

„Sie bittet darum, daß wir drei Tage und Nächte nichts essen und trinken, und will dies mir ihren Dienerinnen ebenso tun."

„Ihre Dienerinnen auch? Ich frage mich, was die persischen Mädchen dazu sagen werden?"

„Ich weiß nur, daß sie alle der Königin sehr ergeben sind", meinte Mordokai achselzuckend.

„Gut", nickte Bilsan, „dann wollen wir mit Fasten und Gebet die Königin unterstützen. Wir dürfen sie nicht enttäuschen. Vielleicht wird Jahwe uns erhören und das Herz des Königs verändern. Er vermag große Dinge zu tun, und niemand kann Ihm widerstehen. Denk an Ägypten. Dieses Reich war damals genauso mächtig wie heute das persische, und doch hat Jahwe Sein Versprechen wahr gemacht, das Er 400 Jahre vorher Abraham gab, und hat Sein Volk aus Ägypten geführt, obwohl der Pharao es nicht wollte. Und Jahwe hat sich nicht verändert, Er ist heute noch derselbe wie damals."

Doch Mordokai konnte sich immer noch nicht beruhigen. „Warum habe ich Hadassa gedrängt zum König zu gehen", rief er, „welch schrecklichen Tod wird sie nun vielleicht erleiden müssen?"

„Keinen schlimmeren, als hätte sie nichts getan. Denn sie ist eine Jüdin und würde auch unter das Gesetz fallen", versuchte Bilsan ihn zu beruhigen.

„Das weiß man noch nicht", Mordokai schüttelte den Kopf. „Eine Frau gegen die ganze Macht Persiens! O, was habe ich getan?"

„Jahwe hat schon oft durch schwache Menschen Großes tun können", tröstete Bilsan. „Komm, wir wollen unsere Brüder benachrichtigen, damit sie alle mit uns fasten und beten."

Im Palast der Königin war es ungewöhnlich still. Wie in einem Haus des Todes. Esther hatte die Annahme aller Speisen und Getränke verweigert. „Was tut die Königin denn?" schrie Hatak die Sklaven an, als er sah, daß diese alles unangetastet zurückbrachten. „Ißt sie denn überhaupt nichts? Können ihre Dienerinnen sie nicht zum Essen bewegen? Lura, was ist?"

„Wir essen alle nichts, sondern fasten mit der Königin."

„Fasten, fasten, was soll das heißen? Wenn der König jetzt nach ihr sendet, dann mag Mithra uns alle beschützen."

Aus Esthers Schlafgemach hörte man jetzt ihr lautes Beten. Offen flehte sie zu dem Gott Israels. Ihre Dienerinnen schauten sich bestürzt an. „Unsere Herrin ist eine Jüdin?"

„Aber das Gesetz? Sie wird sterben müssen..." sagte eine andere.

„Sag das nicht. Der König wird es nie zulassen."

„Aber es ist sein eigenes Gesetz. Er kann nicht anders."

Esther selbst flehte inbrünstig zu Gott und bat um Hilfe, wenn sie zum König gehen würde. Würde sie die Kraft haben, vor dem ganzen Hof um Gnade für ihr verachtetes Volk zu bitten? Würde sie die Strafe ertragen können? Vielleicht sogar Folter? Wie konnte jemand die persischen Foltern und Strafen aushalten? Dann war es schon besser, sie mußte schnell sterben. Ihre Entscheidung war gefallen, sie wollte zum König gehen. Aber die Versuchung war groß, ihren Entschluß noch zu ändern.

Nach und nach dachte sie aber nicht mehr so sehr an das,

was ihr persönlich widerfahren könnte, sondern an die Not aller Juden. Was würde ihrem Volk geschehen? „Jahwe", flehte sie, „Du hast schon oft Großes für Dein Volk getan, bitte, verlaß uns jetzt nicht."

Am dritten Morgen erhob sich Esther steif. Sie hatte Kopfschmerzen und fühlte sich sehr schwach. Ihr Hals war ganz trocken. „Lura!" rief sie. Als diese kam, sagte Esther: „Lura, dies mag mein letzter Tag auf Erden sein. Ich werde heute zum König gehen. Rufe Arunah herbei, und dann helft mir, mich fertig zu machen."

Mehrere Stunden beschäftigten sich die beiden Mädchen mit ihrer Herrin, als würde diese für ein großes Fest vorbereitet. Es wurde gebadet, und sie verwendeten die feinsten Öle und Parfüms, genau wie in der Nacht, als Esther das erste Mal zum König gegangen war. Endlich sagte sie: „Lura, nun bring mein Krönungskleid und die Krone, und dann laß Hatak rufen." Erstaunt blickten die Mädchen sie an.

Als der Oberkämmerer eintrat, konnte er nicht glauben, was er sah. Drei Tage hatte die Königin geweint und gefastet und nur Trauerkleidung getragen, und nun stand sie hier in strahlender Majestät. Warum? War eine Botschaft von Xerxes gekommen? Aber das konnte nicht sein, denn die hätte ja durch ihn kommen müssen. Außerdem war der König heute in der großen Empfangshalle in der Apadana, der Burg, und hielt Hof.

„Ich gehe zum König, Hatak." Sie übersah seinen ungläubigen Blick und die abwehrende Geste und fuhr fort: „Und du wirst alles vorbereiten für ein Festmahl für den König, für den Großwesir Haman und für mich selbst. Für niemand anders sonst."

Sie wollte den König in ihren Palast einladen? Davor mußte er sie warnen. Doch Esthers Haltung war so königlich, daß Hatak es nicht wagte.

Der König hatte einen schlechten Tag. Er schrie und fluchte und warf Gegenstände nach seinen Dienern. Aus einem nichtigen Anlaß hatte er sogar einen seiner Lieblingssklaven hinrichten lassen. Die sieben Fürsten konnten ihn nicht zufriedenstellen, Harbona war schon ganz geknickt, und sogar Haman benahm sich sehr zurückhaltend und vorsichtig.

Und tatsächlich war der König mit Haman nicht recht zufrieden. Er verlangte im Herzen nach seiner Königin, doch Hamans Einflüsterungen hatten ihn immer wieder zurückgehalten, sie rufen zu lassen. Haman wartete draußen in der Vorhalle und hörte ab und zu, wie Xerxes vor Zorn laut schrie. Der Großwesir war verärgert, weil Memukan vor ihm zum König gerufen worden war.

Im Empfangsraum stand Memukan und wartete darauf, daß der König ihn ansprach.

„Ich habe dich rufen lassen, Memukan, weil du ein weiser Mann bist", sagte der König.

„Es ist lange her, daß er so etwas zu mir gesagt hat", dachte Memukan. „Was mag er wollen?"

„Du sollst die Vorbereitungen für den heutigen Empfang treffen", fuhr der König fort. Da dies seit langem schon das ausschließliche Vorrecht des Großwesirs gewesen war, wurde Memukan von diesem Auftrag überrascht und wunderte sich. „Und halte alle Narren von mir fern, Memukan", befahl Xerxes. In seinen Augen waren gelbe Lichter, die nichts Gutes verhießen. Doch er entließ Memukan nicht, obwohl er ihm einen Auftrag erteilt hatte.

„Salamis", murmelte der König plötzlich. „Ich werde damit nicht fertig, Memukan. Es ist ein Schandfleck auf meinem Schild. Was nützt mir die ganze Herrlichkeit des persischen Reiches, wenn ich mich doch dieser Niederlage schämen muß. Es war Mardonius Schuld, er hat mich falsch beraten. Hätte ich ihn hier, ich würde ihn langsam zu Tode foltern lassen und voller Genugtuung zusehen", rief er zornig. Nachdem er einige Augenblicke geschwiegen hatte, seufzte er und fuhr mit veränderter Stimme fort: „Geh und bereite in der großen Halle der

Apadana alles vor, ich werde nach zwei Durchgängen der Wasseruhr dort sein.“

Zwei Durchgänge? Da war die Zeit nur knapp, die Berater, Rechtsanwälte und andere Hofbeamte herbeizurufen und alle, die empfangen werden sollten, in der Reihenfolge des Protokolls zu ordnen. Außerdem waren noch viele andere Dinge dazu nötig. Xerxes beobachtete ihn ein wenig spöttisch. Er wußte genau, daß er Memukan mit dieser kurzen Zeit unter Druck setzte. Mit einer tiefen Verbeugung verließ Memukan den Raum.

Genau, als die Wasseruhr zum zweiten Mal abgelaufen war, begann die Aufregung und hörte man die Rufe der Wachen, die das Kommen des Königs ankündigten. Viele Fackeln und Lampen brannten in der riesigen Halle, und die gewaltigen Säulen warfen nach allen Seiten ihre Schatten. Memukan blickte dem König ins Gesicht, nachdem er sich wieder erhoben hatte. Mithra mochte alle armen Bittsteller, die heute kamen, vor dem Zorn des Königs bewahren. Auf ein Zeichen von Xerxes ließ Memukan den ersten hereinrufen, der heute zur Audienz zugelassen war, es handelte sich um einen Mann aus Lydien.

„Aber Majestät, ihr könnt nicht ohne Begleitung gehen“, flehte Hatak.

„Ich bin bereit, mein eigenes Leben zu riskieren, Hatak“, antwortete sie, „aber nicht auch noch das deine.“ Es war fast etwas Überirdisches, das die Königin umgab, niemand wagte mehr, ihr zu widersprechen.

Die Gardesoldaten trauten ihren Augen nicht. Die Königin? Und allein? Alle, die schon zur Zeit der Königinmutter Atossa und der Königin Vasti gedient hatten, wunderten sich noch mehr. So etwas hatte es noch nie gegeben. Esther ging durch den langen Gang zum Eingang der Königsburg, der Apadana. Vor dem riesigen Tor begann sie zu zittern. Es waren die gewaltigen Ausmaße des Gebäudes, die sie fast erdrückten. Noch nie in ihrem Leben hatte sie sich so einsam gefühlt. Sie blickte hinauf zu den Doppeltürmen und den mächtigen Zinnen. Wahrlich, die Perser verstanden es schon durch das, was sie bauten, jedem sich nähernden Besucher Ehrfurcht und sogar Schrecken einzujagen.

In langen Reihen standen die Unsterblichen, die Gardesoldaten des Königs. Im großen Hof vor dem Empfangssaal herrschte rege Geschäftigkeit. Hofbeamte liefen eilig hin und her. Männer warteten, um vom König gehört zu werden. Mit gebieterischer Geste forderte sie die Gardesoldaten am großen Tor auf, dieses zu öffnen. Sie gehorchten. Esther blickte in den riesigen Saal mit seinen gewaltigen, scheinbar unendlichen Säulenreihen. Ganz am Ende saß der König auf seinem Thron.

Esther war, als würde sich eine riesige Last auf ihre Schultern legen. Langsam begann sie ihren Weg durch die enormen Säulenreihen. Mit jedem Schritt schien die Last schwerer zu werden. Die Unsterblichen, die rechts und links an diesem langen Säulenweg standen, erstarrten noch mehr. Sie packten ihre langen Speere fester, so daß bei vielen die Knöchel weiß wurden. Wußte die Königin, in welche Gefahr sie sich begab? Sie mußte es wissen! Ihrer Königin drohte der Tod, und sie konnten nichts tun. Vielleicht mußte der eine oder andere von ihnen sogar den Befehl, sie zu töten, ausführen.

Als Esther bis dahin gekommen war, wo sie aus dem Schatten der Säulen in das Blickfeld des Königs treten mußte, war ihr, als würde der Mut sie verlassen. Das Leben schien ihr plötzlich sehr wertvoll zu sein. Vorher hatte sie sich in Gedanken damit abgefunden, aber nun war alles anders. Und sie war doch erst 20 Jahre alt! Welche Torheit hatte sie begangen, hierher zu kommen. Wer war sie denn? Nur ein jüdisches Mädchen, das durch eine Laune des Großkönigs zur Königin von Persien geworden war. Noch konnte sie sich umdrehen und davongehen. Die Soldaten verehrten sie alle, sie würden schweigen. Noch war Zeit, aber nur noch wenige Schritte, dann war es zu spät. Da drangen in ihre Gedanken wieder die Worte: „Vielleicht bis du um dieser Stunde willen Königin ..."

Neuer Mut kehrte zurück. Sie straffte ihre Schultern und schritt entschlossen weiter. „Majestät ...?" Im Sichtschutz der letzten Säule trat ihr ein Gardeoffizier entgegen. Mit einer majestätischen Handbewegung, die ihn beiseite wischte, ging sie weiter. „Jahwe", flehte sie innerlich, „wenn Du der Gott bist, der Wunder tut, dann tu sie jetzt. Ich verstehe das nicht, aber wenn Du mich erwählt hast, für mein Volk zu bitten, gib mir die Kraft dazu. Und wenn ich sterben muß, dann laß mich tapfer sein." Sie war an der letzten Säule vorbei und trat unter die Augen all derer, die den Thron umstanden — und unter die Augen des Königs.

Der König saß mürrisch unter dem Thronbaldachin. Hinter ihm stand sein Waffenträger und daneben Harbona. Die sieben Fürsten standen auf der anderen Seite des Thrones. Die Gold- und Silberstickereien des Baldachins glitzerten wie Sterne im Lichte der Fackeln und Öllampen. Xerxes hielt in der einen Hand eine prächtige Lotosblüte und in der anderen sein goldenes Zepter. Doch er schien dem, was um ihn herum vorging, wenig Aufmerksamkeit zu schenken.

Xerxes Gedanken wanderten immer wieder nach Griechenland — Salamis. Wessen Schuld war es? Nur mechanisch erledigte er die Geschäfte und begrüßte Gesandte oder fällte Entscheidungen. Es war ihm nicht bewußt, welch abwesenden Eindruck er machte, aber es hätte ihn auch nicht gekümmert. Da nahm er eine ungewöhnliche Bewegung wahr. Hinter der vorderen Säule zu seiner Rechten trat ein Mensch hervor. Unangekündigt und allein. Das konnte nicht sein. Er blickte aufmerksamer hin — es war eine Frau!

Auch Memukan, der ihm an nächsten stand, hatte die Frau bemerkt und erkannt. Ihm war, als würden sich alle seine Haare sträuben. „Majestät", flüsterte er, „die Königin!"

Schweigen legte sich über die gewaltige Halle. Schritt um Schritt kam die Königin in ihrem goldenen Krönungsgewand, das im Licht hell glänzte, näher. Sie blickte dem König, der wie aus Stein gemeißelt regungslos auf seinem Thron saß, gerade in die großen glühenden Augen. Die Unsterblichen wagten nicht, auch nur ihren Kopf zu drehen, sondern folgten der Königin nur mit den Augen. Jeden Augenblick konnte der Befehl kommen, sie zu töten.

„Halt!“ Das Wort brach sich an den Säulen, an der hohen Decke und an dem Marmorfußboden und hallte von allen Seiten wider. Esther blieb stehen und warf sich lang auf den Boden. Furcht hing wie eine schwere Last über den Versammelten. Furcht vor einem königlichen Wutausbruch. Sekunden vergingen — und noch einige. Der Tod war nur einen Herzschlag entfernt.

Mit einem lauten, zischenden Geräusch ließ der König die Luft ab, die er vor Überraschung angehalten hatte. Er starrte auf die, unter dem goldschimmernden Gewand fast verborgene, Figur vor ihm auf dem Boden. Tief holte er jetzt Luft. Langsam ließ der Druck in seinen Ohren nach. Seine Königin! Er hatte schon fast vergessen, wie schön sie war. Seine schlechte Laune schien zu verfliegen. Tief in seinem Herzen schien sich ein wenig Heiterkeit auszubreiten, als er die überraschten Gesichter um sich herum bemerkte. „Die Katze“, dachte er. „Diese zähe, furchtlose kleine Katze.“

Plötzlich warf er seinen Kopf zurück und begann brüllend zu lachen. Er lachte solange, bis ihm die Tränen den Bart hinunterliefen. Sich immer noch schüttelnd vor Lachen streckte er sein goldenes Zepter in Esthers Richtung aus.

21. Kapitel

Vorsichtig blickte Esther auf. Da war es, das schimmernde Symbol absoluter Gewalt, ausgestreckt in ihre Richtung. Zwei der Unsterblichen halfen ihr auf die Beine, die immer noch zitterten. Dann trat sie so weit näher, daß sie das ausgestreckte Zepter mit ihrer Hand berühren konnte. Ihre Augen begegneten denen des Königs. Er blickte amüsiert, zärtlich und neugierig. In ihren Augen lag Liebe und eine große Frage. Keiner von beiden wandte den Blick ab. „Was führt dich her, Königin Esther? Was ist dein Wunsch? Ich gewähre dir alles, bis zur Hälfte meines Königreichs", sagte der König.

Ruhig antwortete sie: „Mein König, wenn es euch recht ist, dann kommt doch heute mit Haman zu dem Mahl, das ich für euch vorbereitet habe."

Sie hatte ihr Leben riskiert, nur für diese Einladung? „Schnell, ruft Haman", befahl der König. „Er soll sich beeilen."

„Habe ich eure Genehmigung zu gehen, mein Herr Xerxes?" fragte Esther.

Der König gewann seine Würde zurück. Doch um seine Lippen spielte ein Lächeln. „Du hast sie, so wie du ohne meine Genehmigung zu mir gekommen bist, Königin Esther."

Der ganze Hof war in Aufregung. Überall spekulierte man. Gewiß, man wußte, daß der König in letzter Zeit nicht bei der

Königin gewesen war. Die meisten sahen in dem Unternehmen der Königin den Versuch, des Königs Gunst wieder zu gewinnen. Aber warum die Einladung an Haman?

Auch Memukan sagte zu Schethar, als sie nach dem Empfang gemeinsam heimwärts fuhren: „Das war ein sehr schlauer Zug von der Königin. Aber was will sie mit Haman? Ich frage mich, was sie plant?"

Auch Esther wurde erst richtig klar, was sie getan hatte, als sie mit Hatak nochmals die Einzelheiten für das Gastmahl besprach. War sie verrückt gewesen, ihren Erzfeind Haman einzuladen? Konnte das nicht gefährlich werden? Doch sie hatte nicht zuviel Zeit. Schon wurden hier und da Juden verfolgt. Sie mußte etwas wagen. Aber konnte sie es mit dem klugen Agagiter aufnehmen?

„Majestät, der König!"

Esther betrat ihren Speisesaal in dem Augenblick von der einen Seite, als die Träger den Thron des Königs von der anderen Seite hereintrugen. Strahlend ging sie Xerxes entgegen und entfaltete ihren ganzen Charme.

Auch Xerxes machte ihr Komplimente über ihr großartiges Aussehen, über die geschmackvolle Dekoration der Blumen und die wohltuende Atmosphäre bei ihr. Sie unterhielten sich über ihre Gesundheit, über den Fortgang der Bauten in Parsa und anderes.

Dann wurde Haman angekündigt. Er fühlte sich an diesem Abend als der eigentliche Sieger. Während er einer amüsanten Hofgeschichte zuhörte, die Esther erzählte, dachte er, er habe nun auch Esther für sich gewonnen und sie sei dabei, ihre Zurückhaltung ihm gegenüber aufzugeben. Er gratulierte sich im stillen, weil es ihm gelang, immer soviel Eindruck auf Frauen zu machen.

Der König dachte, seine Königin habe nie schöner ausgesehen als an diesem Abend; nicht einmal bei ihrer Krönung. Es gab keine schönere Frau als sie. Welch ein Narr war Haman doch, zu versuchen, ihn von ihr fernzuhalten. Als sie sich lange genug in höflichen Phrasen ergangen hatten, fragte er: „Was ist nun dein Wunsch, meine Königin, er ist schon gewährt bis zur Hälfte meines Königreichs."

„So weit hätte er nicht zu gehen brauchen", dachte Haman neidisch. Gewiß, es war nur eine höfliche Phrase. Aber wenn Esther ihn nun beim Wort nahm?

„Mein Wunsch?" Esther lächelte, wußte aber nicht, wie sie ihre Bitte vorbringen sollte. Dann fuhr sie mit aller Liebenswürdigkeit, die sie aufbringen konnte, fort: „Wenn ich deine Gunst, mein König, gefunden habe, dann komm doch auch morgen mit Haman zu mir zu dem Mahl, das ich für dich vorbereiten werde. Dann werde ich dir meinen Wunsch sagen." In ihrem Lächeln lag jetzt etwas Geheimnisvolles.

Der König nickte. „Der Wunsch der Königin ist uns Befehl. Ich werde morgen mit Haman wieder zu dir kommen, meine Königin." Die Sklaven trugen ihn wieder aus dem Saal, gefolgt von dem erstaunten Haman.

Esther konnte lange nicht einschlafen. Der König hatte sie nicht rufen lassen, und sie hatte ihm ihren Wunsch nicht vorgetragen. War der Großwesir vielleicht aufmerksam geworden? „Einer von uns beiden muß fallen", dachte sie. Haman hatte sie beim Mahl einige Male so seltsam angeschaut. Hatte er einen Verdacht?

Und was dachte der König? Beim Mahl schien er ihr wieder verfallen zu sein. Aber warum hatte er sie dann nicht rufen lassen? Morgen mußte sie etwas unternehmen.

Haman war stolz wie ein Pfau, als er sich heimfahren ließ. Auch die Königin hatte ihn jetzt geehrt. Und morgen würde er wieder bei ihr speisen, allein mit ihr und dem König. Welcher Glanz und neuer Ruhm mußte so auf ihn fallen!

Gerade fuhren sie am „Tor des Königs" vorbei. Alle verneigten sich vor ihm. Nur dieser Jude stand, mit dem Rücken zu ihm gekehrt, wie immer. Nachdem das Gesetz erlassen war, sollte er doch besonders unterwürfig sein. Warum blieb er so stolz? Haman schwor sich, etwas zu unternehmen. Er würde es nicht ertragen, noch viele Monate täglich diesen stolzen Juden sehen zu müssen.

Daheim angekommen ließ Haman seine engsten Freunde rufen und lud sie zur Tafel. „Ich habe euch etwas Wichtiges mitzuteilen, was ihr sicher gar nicht glauben werdet. Aber es ist wirklich so", begann er. Aufmerksam lauschten die anderen.

„Die Königin hat heute ein Festmahl gegeben", fuhr er fort. „Außer dem König selbst war nur noch ich eingeladen."

„Erstaunlich, das hat es noch nicht gegeben", riefen sie durcheinander.

„Doch das ist noch nicht alles", bemerkte Haman genüßlich.

„Was noch?"

„Morgen bin ich wieder bei ihr eingeladen. Morgen wird es ein großes Festmahl geben, und außer dem Großkönig werde nur ich anwesend sein."

Beifall wurde laut.

„Glücklicher Mann..." „Aber du hast es verdient..." „Man schätzt dich im Palast..." riefen alle. Jeder gab sich Mühe, Haman zu beglückwünschen.

Haman strahlte vor Ehrgeiz und Freude. Doch plötzlich fiel ihm Mordokai ein und seine Laune schlug um. „Aber das ist alles fade und bedeutet nichts für mich, solange ich Mordokai im »Tor des Königs« sitzen oder stehen sehe, der sich immer noch weigert, sich vor mir zu beugen, wenn ich vorüberfahre. Ich hasse ihn! Ich hasse ihn!" Wütend schlug er mit der Faust auf den Tisch.

Alle waren verblüfft über diesen Ausbruch. „Er raubt mir meine Ehre und vergiftet mir alle Freude", wütete Haman weiter.

„Langsam, mein Herr", versuchte Seresch ihn zu beruhigen. „Es bringt dir nichts ein, wenn du dich so aufregst."

Alle blickten jetzt die Frau des Hauses an. „Ich habe einen Plan", sagte sie.

Haman war verärgert. Er mochte es nicht, wenn man ihn unterbrach. „Welchen Plan?“ knurrte er.

„Du bist der Großwesir, niemand, außer dem König, hat soviel Macht wie du. Behellige den König nicht mit einer solchen Kleinigkeit wie Mordokai, sondern erledige die Sache selbst.“

„Und wie soll ich das tun?“

„Laß einen 20 Meter hohen Galgen errichten.“

„Für Mordokai?“

„Natürlich für Mordokai“, nickte Seresch.

„Aber ich darf keine Todesurteile verhängen.“

„Das nicht, doch du kannst den König dazu überreden, es zu tun. Bei deiner Stellung, und wenn du morgen zur Königin eingeladen wirst...“

Alle waren begeistert. „Bau den Galgen“, riefen sie. „Das wird eine Drohung für Mordokai sein. Und dann überredest du den König.“

Haman überlegte, wie der Plan durchzuführen sei. „Zwanzig Meter?“, sagte er, „das ist sehr hoch.“

„Es soll ja auch eine Warnung für alle anderen sein, die dir nicht die nötige Ehre entgegenbringen.“

„Und wo könnte man einen so hohen Galgen errichten?“ überlegte Haman. „Die Leute werden Fragen stellen.“

Seresch wollte Mordokais Verderben genauso wie Haman. Sie wußte, daß die Macht Hamans noch nicht gefestigt genug war, solange noch jemand wagte, ihm zu trotzen. Das konnte schnell für andere als Beispiel dienen. Deshalb sagte sie nun: „Baue den Galgen auf dem Hof deines Hauses hier, dann darf dir niemand Fragen stellen.“

„Einen 20 Meter hohen Galgen auf meinem Hof?“, wunderte sich Haman. „Alle Leute in Susa werden es sehen.“

„Genau das sollen sie doch“, nickte Seresch.

Haman begann zu begreifen. Welch grandioser Gedanke. Dieser Galgen würde allen Juden in Susa schon vor der Zeit, zu der das Gesetz in Kraft trat, Furcht und Schrecken einjagen, und die anderen Einwohner würden dadurch noch mehr ermutigt, die Juden schon jetzt zu drangsalieren. „Großartig“, rief er, „das werde ich tun." Er rief seinen Haushofmeister und befahl: „Besorge sofort Handwerker. Ich möchte, daß auf dem Hof dieses Hauses ein 20 Meter hoher Galgen errichtet wird."

„Aber mein Herr, wie..." stammelte der Haushofmeister.

„Wie sie das machen, ist nicht meine Sache. Aber der Galgen muß morgen früh fertig sein. Meinetwegen sollen sie die ganze Nacht arbeiten."

Seine Gäste zollten ihm lauten Beifall, und Seresch sah aus wie eine Katze, die gerade den Milchtopf ausgeleckt hatte. Haman verabschiedete seine Freunde und ging befriedigt zu Bett.

In der Zwischenzeit hatte der Großkönig eine schlaflose Nacht. Er wünschte sich Esther, aber etwas hielt ihn zurück. Hatte Haman recht? Versuchte sie, andere zu ihrer eigenen Meinung zu bekehren? Bei Angru Manyu, sie war heute wunderschön gewesen. Sie war immer noch die schönste Frau im ganzen Reich. Er hatte kaum eine wirklich glückliche Nacht verbracht, seit er sie nicht mehr hatte rufen lassen. Aber war sie ehrlich mit ihm? Kam es denn wirklich darauf an? Er hatte jedenfalls Verlangen nach ihr.

Er setzte sich im Bett auf, um Harbona zu rufen. Da fielen ihm Hamans Worte wieder ein: „Ich habe eine Zeit gebraucht, bis ich bemerkte, daß ich mich vor meinen Freunden lächerlich machte."

Aber Esther tat nichts, um den König lächerlich zu machen. Er dachte daran, wie sie ihn heute angesehen hatte. Sie war sicherlich ihm treu ergeben, etwas anderes konnte er nicht glauben.

Wieder hörte er Haman sagen: „Die Leute waren ihr so ergeben, daß sie all ihre Wünsche erfüllten." Spielte auch Esther dieses Spiel? Seine Königin? Er fühlte, wie ihm der Schweiß über den Rücken lief. Haman war klug und hatte sich als treuer Freund erwiesen. Oder etwa nicht?

Hatte Haman vielleicht eigensüchtige Gründe, ihn gegen Esther aufzubringen? Für einen Augenblick fragte Xerxes sich, ob Haman vielleicht selbst die Königin begehrte? Doch nein, das würde er nicht wagen. Wem konnte er vertrauen? Seiner Königin oder seinem Großwesir?

Xerxes sprang auf und lief in seinem Schlafgemach hin und her. Er riß die verschwitzte Wäsche von dem großen Bett und verlangte frische. Harbona machte verzweifelt verschiedene Vorschläge: „Vielleicht neuen Wein, Majestät?"

„Pfui!", zürnte Xerxes.

„Aber ganz sicher eine Frau aus dem Frauenhaus?"

„Ich bin ihrer müde, es ist doch eine wie die andere."

„Die liebliche Griechin?"

„Sie ist langweilig."

„Die Lydierin?"

„Die ist so dumm!"

Harbona überlegte. Er wurde hin und her gerissen zwischen seiner Treue zum König und seiner Eifersucht auf Esther. Seine Treue gewann.

„Vielleicht die Königin, Majestät?"

Sicher, gestand sich Xerxes, es war Esther, nach der er verlangte. Aber ... „Nein, Harbona, nicht heute nacht." Wenn er sie nach so langer Zeit wieder rufen ließ, sollte es unter anderen Umständen sein. „Aber sag mir, Harbona, warum kann ich nicht schlafen?"

„Darf ich einen Vorschlag machen, Majestät?"

„Irgend etwas, wenn es nur hilft", ermunterte der König ihn.

„Laß das Buch der täglichen Chronik bringen, in dem die wichtigen Ereignisse deiner Regierungszeit aufgeschrieben werden, und laß dir daraus vorlesen. Das sollte dir helfen, einzuschlafen."

Xerxes nickte. „Die Idee ist gut. Es stehen ja meist nur lauter langweilige Dinge drin, da schlafe ich bestimmt ein."

Zwei schläfrige Schreiber kamen mit den Tafeln. „Wo sollen wir beginnen, Majestät?" fragte der eine.

„Es spielt keine Rolle, nur nicht bei den allerletzten Geschehnissen."

Die beiden begannen abwechselnd zu lesen. Es handelte sich meist um langweilige Einzelheiten aus dem täglichen Hofleben. Xerxes begann gerade müde zu werden durch das monotone Vorlesen, als er hörte: ,,Dieser Anschlag, den König zu töten, wurde von Bigtan und Teresch, den beiden Kämmerern und Torhütern des Königs geplant. Es war Mordokai, der die Verschwörung entdeckte und anzeigte, wodurch dem König das Leben gerettet wurde.‘‘

Xerxes war wieder hell wach. ,,Lies das noch einmal‘‘, befahl er. Der Schreiber tat, wie ihm befohlen war. Xerxes erinnerte sich. ,,Es war in Parsa! Die beiden Verräter und Mordokai, der ihn rettete. Was haben wir getan, um Mordokai zu belohnen?‘‘ fragte er.

,,Es ist nichts aufgezeichnet, Majestät.‘‘

,,Seid ihr sicher?‘‘

Der zweite Schreiber schaute über die Schulter des ersten. Beide prüften nochmals die Tafeln und schüttelten dann die Köpfe. ,,Nein, Majestät, dieser Mann Mordokai hat keine Belohnung erhalten. Wenigstens steht hier nichts aufgezeichnet.‘‘

,,Welche Schande!‘‘ Der König war wieder aus dem Bett gesprungen. ,,Meine Ehre ist in Gefahr. Wir Achämenieden belohnen alles, was für uns getan wird. Und dieser Mann hat mein Leben gerettet, und er ist nicht belohnt worden. Es muß sofort etwas geschehen!‘‘

Draußen war schon der Morgen angebrochen, nur die dicken Vorhänge ließen das Licht noch nicht in das Schlafgemach des Königs. ,,Wer ist draußen im Hof, Harbona?‘‘

Harbona ging hinaus und kehrte bald zurück. Sorgfältig sein Mißvergnügen verbergend, sagte er: ,,Der Großwesir, Majestät.‘‘

,,Haman? So früh schon?‘‘ Der König strich sich durch den Bart und überlegte. Vielleicht konnte er zwei Fliegen mit einem Schlag erlegen. War Haman treu oder war er es nicht? Warum hatte er ihm nicht gesagt, daß Mordokai keine Belohnung erhalten hatte? Solche Dinge gehörten zu seinen Aufgaben. ,,Bring ihn herein‘‘, befahl er.

Mordokai hatte sorgfältig über seine Lage nachgedacht. Das Gesetz war erlassen worden, und nichts konnte es ändern, es sei denn, Hadassas Bitte beim König bewirkte ein Wunder, sonst waren die Juden verloren. Er, als angesehener Führer seines Volkes, würde sie zu stummem Protest ermutigen. Und seine eigene ungebeugte Haltung im ,,Tor des Königs" wollte er solange beibehalten, wie dies möglich war.

An diesem Morgen war es Mordokai nicht möglich, sich auf seine Arbeit zu konzentrieren. Er hatte zwar die Tafeln ordentlich vor sich liegen, aber immer wieder schweiften seine Gedanken besorgt ab. Gestern war der dritte Tag gewesen, dieser schicksalsschwere Tag, an dem Hadassa zum König gehen wollte. Doch dieser Tag war vorübergegangen, ohne daß er etwas erfahren hatte.

Mordokai lief immer wieder zum Eingang des Palastes der Königin, doch Hatak, sein Verbündeter, ließ sich nicht sehen. Im ganzen Haus schien heute besonders viel Eifer zu herrschen, doch er erfuhr nichts. War Hadassa vielleicht im Gefängnis, oder verbannt oder gar schon tot?

Hamans Haltung, als er gestern abend vom Palast der Königin herkam, war besonders stolz und hochmütig gewesen. Was hatte er dort gemacht? Und von Hamans eigenem Haus her war heute viel Lärm zu hören. Ein riesiger Mast ragte über Hamans Haus empor, und Mordokai fragte sich, was Haman damit vor hatte. Sicher hatte Hadassa versagt, und Haman war der Sieger. ,,Jahwe", betete er, ,,erhöre mich: Wenn sie sterben muß, dann laß es schnell geschehen."

Eine der Tontafeln fiel ihm zu Boden und zerbrach in viele Stücke. Seine Kollegen blickten ihn erstaunt an. ,,Mordokai", fragte einer, ,,was ist mit dir? Du siehst so bleich aus wie ein Toter."

In diesem Augenblick waren Hufschläge zu hören. Sie blickten hinaus und sahen, wie der wunderschöne Schimmel, den sonst nur der König ritt, von den Ställen in ihre Richtung geführt wurde. Auf seinem Kopf trug er eine kleine goldene Krone. Neben dem Schimmel ging der Großwesir des Reiches her und trug ein Gewand über dem Arm, das unzweifelhaft ebenfalls dem König gehörte.

Mordokai erstarrte. Hier kam also der Sieger. Was hatte er wohl mit Hadassa gemacht? Er richtete sich zu einer stolzen Haltung auf. Schwach sollte sein Feind ihn nicht sehen. Haman kam weiter auf sie zu. Wo waren seine Ehrengarde und sein eigenes Pferd? Er trug noch nicht einmal Waffen. Doch dann bemerkte Mordokai die lange Linie der Unsterblichen, die in guter Ordnung immer näher rückte.

Haman hatte sich besonders sorgfältig gekleidet und war so früh wie möglich zum Palast gekommen, um seine Bitte, die Mordokai betraf, dem König vorzutragen. Der Galgen war fast fertig und ragte weit über das Dach seines eigenen Palastes hinaus. Er brauchte nun nur noch die Genehmigung des Königs, den Juden hinzurichten. Xerxes hatte ihn sofort zu sich rufen lassen, das war ein gutes Zeichen. Lächelnd trat er vor den König und verbeugte sich tief.

„Guten Morgen, Haman, du bist schon sehr früh hier."

„Wenn ich damit dem König dienen kann. Ich bin glücklich über die besondere Ehre, die mir gestern zuteil wurde und heute noch gewährt wird. Welche Wünsche ihr auch immer habt, Majestät, ich bin bereit, sie zu erfüllen."

„Sehr gut", nickte Xerxes. „Ich brauche eine besonders feine Idee aus deinem fruchtbaren Gehirn."

Haman wollte gerade seine Bitte vorbringen, doch das mußte jetzt warten. Des Königs Wunsch hatte Vorrang. „Ich werde mir die größte Mühe geben, mein König."

Xerxes fragte: „Was glaubst du, sollte man dem Mann geben, den der König besonders ehren möchte?"

„Ich ahnte es", dachte Haman. „Die Einladung der Königin hat mir die letzten Wege geebnet. Der König will mich ehren. Ah, ich weiß, was ich ihm raten werde."

Haman räusperte sich und begann: „Der König möge ewig leben. Für den Mann, dem der König eine besondere Ehre erweisen will, soll man ein kostbares Gewand bringen, das sonst der König selbst trägt, und ein Pferd mit dem königlichen Schmuck am Zaumzeug, das sonst der König selbst reitet. Man soll Pferd und Gewand einem der höchsten Würdenträger des Königs übergeben, damit dieser den Mann, den der König ehren will, königlich kleidet und ihn auf dem Pferd des Königs über den großen Platz der Stadt führt. Dabei soll er vor dem zu Ehrenden hergehen und ausrufen: »So handelt der König an dem Mann, dem er eine besondere Ehre erweisen will.« "

Der König blickte Haman nachdenklich, aber auch scharf an. Dann nickte er und sagte: ,,Ein sehr guter Vorschlag, Haman. Also nimm schnell ein solches Gewand und ein Pferd, wie du eben beschrieben hast. Damit gehst du zu dem Juden Mordokai, der im »Tor des Königs« arbeitet. Ihn ehrst du auf die Weise, wie du es mir eben beschrieben hast. Aber du darfst nichts auslassen. Und da du der höchste Würdenträger des Reiches bist, wirst du vor ihm hergehen und ausrufen, was du eben vorgeschlagen hast."

Vor dem ,,Tor des Königs" ließ Haman das Pferd stehen, trat auf Mordokai zu und legte ihm die Robe des Königs um. Mordokai hatte sie erkannt, es war die gleiche, die Xerxes bei der Krönung Esthers getragen hatte. Haman sagte mit erstickter Stimme: ,,Auf Befehl des Königs, besteige das Pferd."

Die anderen sahen erstaunt zu. Auch Mordokai konnte nicht begreifen, was dies bedeuten sollte. Wenn dies eine besondere Art der Strafe war, die Xerxes und der Großwesir sich ausgedacht hatten, war sie jedenfalls ohne Beispiel.

Wieder wies Haman auf das Pferd. Mordokai setzte sich wie ein Automat in Bewegung und bestieg den Schimmel. Nun ergriff zum Erstaunen aller Zuschauer Haman die Zügel und öffnete den Mund. Doch nichts als ein unverständliches Krächzen kam heraus. Wieder versuchte er es: ,,So handelt der König ...", und wiederum versagte ihm die Stimme. Doch endlich riß Haman sich zusammen und rief laut: ,,So handelt der

König an dem Mann, dem er eine besondere Ehre erweisen will!"

Mordokai konnte nicht glauben, was er hörte. Ehren? Ihn? Welches Schauspiel war das? Wollte man ihn auf diese Weise verhöhnen? Das konnte nicht sein. Dazu würde sich Haman nie hergeben, das Pferd am Zügel zu führen wie ein Diener. So ging es durch das Tor hinaus, die lange königliche Treppe hinunter und quer durch die Stadt zum großen Platz. Eine lange Reihe der Unsterblichen geleitete rechts und links den seltsamen Zug. Immer wieder rief Haman laut: ,,So handelt der König an dem Mann, dem er eine besondere Ehre erweisen will!" Bald wurde er leiser, weil seine Stimme zu versagen drohte. Doch da fuhr ihn der hinter ihm gehende Offizier der Unsterblichen an: ,,Lauter! Auf Befehl des Königs, du mußt lauter rufen!"

Immer mehr Menschen liefen zusammen und sahen staunend zu. Bald hörte man hier und da lautes Lachen, und dann gab es die ersten Beifallsrufe. ,,Mordokai! Mordokai! Heil für Herrn Mordokai!"

,,So handelt der König..." rief Haman wieder und wieder.

,,Lang lebe Mordokai", riefen viele seiner jüdischen Freunde, die ebenfalls herbeigelaufen waren. Und weiter ging der Zug. Immer und immer wieder rief Haman: ,,So handelt der König..."

Zwei Stunden später kehrte der Zug durch das ,,Tor des Königs" zurück. Haman war müde, staubig, durstig und völlig demoralisiert. Mordokai hatte die ganze Zeit kein Wort gesagt. Jetzt stieg er vom Pferd, nahm die prächtige Robe von der Schulter und gab sie Haman zurück. Der hatte keine andere Wahl, als sie an sich zu nehmen und das Pferd in den Stall zurückzubringen. Einige Augenblicke später sah man Haman über den Hof davoneilen. Sein Gesicht hatte er mit einem dicken Schleier bedeckt.

Mordokai blickte ihm nach. Was hatte das alles zu bedeuten? Xerxes war ein sehr seltsamer Mensch. Mordokai überlegte, ob dies etwas mit der damaligen Aufdeckung des Mordanschlags zu tun haben konnte? Doch das war schon lange her.

Warum also jetzt? Außerdem änderte das im Grunde nichts. Hadassa war dadurch nicht geholfen. Was war mit ihr geschehen? Voller Sorge blickte er wieder nach Hamans Haus. Was immer man dort gebaut hatte, es war mittlerweile fertig.

Hamans Freunde, die seine Demütigung mit angesehen hatten, versammelten sich in seinem Haus. Als er selbst, blaß im Gesicht und total schockiert, eintraf, begrüßte Seresch ihn am Tor. „Ganz Susa hat mich gesehen und gehört, Seresch. Ganz Susa", stöhnte er.

Die praktische Frau versuchte ihn zu beruhigen, fragte sich aber auch, was dies alles bedeutete? Haman, der Großwesir des Reiches, wurde vom König auf solche Weise gedemütigt. Gewiß, Xerxes war launenhaft, aber eine solche Behandlung für den zweiten Mann des Reiches? „Was hast du getan?" fragte sie Haman. „Du mußt doch etwas Törichtes angestellt haben, daß du beim König so plötzlich in Ungnade bist."

Haman schüttelte den Kopf. „Ich habe auch schon darüber nachgedacht. Aber ich kann es mir beim besten Willen nicht denken."

„Aber es muß doch etwas sein?"

Haman war inzwischen zu zerschlagen, um sich noch zu konzentrieren. Er zuckte nur mit den Achseln. „Warum wurde gerade Mordokai geehrt?", bohrte Seresch weiter.

„Das hat der König nicht gesagt", erwiderte Haman müde.

Haman hinunter, und Mordokai hinauf. Seresch fühlte sich unsicher. Auch die Omen von heute morgen waren nicht besonders erfreulich gefallen. „Haman?" Furcht lag in ihrer Stimme, „könnte es mit dem Gesetz zu tun haben? Ist Mordokai vielleicht ein Jude? Dann bist du erledigt."

Hamans Gesichtsausdruck sagte ihr, daß sie den Nagel auf den Kopf getroffen hatte. Also war Mordokai ein Jude. Alle Geschichten, die sie von der Jahrhunderte alten Feindschaft zwischen Hamans Vorfahren und den Juden gehört hatte, und von der geheimnisvollen Macht des Gottes Israel, fielen ihr nun wieder ein. Hatten die Omen heute morgen vielleicht den Fall ihres Mannes andeuten wollen? Seresch überlegte und begann im stillen schon einen Plan zu machen, wie sie selbst dem Unheil entkommen wollte.

Ehe Haman antworten konnte, wurde wieder an das Tor geklopft. Einer der Eunuchen des Königs stand draußen, um den Herrn Haman zum Festmahl der Königin nochmals einzuladen und feierlich dorthin zu geleiten. Haman blieb gerade noch Zeit sich umzuziehen und dann dem Eunuchen in seinem Wagen zu folgen.

„Ist dies Wirklichkeit oder nur ein Traum?", dachte Haman. Es war alles genau wie gestern: Dieselben Personen — der König, die Königin und er —, derselbe Raum, nur mit noch schönerer Dekoration, dieselbe Dienerschaft. Aufmerksam studierte er die Gesichter der beiden anderen, konnte aber nichts Ungewöhnliches entdecken. Der König hatte ihn so freundlich wie immer willkommen geheißen, und die Königin schien noch ein wenig entgegenkommender zu sein als gestern. Seine Spannung ließ langsam nach. Vielleicht war das, was der König heute morgen von ihm verlangt hatte, nur eine der ausgefallenen Launen gewesen, für die Xerxes bekannt war. Er mußte sich damit abfinden.

Da die dicken Vorhänge beiseite geschoben waren, konnte das Sonnenlicht ungehindert den prächtigen kleinen Saal durchfluten und ließ das goldene Geschirr in hellem Licht strahlen. Eine Wespe summte ärgerlich um eine Schale mit köstlichen Speisen herum, ehe es einem Sklaven gelang, sie totzuschlagen. Das königliche Paar unterhielt sich, wie es die Zeremonie forderte, zunächst über allerlei Alltägliches. Auch Haman versuchte seinen ganzen Charme zu entfalten. Endlich stellte Xerxes wieder die gleiche Frage wie am Vortag. Halb ernst und halb ein wenig spöttisch fragte er: „Was ist nun dein Wunsch, Königin Esther? Ich erfülle ihn dir, auch wenn es die Hälfte meines Königreichs ist."

Esther zögerte. Sie wußte, daß jetzt der Augenblick der Entscheidung gekommen war. „Jetzt werde ich bald wissen, wie der

König reagiert", dachte sie. „Mein Leben kann so schnell zu Ende sein wie vorhin das der Wespe." Sie dachte an den Tag, an dem sie das erste Mal in den Harem kam und an dem Schersis ihr gesagt hatte, sie müsse fertig sein, wenn das Sonnenlicht sich eine bestimmte Strecke weiterbewegt habe. Das war jetzt sechs Jahre her — oder war es schon in einem anderen Leben gewesen? Aus dem unschuldigen und furchtsamen kleinen Mädchen war mittlerweile die Frau des mächtigsten Mannes der Welt geworden. Oder war sie vielleicht für den Großwesir, der ihr gegenübersaß, nur eine Schachfigur?

Sie hatte Haman in den letzten Minuten verstohlen aber sorgfältig betrachtet. Seine überaus prächtige Kleidung und des Königs eigener Siegelring, den Haman trug, machten klar, welche Macht dieser Mann besaß. Aber noch mehr konnte man an seinen Augen erkennen, wie klug, listig und auch rücksichtslos er war. Mit ihm wollte sie nun ihre Kräfte messen. Gott würde ihr helfen müssen.

Sie bemerkte, daß der König ungeduldig wurde. Sie durfte es nicht darauf ankommen lassen, daß er sich über sie ärgerte. Deshalb begann sie mit der üblichen Einleitung: „Wenn ich deine Gunst, mein König, gefunden habe und du mir eine Bitte erlauben willst...", Xerxes hörte die formellen Worte gelangweilt an. Doch bei den nächsten Worten fuhr er auf, als Esther fortfuhr: „... dann flehe ich um mein Leben..."

„Was sagst du da, dein Leben?", rief der König.

„... und um das Leben meines Volkes."

Jetzt fuhr auch Haman zusammen. Er kam sich plötzlich vor wie ein gefangener Fisch an der Angel. Wovon hatte die Königin eben geredet? Was wollte sie?

Esther fuhr fort: „Man hat uns verkauft, mich und mein Volk; man will uns töten, morden, ausrotten..."

Im Raum breiteten sich Furcht, Verwirrung und Verdächtigungen aus. Xerxes war sprachlos. Seine Augen bohrten sich förmlich in die von Esther, die weiter sprach: „Würden wir nur der Freiheit beraubt und als Sklaven verkauft, so hätte ich geschwiegen und den König nicht damit belästigt, obwohl der

Feind nicht in der Lage sein würde, den König für den großen finanziellen Verlust, den er erleiden wird, zu entschädigen."

Obwohl es warm war in dem sonnendurchfluteten Raum, fühlte Haman, wie es ihm kalt den Rücken hinunterlief. Xerxes war noch immer so verwirrt, daß er bisher nur eines begriffen hatte: Jemand bedroht meine Königin! „Wer ist es?" fuhr er auf. „Wer? Dieser da? Und wie! Ist er es? Wer hat sein Herz mit solchen Dingen gefüllt?" Er war so zornig, daß er nur in kurzen, nicht viel Sinn ergebenden Worten reden konnte.

Esther, die nun in ihrer Bewährung stand, sprach ganz ruhig: „Ein Erzfeind, mein Herr, hat das getan." Alle Furcht hatte sie verlassen, als sie auf die zusammengesunkene Gestalt des zweitmächtigsten Mannes des persischen Reiches blickte. Sie mußte an den Haß, die Hinterlist und den Ehrgeiz dieses Mannes denken, der ihr Volk mit seiner Gemeinheit in eine so große Not gebracht hatte. Alle Höflichkeit und Etikette vergessend zeigte sie mit ausgestrecktem Arm über den Tisch auf den Großwesir. „Das ist der Mann! Dieser böse Haman!"

Xerxes blickte seine Königin ungläubig und schockiert an. Als ihm langsam klar wurde, was sie sagte, wandte er sich Haman zu. Die Erkenntnis, daß die Königin eine Jüdin war, hatte dem Großwesir einen vernichtenden Schlag versetzt. Er war in sich zusammengesunken, Schweißperlen standen ihm auf der Stirn, und seine Augen waren ganz glasig vor Furcht.

Mit einem wütenden Schrei sprang Xerxes von seinem Thronsessel auf und rannte in den Garten hinaus. Zwei Sklaven, die ihn begleiten wollten, stieß er zurück. Haman? Der Mann, dem er vertraute, den er aus dem Nichts so hoch emporgehoben hatte, er hatte das getan! Aber was hatte er getan? Bin ich denn ein Kind oder ein Narr? dachte der König. Was konnte sich Haman für einen Gewinn versprechen, wenn er gegen die Königin und ihr Volk einen Anschlag vorbereitete? Und wer war ihr Volk? Erst jetzt wurde Xerxes klar, daß er nicht einmal wußte, aus welchem Volk Esther kam. Es hatte ihn nie gekümmert.

„Töten ... morden ... ausrotten ...?" Die Worte der Königin schienen fast unglaublich. War dies vielleicht nur eine weibliche List gewesen? Nein, Hamans Schrecken war zu deutlich gewesen. Sie hatte irgend etwas aufgedeckt. Das neue Gesetz?! Xerxes blieb stehen. Erst vor wenigen Tagen hatte ihm Haman die Geschichte von einem Volk erzählt, das die persischen Gesetze mißachtete. Er hatte ihm seinen Ring gegeben und gesagt, er solle tun, was er für richtig hielt. Bei Angru Manyu — konnte es das sein?

„Harbona!"

Beunruhigt kam der Eunuch in den Garten. Xerxes fragte: „Du weißt um das Gesetz, das wir vor drei oder vier Tagen erlassen haben?"

„Ja, Majestät."

„Es ging dabei um eine kleine seltsame Gruppe von Menschen, ja? War es nicht so Harbona? Oder etwa nicht? Antworte!"

„Es... Majestät... es ging dabei um die Juden." Harbona verstand des Königs Frage nicht ganz, denn er hatte doch selbst das Gesetz bestätigt mit seinem Siegelring.

„Die Juden? Er hat nichts von den Juden gesagt", fuhr Xerxes auf. Umgab ihn denn lauter Verrat? Die Juden?! Es gab viele Tausende von ihnen im ganzen Reich. Allein in Susa waren es viele Hunderte. Viele davon zählten zu den klügsten und besten Männern des Reiches. Es waren seine Bankiers, seine Kaufleute. „Bring mir sofort eine Kopie des Gesetzes", forderte er.

Harbona verbeugte sich und rannte davon. Bald kam er mit einem Schreiber zurück, der eine Rolle trug. „Nun lies schon", rief der König zornig. Dann lauschte er: „Töten... morden... ausrotten..." Das waren auch die Worte der Königin gewesen. Daher also hatte Haman die 10000 Talente Silber nehmen wollen, die er in die königliche Schatzkammer zahlen wollte, von den Juden!

Wieder begann Xerxes hin und her zu gehen. Wie sollte er handeln? Die üblichen Methoden halfen hier nicht. Die persischen Gesetze verlangten, daß nicht einmal der Großkönig einen

Mann, der so hoch stand wie Haman, hinrichten lassen durfte, wenn nicht noch eine zweite Anklage gegen ihn vorlag. Eine zweite Anklage war nötig, um den stolzen Großwesir töten zu lassen. Aber woher nahm er die?

Und meine Esther? Dieser Haman würde es gewagt haben meine Königin zu töten. Xerxes fühlte, wie die blinde Wut wieder in ihm aufsteigen wollte. Mit aller Kraft unterdrückte er sie und ging zurück in den Speisesaal.

Im Saal hatte Haman inzwischen den letzten Rest seiner Würde verloren. Als der König hinausgestürmt war, hatte der Großwesir in dessen Gesicht schon sein Urteil gelesen. Er wußte, daß es nur noch um die Frage des wann und wie ging. Es sei denn...

Haman warf sich vor der Königin lang auf den Fußboden und begann vor Angst zu betteln: „Meine Königin! Majestät! Habt Erbarmen mit mir! Rettet mich! Ich habe doch nicht gewußt... bitte, glaubt mir, ich hätte nie gedacht..."

Der Verfolger ihres Volkes flehte zu ihr, um sein Leben zu retten. Voller Verachtung blickte sie auf ihn.

Haman erhob sich und stand jetzt vor ihr. „Majestät, bitte, hört mich an! Ihr müßt mir helfen! Der König..."

Die beschwörenden Augen hatten keinen Einfluß auf die Königin. Sie schwieg, da sie weniger sicher war als ihr Feind, was der König draußen im Garten entscheiden würde. Sie wußte, daß Haman seine Niederlage vor Augen sah. Doch der Richter hatte sein Urteil noch nicht gesprochen. Sollte es anders ausfallen als erwartet, würde Haman sich wieder erholen; und seine Rache würde bitter werden.

Haman, der vor Furcht alles vergaß und auch nicht mehr klar denken konnte, warf sich, um Gnade winselnd, quer über die königliche Sitzbank. Und gerade in diesem Augenblick betrat der König wieder den Saal. Für einen oder zwei Augenblicke betrachtete Xerxes das abstoßende Schauspiel. Er war viel zu schlau, um nicht zu wissen, worum es Haman ging. Doch er wollte absichtlich mißverstehen, weil er sofort begriff, daß er hier seinen zweiten Anklagepunkt gefunden hatte. Mit schrecklicher Stimme schrie er: „Will dieser Schurke jetzt sogar noch die Königin in meiner Gegenwart angreifen? Hier, in meinem eigenen Haus?!“

Xerxes war noch nicht zu Ende, da stürzten schon einige Eunuchen herbei, bedeckten Hamans Kopf und Gesicht mit einem Tuch und rissen ihn hinweg. Der König sah zu, ohne sich zu rühren. Harbona verbeugte sich vor ihm und sagte mit gehässiger Stimme: „Der König lebe ewiglich ...“

„Sprich, was willst du?“, forderte der König, ohne seine Augen von Haman abzuwenden, der hinausgezerrt wurde.

„Haman hat im Hofe seines Hauses einen 20 Meter hohen Galgen aufstellen lassen“, berichtete Harbona. Jetzt blickte der König doch interessiert. „An diesen Galgen wollte er den Herrn Mordokai hängen, der des Königs Leben gerettet hat“, fuhr Harbona fort.

„Hängt ihn selbst daran auf“, befahl der König und wandte sich ab.

Als des Königs Beamte und Soldaten mit dem verlorenen Haman dessen Haus erreichten, war es schon völlig verlassen. Haman wunderte sich, woher all seine Angehörigen alles so schnell erfahren hatten. Dies zeigte ihm wieder einmal, wie wirksam der von ihm selbst aufgezogene Spitzeldienst gearbeitet hatte.

Als der Henker ihm unter dem Galgen die Schlinge um den Hals legte, wollte ihn für einen Augenblick eine verzweifelte Furcht ergreifen. Doch dann riß er sich zusammen und lachte laut. „Ich habe doch gewonnen!“ rief er. „Zwar muß ich sterben, aber die Juden werden auch zugrunde gehen. Das Gesetz des Königs kann nicht geändert werden. Das hätte kein anderer Mann erreicht!“

Damit starb er.

Seresch, die das kommende Unheil schon geahnt hatte, war darauf vorbereitet gewesen. Sie hatte ihre alte Eunuchenverkleidung sorgfältig aufgehoben und schon zurecht gelegt. „Ich habe eben kein Glück mit den Männern", dachte sie, als sie noch einen großen Beutel voll Schmuck und Goldstücken zusammenraffte. Dann zog sie sich um und verschwand durch einen Seiteneingang. Auch Hamans zehn Söhne hatten sich rechtzeitig davongemacht und fanden bei Freunden Unterschlupf. Als Seresch sich am Stadttor noch einmal umwandte, sah sie an dem hohen Galgen eine ihr wohlbekannte Gestalt hängen.

Teil VI

MORDOKAI

22. Kapitel

Die sieben Fürsten hatten sich bei Memukan versammelt, um zu beraten.

„Ich begreife immer noch nicht alles", sagte dieser kopfschüttelnd. „Zu viel ist zu schnell geschehen."

Schethar nickte bestätigend. „Zuerst hat der Großwesir den Herrn Mordokai, der auf des Königs Pferd saß, durch die Stadt geführt ..."

„Ist euch dabei aufgefallen, was Haman für ein Gesicht gemacht hat", warf Tharsis schadenfroh ein.

„Es ist nicht recht", sagte Marsna ernst, „einen Toten noch zu verspotten." Er war sehr blaß.

„Du hast sicher recht, Marsna. Ich entschuldige mich."

„... dann sah man, wie Haman von einem Ehrengeleit in den Palast der Königin geführt wurde; und das nächste, was man hört, ist, daß man ihn an den Galgen bringt", fuhr Schethar fort, wo er unterbrochen worden war.

Alle überlegten. Wenn der König mit seinem Favoriten und vertrauten Großwesir so hart umgegangen war, was hatten sie dann zu erwarten? „Wurden Hamans Söhne auch hingerichtet?" fragte Meres.

„Der Bericht sagt, sie seien alle entkommen und befinden sich jetzt irgendwo in sicheren Verstecken. Aber man hat natürlich Haftbefehle für sie erlassen", erzählte Memukan.

„Was mag nur im Palast der Königin geschehen sein?", fragte Schethar besorgt. „Die Sklaven, welche bedienten, sind alle weggeschickt worden, und der Palast ist eine einzige Gerüchteküche. Aber niemand scheint Genaues zu wissen."

„Harbona weiß es ganz sicher", meinte Memukan.

„Natürlich weiß er es", erwiderte Schethar. „Er läuft mit einem Gesicht herum, als sei ihm sein Lieblingswunsch erfüllt worden. Aber ich würde meinen letzten Schekel verwetten, daß aus ihm nichts herauszubekommen ist."

„Der König selbst hat wohl absolute Geheimhaltung befohlen", bemerkte Meres.

Memukan, der am Fenster stand und hinausblickte, warf dazwischen: „Unser erst kürzlich so hoch geehrter Freund ist wohl in den Palast gerufen worden."

„Wer?"

„Dort draußen geht Mordokai zum Palast, begleitet von zwei Unsterblichen."

Nachdenklich sagte Schethar: „Könnte man da nicht fast vermuten, Hamans Tod habe etwas mit dem kürzlich erlassenen Gesetz, alle Juden zu töten, zu tun?"

„Das glaube ich kaum", Meres schüttelte den Kopf. „Obwohl es stimmt, daß der König den Juden immer freundlich gesonnen war, bis er dieses Gesetz erlassen hat."

„Das Gesetz war nicht des Königs Idee, sondern Hamans schmutziger Plan", erklärte Memukan bestimmt.

„Darin sind wir uns einig", stimmte Meres zu, „aber es wurde doch mit dem königlichen Siegel erlassen."

„Schon, aber das hatte Haman in Verwahrung, und er hat es dazu gebraucht."

„Nehmen wir einmal an", bemerkte Memukan nachdenklich, „Haman hat dem König nicht gesagt, daß sich das Gesetz gegen die Juden richtet, was dann?"

„Das ist undenkbar", platzte Schethar heraus. „Du glaubst doch nicht etwa, der König hätte Haman erlaubt, ein Gesetz zu erlassen, durch das ein ganzes Volk ausgerottet werden soll, ohne auch nur den Namen dieses Volkes zu erwähnen?"

„Du darfst aber nicht vergessen", wandte Meres ein, „daß Haman einen fast hypnotischen Einfluß auf den König hatte."

„Das war nicht nur mit dem König so. Auch ich habe mich oft gewundert, wie er die Menschen beeindrucken konnte. Er hatte fast etwas wie ein Schlangenbeschwörer an sich."

„Wenn ich mir's recht überlege, Memukan, könntest du doch recht haben", nickte Schethar jetzt. „Die ganze Sache bekommt erst richtig einen Sinn, wenn wir einmal davon ausgehen, daß es Haman gelungen sein könnte, dem König vorzumachen, es handele sich bei dieser Gruppe von Menschen um einige aufrührerische Außenseiter, die am besten ausgerottet würden."

„Glaubt ihr wirklich, Xerxes wäre mit einer so oberflächlichen Erklärung zufrieden gewesen?", zweifelte Marsna.

„Es wäre jedenfalls nicht verrückter als eine Menge anderer Dinge, die der König in der letzten Zeit unter Hamans Einfluß getan hat", gab Memukan zu bedenken. „Xerxes ist nicht mehr wie früher. Er brütet häufig vor sich hin, ist verschlossen und oft recht seltsam."

„Seit dem unglücklichen Griechenlandfeldzug hat er sich sehr verändert", nickte Tharsis.

„Ja, der griechische Feldzug und vor allem Salamis haben ihm zugesetzt", stimmte Meres zu. „Aber das ist nun schon sechs Jahre her. Und sehr launisch war er schon früher."

„Launisch schon", erwiderte Schethar. „Aber ist euch aufgefallen, wie gleichgültig ihn die Staatsgeschäfte in letzter Zeit manchmal lassen? Bei Audienzen scheint er mir mit den Gedanken oft abwesend zu sein."

„Jetzt steckt er ganz gewiß in einem ziemlichen Dilemma. Kürzlich erst hat er den Juden Mordokai in so besonderer Weise ehren lassen, weil er sich daran erinnert hat, daß dieser ihm einmal das Leben rettete, und nun muß er entdecken, daß in seinem Namen ein Gesetz zur Ausrottung der Juden erlassen worden ist."

Memukan wiegte den Kopf hin und her. „Wenn das Gerücht stimmt, das mir heute nachmittag zugetragen worden ist, wäre es noch schlimmer." Er trat näher an die anderen heran und fügte leise hinzu: „Ich habe gehört, die Königin sei selbst eine Jüdin."

Xerxes hatte Mordokai zu sich rufen lassen. Er wußte nicht, wem er nach Hamans Verrat noch trauen sollte. Den sieben Fürsten? In seiner Unsicherheit fragte er sich, ob sie vielleicht auch schon Pläne gegen ihn schmiedeten! Nur der Treue Esthers war er sich noch sicher, und der des Juden, der ihm schon einmal das Leben gerettet hatte.

Mordokai trat fragend an den Großkönig. Nach der üblichen Begrüßung bedankte er sich für die Ehre, die Xerxes ihm hatte zuteil werden lassen.

„Die Königin sagte mir, du seist ihr Pflegevater?" fragte Xerxes.

„Das ist in der Tat mein Vorrecht, Majestät."

„Und du hast während der ganzen Zeit, seit sie schon Königin ist, noch nicht versucht, Vorteile aus dieser Tatsache zu schlagen? Das spricht sehr für dich, Herr Mordokai. Ich weiß das zu schätzen." Einen Augenblick schwieg der König und fuhr dann fort: „Es sieht also fast so aus, als wärest du mein Schwiegervater, Mordokai."

„Fast zu viel Ehre für mich, Majestät."

Der König benahm sich sehr ruhig und normal, als wären die Ereignisse der letzten Tage und Stunden gar nicht geschehen. Er fragte nach Mordokais Meinung in mehreren Staatsangelegenheiten. Haman wurde mit keinem Wort erwähnt. Plötzlich fuhr Xerxes in vertraulicherem Tone fort: „Es ist eine seltsame Sache, Herr Mordokai, wenn man einem Menschen völlig vertraut und dann von ihm verraten wird. Das habe ich in diesem Ausmaß noch nie erlebt. Ich selbst habe mir Haman ausgesucht, habe ihn geschult und ihm ungeheure Vollmachten übertragen. Sogar über meine sieben vertrauten Fürsten habe ich ihn gesetzt. — Ist es eigentlich wahr, daß du dich vor ihm nie niedergebeugt hast?"

Mordokai wußte, was er jetzt riskierte, antwortete aber: „Niemals, Majestät."

„Ich habe alle beschlagnahmten Güter Hamans der Königin geschenkt. Sie wünscht, daß du sie verwaltest, Mordokai."

„Majestät..." Mordokai hatte an Haman gesehen, wie schnell man aufsteigen, aber noch schneller fallen kann. Er wünschte kein unnötiges Risiko.

Doch der König überhörte seinen Einwand und fuhr fort. „Für Haman hatte ich extra das Amt des Großwesirs geschaffen, und trotzdem hat er mich, den Großkönig, verraten..." Er blickte Mordokai tief in die Augen. „Du", flüsterte er dann, „du, Mordokai, bist der richtige Mann. Ich werde dich zu meinem neuen Großwesir machen."

Mordokai fuhr zurück. „Majestät, ich bitte euch..." Der Leichnam des vorigen Großwesirs war noch nicht richtig kalt, und er, als Jude, stand durch das Gesetz unter Todesdrohung. Sicher, er war ehrgeizig, aber er hatte sich auch immer einen kühlen Kopf bewahrt und dachte ans Überleben. „Die sieben Fürsten...", wandte er ein.

„Die Sieben sind meine ältesten Freunde. Ich hole mir oft Rat von ihnen, und sie sind für die Ausführungen vieler Dienste zuständig", erwiderte Xerxes. „Aber ich habe mit Haman gelernt, daß ich einen Großwesir brauche. Und du wirst dieser Großwesir sein, denn dir kann ich vertrauen." Er nahm seinen Siegelring vom Finger, den er Haman wieder abgenommen hatte, und steckte ihn an Mordokais Hand.

War dies überhaupt gesetzlich, überlegte Mordokai? Und war es klug? Wenn er an Hamans Schicksal dachte, hatte er seine Bedenken. Auf der anderen Seite war dies vielleicht die mögliche Lösung für die Probleme, die das Gesetz verursachten? Doch sicherlich brauchte es für seine Ernennung Zeugen? Er erfuhr sofort, daß auch Xerxes daran gedacht hatte. „Harbona", befahl er, „schaffe so schnell wie möglich die sieben Fürsten her."

Als sie versammelt waren und Xerxes der Etikette gemäß begrüßt hatten, erklärte der König ihnen, was er getan hatte. Alle schwiegen überrascht. Endlich begann Memukan zögernd: „Mein Herr König..."

Xerxes hob seine Hand. Wieder trat Stille ein. Der König selbst schien ebenfalls ganz ruhig zu sein und nicht so aufgeregt wie damals, als er Haman ernannt hatte. ,,Meine Herren", begann Xerxes, ,,Mordokai ist mein Schwiegervater."

Ungläubige Gesichter, Ausrufe der Überraschung und Erregung. Die Neuigkeit war schockierend!

,,Der Herr Mordokai hat mir seit vielen Jahren gedient. Er ist erfahren und klug, und darüber hinaus ist er treu, das hat er bewiesen. Sicher habt ihr das Komplott nicht vergessen, das Bigthan und Teresch damals in Parsa gegen mich planten. Es war Mordokai, der es aufdeckte und mir das Leben rettete." Er blickte die Sieben ein wenig amüsiert an. ,,Ich denke, die Angelegenheit ist klar, und wir brauchen nicht weiter darüber zu reden."

Als Mordokai den König verließ, war er sich darüber im klaren, daß die Sieben mit der Entwicklung der Dinge nicht recht zufrieden waren. Er hielt jetzt soviel Macht in den Händen, wie er sich nie hätte träumen lassen. Eigentlich hätte er in gehobener Stimmung sein müssen. Aber er machte sich keine Illusionen über die Gefahren dieser hohen Stellung. Und außerdem war da immer noch das Gesetz. Wenn er keine Lösung dafür fand, hatte er keine elf Monate mehr, bis er sterben mußte. Und auch die eifersüchtigen Sieben konnten ihm in den kommenden Monaten seine Aufgaben ziemlich sauer machen.

Es mußte auch bedacht werden, daß Hamans zehn Söhne noch lebten, die mächtig und einflußreich waren, wenn sie sich im Augenblick auch versteckten. Sicherlich schmiedeten sie schon Pläne und würden im Versteck warten, bis das Gesetz in Kraft trat. Da es mit des Königs Siegel versehen war, konnte es unter keinen Umständen zurückgenommen werden und konnte immer noch den Untergang der Juden bedeuten. Das hieß, auch Hadassa würde sterben müssen. Wenn er, Mordokai, keinen Ausweg fand, würde Haman trotzdem noch Sieger bleiben, obwohl er nun tot war.

Als der König wieder allein war, blieb er auf dem Thron sitzen und starrte auf den Fußboden. Die Ereignisse der letzten Tage hatten ihn sehr mitgenommen. Dazu kam noch die schlaflose Nacht. Hamans Verrat war wieder eine Niederlage für ihn gewesen. Wieder wie bei Salamis? Vor seinen Augen begannen die Dinge zu verschwimmen. Wer war diesmal der Schuldige gewesen? Wer hatte ihn bei Salamis verraten! „Mardonius" — „Haman"!

Die Gedanken gingen wirr durcheinander. Laut schrie er jetzt diese beiden Namen. Harbona kam hereingelaufen. Xerxes blickte ihn an, ohne ihn wirklich wahrzunehmen.

Und wie war es damals mit Vasti gewesen? Hatten ihn da nicht die sieben Fürsten zu der harten Handlung geraten? Auch eine Niederlage. Hörbar mit den Zähnen knirschend rief er: „Verräter ... alles Verräter! Harbona, dieser verräterische und lügnerische Agagiter Haman, ich habe ihn doch töten lassen, ja? Oder lebt er etwa noch?"

„Er ist tot, mein Herr König", antwortete Harbona.

„Gut, gut", des Königs Worte wurden zum Flüstern. Er verkrampfte seine Hände um die Armlehnen des Thrones. „Ich gab ihm Macht, Reichtum, Frauen und mein Vertrauen, und er ... er hat mich ... verraten." Seine Sprache wurde immer langsamer.

„Und mein lieber kleiner Stern ... meine Esther ..." fuhr er leise fort. „Harbona ... was soll ich tun? Haman hat mich auch hier verraten. Das Gesetz ... sie muß sterben ... ich kann es nicht zurücknehmen. Harbona ... die Königin ... mein Schwiegervater ... sag ..." Damit brach der König auf dem Thron zusammen.

„Majestät, gestattet uns, euch ins Bett zu bringen", flehte Harbona. Xerxes konnte nur noch nicken. „Bett? Ja ... Bett", flüsterte er.

Harbona rief die Sklaven. Vorsichtig wurde der unverständliche Worte murmelnde König in sein Schlafgemach getragen und dort ins Bett gelegt. Für die nächsten zwei Monate konnte er es nicht mehr verlassen.

23. Kapitel

Für die kleine Gruppe von Juden, die in dem Eselskarren entkommen war, wurde die Reise zur Grenze lang und voller Schrecken. Meist reisten sie, ihrer Sicherheit und auch der Kühle wegen, in der Dunkelheit. Die Tage waren wie die Vorhölle. Manchmal fanden sie ein wenig Schatten, doch am großen Golf entlang gab es lange Strecken, wo keiner zu finden war. Manchmal, wenn sie mit Soldaten oder anderen verdächtigen Menschen zusammentrafen, mußten sie sich wieder unter den alten Lederhäuten verstecken. So zogen sie über felsige Straßen, durch Hitze, Sand und Stürme.

David mußte in seiner Verkleidung immer wieder in die Dörfer gehen und für Proviant sorgen. Manchmal brachte er Neuigkeiten mit, die er nur Jakob erzählte, um die anderen nicht zu beunruhigen. „Heute sah ich, wie ein alter Jude geschlagen wurde", flüsterte er. „Seine Frau haben sie bespuckt. Und zwei jüdische Geschäfte wurden in Brand gesteckt."

Endlich erreichten sie die arabische Satrapie. Sie waren nahe der Provinzhauptstadt und auch in der Nähe der Reichsgrenze. Rabos beschloß, in den Palast zu gehen und um eine Audienz beim Satrapen, den er gut kannte, zu bitten. Durakka, der Satrap, schaute den jüdischen Kaufmann nachdenklich an und sandte alle anderen aus dem Raum. Er war selbst ein vom Alter gebeugter Mann und stand in dem Ruf, ehrlich zu sein. „Dir ist doch klar, was ich riskiere, wenn ich dich über die Grenze entkommen lasse?", fragte er Rabos. „Ich kann mein Amt verlieren. Jetzt habe ich Macht, Reichtum, eine schöne Frau und ein gutes Leben. Soll ich das alles für dich aufs Spiel setzen?"

„Ich könnte dich gut dafür bezahlen", antwortete Rabos.

„Wie viele seid ihr?"

„Sechs."

„Sechs", dramatisch schlug der Satrap die Hände zusammen. „Du forderst sehr viel von mir, Rabos."

„Ich habe eine Menge Juwelen und Goldstücke. Sie sollen alle dir gehören, wenn du uns gut über die Grenze bringst", wiederholte Rabos.

„Also gut", nickte Durakka, „ich werde euch sechs Passierscheine ausstellen, damit ihr sicher über die Grenze kommt. Aber dafür erhalte ich alles, was du an Reichtümern besitzt." Er rief nach einem Schreiber und ließ die Pässe ausstellen.

Tränen rannen dem Juden über das Gesicht. „Mein Freund", rief er, „du wirst nie wissen..."

„Ich will es auch nicht wissen", unterbrach ihn der Satrap. „Und nenne mich nicht mehr Freund. Es ist gefährlich, in dieser Zeit ein Freund von Juden zu sein." Er übergab Rabos die Passierscheine. „Nun geh, ich werde den Verwalter meiner Schatzkammer mit dir senden."

Als Rabos mit dem Verwalter und dessen Sklaven zu den anderen kam, die am Stadttor warteten, übergaben sie dem Beamten schnell Geld und Juwelen und machten sich dann unter dem Gelächter und Spott der Zuschauer auf den Weg. Steine, verdorbenes Obst und Gemüse wurden ihnen nachgeworfen. Doch sie sahen jetzt den Weg in die Freiheit und Sicherheit vor sich.

„Jahwe ist gut", seufzte Rachel. „Wir werden jenseits der Grenze einen neuen Anfang machen können, meine Kinder. Wie weit ist es noch?"

„Etwa eine Tagesreise."

„Das werden wir sogar in dieser Hitze noch schaffen."

Sie zogen weiter. Da sie nun Passierscheine hatten und sich nicht mehr zu verstecken brauchten, warfen sie die letzten der stinkenden Häute beiseite. Zwar hatten sie dadurch noch immer keinen Schutz vor der brennenden Sonne, aber der ekelerregende Geruch verlor sich langsam.

Endlich überschritten sie die Grenze und zogen noch bis zur nächsten Oase, in der die Stadt Naktis lag. Rabos nahm seine Dokumente und ging zu Irtanka, dem Herrscher dieser Stadt. Lächelnd kehrte er nach einiger Zeit zurück. „Wir sollen ruhig hier warten. Irtanka läßt einen guten Platz für uns suchen und will dann jemand senden, der uns dorthin führt."

In dieser Nacht schliefen die Flüchtlinge das erste Mal seit langer Zeit sorglos. Deshalb hörten sie auch nicht die eiligen Hufschläge des Pferdes, die sich in jene Richtung entfernten, aus der sie gekommen waren.

Irtankas Kurier traf am nächsten Morgen in Durakkas Palast ein und bat um eine Unterredung mit dem Statthalter. Als er am Nachmittag zum Satrapen geführt wurde, begann er: „Mein Herr Irtanka sendet seine Grüße an euch, mein Herr."

Ein Sklave überreichte Durakka die Tontafel mit der Nachricht. Durakka konnte zwar nicht lesen, wollte dies aber nicht zugeben. Deshalb tat er so, als studiere er die Tafel sorgfältig und reichte sie dann seinem Schreiber mit dem Befehl: „Lies sie laut vor, damit alle diese interessante Nachricht hören können."

Der Schreiber las: „Irtanka sendet seine Grüße an den ehrenwerten Satrapen von Arabien. Warum, mein Freund und Vetter, hast du mir diese arme Familie geschickt, die in deinem eigenen Land durch das Gesetz mit dem Tode bedroht ist? Der Jude Rabos sagte mir, daß er dich dafür gut bezahlt hat. Sicherlich verstehst du, daß ich erwarten kann, einen Teil dieser Bezahlung von dir zu erhalten. Wenn ich, mein lieber Vetter, durch meinen Boten keine zustimmende Antwort von dir erhalte, werde ich tun, was du unter gleichen Umständen auch tun würdest: Ich werde die Familie zu dir zurücksenden. Meine Grüße an deine Frau."

Durakka überlegte. Was sollte er tun? Sollte er Irtanka einiges Gold und Juwelen schicken? Das wollte er nicht. Plötzlich sah er die Lösung. Er konnte seine Treue zum König beweisen und gleichzeitig die volle Bestechungssumme behalten. Er wandte sich an den Boten: „Sage deinem Herrn, er soll die jüdische Familie zurückschicken und bring ihm gleichzeitig meine Entschuldigung. Es war gedankenlos von mir, ihm diese Leute zu senden. Wir müssen mit unseren Problemen selbst fertig werden."

In der Oase Naktis redete man viel über die jüdische Familie, die angekommen war. Manche bedauerten sie, aber von den meisten wurden sie verlacht. „Das sind doch Juden, wie?"

„Ja. Ich habe gehört, daß man im persischen Reich die Juden nicht mehr haben will. Aber warum sollten wir sie aufnehmen?"

„Sie sollen am 13. Adar alle getötet werden."

„Getötet? Dann können wir uns ja mit ihnen auch unseren Spaß machen. Vielleicht haben sie wertvolle Dinge bei sich."

Rabos wurde wieder ängstlich. Warum hörte er solange nichts von Irtanka? Es gab doch leere Häuser genug in der Stadt. Außerdem hatte er Durakka so viele Schätze gegeben, daß es auch noch für Irtanka hätte reichen müssen. Endlich, als schon einige der Einwohner begannen, die Juden zu verspotten, kam Irtankas Bote mit einer Anzahl Soldaten geritten.

„Sieh, da kommt er", rief Rachel. „Und er bringt auch gleich Soldaten mit, die uns vor dem Volk beschützen sollen."

Erwartungsvoll blickten sie den Heranreitenden entgegen. Der Offizier hielt direkt vor Rabos an. Ohne ein Wort der Erklärung deutete er in die Richtung, aus der sie gekommen waren und sagte hart: „Fort mit euch!"

„Wie... wie bitte?" stammelte Rabos. „Wir haben doch Passierscheine. Und außerdem bin ich ein Freund von Durakka, dem Satrapen von Arabien."

„Ich weiß selber, wer du bist", fuhr der Offizier ihn an. „Aber das ist hier nicht Durakkas Provinz. Dieses Land wird von Irtanka regiert. Und er sagt, daß ihr hier nicht bleiben dürft, sondern zurückkehren müßt."

„Aber das muß ein Mißverständnis sein. Vor zwei Tagen hat Irtanka mir versprochen..."

„Heute ist heute", unterbrach ihn der Offizier. „Und heute sagte Irtanka, ihr müßt zurück zu Durakka und dürft nie wiederkommen."

„Aber wenn wir zurückgehen, werden wir getötet."

„Was mit euch geschieht ist nicht meine Sache. Ich führe nur meine Befehle aus. Also macht euch sofort auf den Weg."

„Aber unsere Kinder sind zur Zeit nicht hier. Sie sind in die Stadt gegangen, um sie anzuschauen. Wir müssen auf sie warten."

„Ihr scheint immer noch nicht zu begreifen", antwortete der Offizier. „Wenn ihr euch nicht sofort auf den Rückweg macht, habe ich Befehl, euch zu töten. Wir werden euch bis zur Grenze eskortieren, damit ihr auch wirklich geht. Also los, Jude, mach dich auf den Weg!"

„Geh, Rabos, und suche die jungen Leute", sagte Rachel.

„Dazu ist keine Zeit. Um die werden wir uns kümmern. Ihr geht."

„Ihr wollt einfach unsere Familie auseinanderreißen", fuhr Rachel auf?

„Ja, einfach so." Der Offizier spuckte vor ihr auf den Fußboden. „Sie können euch ja folgen."

„Aber wie? Unser einziges Transportmittel haben wir hier", fragte Rabos.

„Na, ich denke, sie haben doch Beine, oder etwa nicht?" Die Zuschauer, die bis jetzt stumm dabeigestanden hatten, begannen zu lachen und zu johlen.

Langsam setzte Rabos die Esel in Bewegung und führte sie in nördlicher Richtung. Rachel saß weinend auf dem Karren und blickte rückwärts. Sie rief immer wieder: „David ... Jakob ... Ruth ... Judith! — Jakob ... mein Sohn!"

Kurz vor Sonnenuntergang kamen die vier jungen Leute zurück zum Lagerplatz, konnten aber Rabos und Rachel nirgends sehen. „Vielleicht hat Irtanka sie schon zu unserem neuen Wohnplatz bringen lassen?" überlegte David. „Wir werden fragen."

David begann, andere, die in der Nähe lagerten, zu befragen. Zuerst erntete er nur Kopfschütteln. Dann erkannte er einen Mann, den er am Vormittag schon gesehen hatte und fragte ihn: „Du warst heute morgen schon hier? Was ist mit den beiden älteren Juden geschehen?"

Es war einer der wenigen freundlichen Leute, der Mitleid mit den Juden hatte. Er sagte: „Sie sind nach dort gezogen." Dabei deutete er nordwärts.

„In diese Richtung? Das kann nicht stimmen."

„Doch, sie zogen unter Bewachung in diese Richtung."

„Willst du sagen, daß Soldaten nötig waren, um sie zu beschützen?"

Seufzend schüttelte der Mann den Kopf. „Nein, mein Sohn. Du verstehst mich nicht. Die Soldaten haben sie mit Gewalt zur Grenze zurückgebracht."

„Aber das ist doch unmöglich. Wenn sie zurück müssen, werden sie getötet."

„Das sagte dein Vater den Soldaten auch. Aber es half alles nichts. Sie mußten fort, ohne auf euch warten zu dürfen."

David ging zu den drei anderen zurück und erzählte ihnen, was geschehen war. Die jungen Leute beschlossen, sich sofort auf den Weg zu machen. Sie mußten laufen und würden deshalb länger brauchen. Noch konnten sie das letzte Tageslicht ausnutzen, eine Strecke zurückzulegen.

Am übernächsten Tag kamen sie an der Grenze an. Eine Strecke vorher setzten sie sich im Schatten eines Baumes nieder. „Da ich der Älteste bin, werde ich gehen, um herauszufinden, was mit Rabos und Rachel geschehen ist", sagte David. „Außerdem werden sie sich dort nicht an mich erinnern. Ich sehe ja selbst fast wie ein Araber aus."

Nach längerer Zeit kam David eilig zu ihnen zurück. „Was ist los? Was hast du erfahren", fragten die anderen drei eifrig.

David setzte sich erschöpft nieder. ,,Drüben auf der anderen Seite habe ich sie gefunden", sagte er dumpf.

,,Das ist gut. Wir werden sie schon irgendwie wieder herausholen", sagte Jakob zuversichtlich.

,,Nein", schüttelte David den Kopf. ,,Es ist ... ich meine, es geht nicht."

,,Warum nicht?"

,,Sie sind tot. Als sie über die Grenze gegangen waren, bat dein Vater darum, zum Satrapen geführt zu werden. Doch es versammelten sich eine Menge Leute und zeigten immer wieder auf das Gesetz, das dort an einem Tor angeschlagen ist. In den letzten Tagen scheint der Haß gegen die Juden sehr gestiegen zu sein. Überall versuchen unsere Landsleute zu fliehen. Man versucht, ihnen ihr Land, ihr Vermögen, ihre Frauen und Töchter zu nehmen."

,,Und meine Eltern?" flüsterte Ruth.

,,Der Pöbel nahm ihnen alles, was sie noch besaßen. Dann wurden sie bewußtlos geschlagen, auf ihren Karren gebunden und ... verbrannt."

Die vier saßen lange Zeit und weinten.

Alle alten Zweifel stiegen in David wieder auf. Jahwe, wo bist Du? Zwei fromme Juden wurden ermordet. Ihre Kinder sind dem Untergang geweiht. Was für ein Gott bist Du? Was hast Du mit uns vor? Plötzlich sagte er: ,,Wir haben keine Zeit für Tränen, sondern müssen so schnell wie möglich von hier weg."

,,Aber wohin können wir gehen?"

,,Ihr werdet euch hier irgendwo verstecken. Ich gehe zurück nach Susa und suche Hilfe", erklärte David. ,,Jakob, du mußt dich in der Zwischenzeit um die Mädchen kümmern."

Jakob protestierte. ,,Wir brauchen Unterkunft und Nahrung."

,,Das ist jetzt deine Sache. Ich muß laufen, so schnell ich kann, und allein. Du mußt sehen, wo du Nahrung herbekommst. Gehe jagen oder tu sonst etwas. Unsere Lage ist schlimmer, als wir dachten. Zwar ist der 13. Adar noch etwa zehn Monate hin, aber die Leute verfolgen unser Volk schon jetzt härter, als man annehmen konnte. Ich will versuchen Hilfe zu finden.

David zog Ruth an sich. Er schaute ihr tief in die Augen. Sie wunderte sich über ihn. Er war, seit er von der Grenze zurück war und ihnen vom Tod der Eltern erzählt hatte, ein ganz anderer als vorher. „Ich liebe dich, Ruth", sagte er. „Und ich werde um dein Leben kämpfen. Ich finde bestimmt einen Weg, um uns in Sicherheit zu bringen." Er küßte sie und wandte sich zum Gehen.

„Wir werden für dich beten, David", rief sie ihm nach.

Überall im Land wurden die Juden jetzt verfolgt, mißachtet, beraubt und bedroht. Zwar durfte man sie noch nicht töten. Das Gesetz bestimmte, daß dies am 13. Adar zu geschehen habe. Aber da Haman laufend neue Anschuldigungen gegen sie in alle Provinzen geschickt hatte, war der Haß gestiegen. Haman hatte erklärt, die Juden seien keine Staatsbürger mehr und stünden nicht mehr unter dem Schutz des Reiches. Nur noch wenige Juden wagten sich allein auf die Straße. Nachts verrammelten sie ihre Geschäfte und Häuser wie kleine Festungen. Und immer wieder mußten sie hören wie Menschen murmelten oder schrien: „Wartet nur, der 13. Adar wird kommen."

David marschierte, so schnell ihn seine Füße trugen, nach Susa. Meist ging er in der Dunkelheit. Am Tage war er sehr vorsichtig. An seinen Füßen hatte er große Blasen, von denen einige schon aufgegangen waren und heftig schmerzten, weil sich hier und da schon rohes Fleisch zeigte. Doch er war zu zornig und zu entschlossen, um groß darauf zu achten. Er hatte sich wieder die Verkleidung eines alten Mannes zugelegt, mit der er vor längerer Zeit bei ihrer Flucht nachts aus dem Stadttor in Susa gekommen war. Auf diese Weise konnte er sich hier und da ein wenig Nahrung erbetteln und hörte auch einmal einige Neuigkeiten.

In einer kleinen Stadt kam ein großer Mann, der wie ein jüdischer Flüchtling aussah, zu David und fragte ihn: „Bist du ein Jude?"

„Nein", antwortete David. „Du etwa?"

Mit eifrigem Kopfnicken antwortete der andere: „O ja, das bin ich.“

David fragte sich, warum der andere mit solchem Eifer anderen eine so gefährliche Sache erzählte, noch dazu einem ihm völlig Fremden. Er vermutete, einen Spitzel vor sich zu haben, der sich als Jude ausgab, und beschloß, ihm eine Falle zu stellen. Deshalb sagte er: „Ihr Juden habt jetzt einen guten Führer nötig, der euch aus euren Schwierigkeiten herausbringt. Jemand wie vor langer Zeit der *Jona,* der euer Volk damals aus Ägypten führte, wie?“

„Das stimmt“, rief der andere. „Wir brauchen wirklich einen neuen Jona. Ich bete jeden Abend dafür, daß Gott uns einen neuen Jona schenkt. Aber entschuldige mich. Dort drüben sehe ich einen anderen Juden. Mit ihm muß ich mich unterhalten.“

Nun war David sicher, daß es sich um einen Spitzel handelte, denn jeder Jude hätte gewußt, daß nicht Jona, sondern Mose die Israeliten aus Ägypten geführt hatte. Er überlegte sich, wie er den anderen Juden vor dem Spitzel warnen konnte. Ihm fiel ein altes jüdisches Passahlied ein, das er nun auch mit lauter Stimme zu singen begann. Der Jude hörte ihn und blickte aufmerksam herüber. Hinter dem Rücken des Spitzels machte David ihm warnende Zeichen und wandte sich dann ab. Mehr als das konnte er nicht tun.

In allen Städten, durch die er kam, fand er trauernde und besorgte Juden. Manche waren ebenfalls geflohen, andere versuchten sich zu verstecken. Trotz des Hasses, den die anderen Menschen immer mehr zeigten, gab es unter der Bevölkerung doch auch noch einige, die das Schicksal der Juden bedauerten und die den Mut aufbrachten, Juden in ihren eigenen Häusern zu verstecken und zu versorgen. Je näher David Susa kam, um so mehr wurde ihm klar, wie Hamans böse Saat der Verleumdung und des Hasses gegen die Juden schon aufgegangen war. Was würde erst am 13. Adar werden, fragte er sich?

Endlich sah er in der Ferne Susa auftauchen. Er ging langsamer und richtete es so ein, daß er zusammen mit einer größeren lärmenden Gruppe von Händlern das Stadttor passieren konnte, so daß man ihm kaum Aufmerksamkeit schenkte. Als er erst in der Stadt war, nahm er den kürzesten Weg zum Haus seines Großvaters. Als er dort ankam, fand er es verlassen vor. Einige Fenster waren eingeschlagen, und auch das Tor war beschädigt. Wohin waren sie wohl gegangen? Oder waren sie gar tot?

David erinnerte sich an einen guten persischen Freund seines Großvaters. Dort würde er zuerst fragen. „Ob sie mich überhaupt erkennen werden?“ fragte er sich, als er am Haus des Persers stand und klopfte. In seiner Verkleidung konnte man ihn leicht abweisen.

Als er geklopft hatte, fragte eine scharfe Stimme: „Wer ist draußen?“

„Ein Freund deines Herrn.“ Mißtrauisch blickte ihn der Wächter durch eine kleine Luke im Tor an. „Ich kann dir nichts geben, versichere dir aber, daß ich ein Freund deines Herrn bin“, wiederholte David.

„Willst du mich beleidigen?“ knurrte der Wächter.

„Bitte geh zu deinem Herrn und sage ihm, David Ben-Bilsan steht am Tor. Wenn er nichts darauf sagt, werde ich schnellstens wieder gehen.“

Nach einigen Augenblicken kehrte der Wächter zurück, öffnete das Tor und sagte: „Folge mir bitte.“ Er führte ihn um das Haus herum zum Garteneingang und öffnete die Tür in einen ziemlich dunklen Raum. David trat vorsichtig ein.

„David, bist du es wirklich?“ Eine schattenhafte Gestalt trat auf ihn zu und umarmte ihn. „Wir fürchteten schon, du seist tot.“

„Wo ist meine Familie?“ fragte David.

„Sie sind alle hier. Es geht ihnen gut“, flüsterte der Perser. „Ich werde sie auf dein Erscheinen vorbereiten und...“, er blickte David aufmerksam an, „...dir täte zuerst einmal ein Bad und frische Kleidung gut.“

Nach einiger Zeit saß David seiner Familie in einem sorgfältig verschlossenen Raum gegenüber. Alle freuten sich über das Wiedersehen.

Am nächsten Morgen erwachte er mit wütendem Fieber. Immer wieder rief er: ,,Ruth! Ruth!" Doch als man ihn fragte, wo sie sei und wie es ihr gehe, konnte er keine vernünftigen Antworten geben. Am Nachmittag ging es ihm dann langsam wieder besser. Und sofort begann er Pläne zu machen, wie er am schnellsten wieder zu seinen drei Freunden kommen konnte, die er an der arabischen Grenze allein zurückgelassen hatte. Er wollte sofort wieder aufbrechen.

Einige andere junge jüdische Männer waren gekommen und erklärten sich bereit, mit ihm die gefährliche Reise zu unternehmen. In der gleichen Nacht noch ging er mit seinem Freund Nathan und den anderen mit Hilfe langer Seile über die Mauer. Draußen fanden sie am vereinbarten Ort die Pferde, die Bilsans Freund ihnen hatte bereitstellen lassen. Mehrere Tage hatten sie schnell zu reiten, bis sie in das Grenzgebiet kamen. David begann verzweifelt zu suchen, doch zunächst fanden sie keine Spur der drei.

David fragte sich, wo seine Freunde geblieben waren. Hatte man sie gefunden und weggeschleppt? Waren sie wilden Tieren zum Opfer gefallen? Nachts riskierten die Suchenden sogar, hier und da ein Feuer zu machen in der Hoffnung, die drei würden es sehen und herzukommen.

Ruth war allein, als David vorsichtig um die Ecke des Felsens spähte und sie fand. Längere Zeit umarmten sie sich schweigend. ,,Wo sind die beiden anderen?" fragte er endlich.

Sie zeigte auf zwei Personen, die ein wenig entfernt am Felshang lagen. David wollte zu ihnen. Ruth rief: ,,Bitte, David, gehe nicht." Doch er ging weiter, bis er vor seinen beiden toten Freunden stand.

Als er wieder bei Ruth war, fragte er: ,,Wer hat das getan?"

,,Niemand, sie haben sich selbst getötet. Wir waren vor Durst verzweifelt. Deshalb habe ich mich aufgemacht, um Wasser zu finden. Als ich zurückkam, habe ich sie so gefunden. Jakob muß zuerst Judith getötet haben, und dann sich selbst."

Nachdem sie die beiden sorgfältig beerdigt hatten, machte sich die Gruppe traurig auf den Rückweg nach Susa.

24. Kapitel

Die Neuigkeit von Mordokais Ernennung zum Großwesir verbreitete sich wie ein Feuer. „Du hast nun viel Macht in deinen Händen und großen Einfluß", sagten seine Freunde zu ihm. „Sicherlich wird es dir möglich sein, die Übergriffe gegen die Juden zu unterbinden."

„Es gibt ja von offizieller Seite her gar keine Genehmigung für diese Verfolgungen", antwortete er. „Doch es ist zu verstehen, warum es so gekommen ist. Haman hat bisher mit seinem Einfluß die Juden überall verhaßt gemacht. Und da im Namen des Königs das Gesetz erlassen wurde, alle Juden am 13. Adar zu töten, verdächtigt man sie überall, Außenseiter und Staatsfeinde zu sein. Viele Satrapen und andere Beamte hoffen, sich selbst zu bereichern am Vermögen der Juden und unternehmen deshalb nichts. Außerdem vergeßt ihr, daß ich selbst durch das Gesetz vom Tode bedroht bin."

Täglich trafen Berichte ein, die von Judenverfolgungen sprachen. Es schien in allen Teilen des Reiches so zu sein, von Indien bis Ägypten. In Susa selbst ging zum Beispiel ein Kunde in das Geschäft eines jüdischen Juweliers und ließ sich ein prachtvolles Perlenhalsband vorlegen. Als er nach dem Preis fragte und erfuhr, wie teuer es war, warf er es wütend auf den Fußboden und erklärte: „Ich weiß gar nicht, warum ich jetzt soviel Geld dafür ausgeben sollte. Wenn der 13. Adar kommt, wirst du es mir ganz freiwillig und ohne Bezahlung geben, wenn ich dafür dein Leben schone, Jude."

Überall nahmen die Verfolgungen noch zu. Juden, die Geld verliehen hatten, bekamen keine Zinsen und auch keine Rückzahlungen mehr. Andererseits wurde ihnen dort das Geld gekündigt, wo sie selbst welches hatten leihen müssen. Warum sollte man mit Menschen, die eigentlich schon tot waren, noch Mitleid haben? Den Kindern wurde beigebracht: „Juden sind böse und der Umgang mit ihnen schädlich. Am besten geht ihr ihnen aus dem Weg."

Jeden Abend, wenn Mordokai heimkam, dachte er über das Gesetz nach und überlegte, was er tun könne. Er empfand die Ironie der Sache, mehr Macht in den Händen zu haben, als er je gehofft hatte, und doch für sein eigenes Volk nichts damit anfangen zu können.

Jeder Ausweg, der ihm einfiel, mußte aus irgendeinem Grund wieder verworfen werden. Flucht? Vielleicht würden einige im Schutz der Dunkelheit entkommen. Aber wohin sollten sie gehen? Bestechung? Gewiß, sie hatten Geld genug. Aber wer würde sich von ihnen bestechen lassen, wenn die Leute doch wußten, daß sie die Reichtümer der Juden am 13. Adar ohnehin bekommen würden. Eine besondere Tat, durch die der König beeindruckt wurde? Aber hatte er dem König nicht sogar das Leben gerettet und besaß deshalb jetzt sein Vertrauen. Aber im Falle des Gesetzes half auch das nichts. Der König war zu klug, um etwas gegen die Gesetze zu tun, auf denen die Stabilität seiner Regierung ruhte. Und persisches Gesetz und die Tradition der Achämenieden besagten nun einmal, daß kein im Namen des Königs erlassenes Gesetz wieder zurückgenommen werden konnte. Es schien keinen Ausweg zu geben.

Manchmal rief Mordokai am Abend seine Freunde zu sich. Dann saßen sie bis fast zur Morgendämmerung und redeten und überlegten. Niemand sah eine Möglichkeit. Aber es mußte doch einen Weg geben, weil sonst alles verloren war. Alles schien versperrt durch das unbeugsame Gesetz. Unter den Satrapen hatten die Juden nur wenige Freunde, die den Mut gehabt hätten, ihnen am 13. Adar Schutz oder ein Versteck zu gewähren. Mordokai sagte achselzuckend: „Was hat es unter diesen Umständen für einen Sinn, meine Position in Gefahr zu bringen?“

„Aber auch dich wird man am 13. Adar töten“, antwortete einer seiner jüdischen Freunde, der ebenfalls Rechtsanwalt war.

„Das ist mir klar“, nickte Mordokai. „Doch bis dahin kann ich meinen Einfluß als Großwesir noch geltend machen. Und vielleicht fällt uns doch noch etwas ein. Doch ich kann nicht gegen ein königliches Gesetz handeln. Meine Feinde beobachten mich genau und wären froh, wenn sie einen Grund fänden, mich zu entmachten.“ Damit waren sie mit ihren Überlegungen wieder am Anfang.

Als er wieder allein war, dachte Mordokai aufs neue darüber nach, ob es besser gewesen wäre, sich damals vor Haman zu verbeugen? Doch er wußte, daß es, auch wenn er sich verbeugt hätte, früher oder später zu einer Auseinandersetzung mit Haman gekommen wäre. War die alte Feindschaft aus längst vergangener Zeit wirklich so stark, daß Hamans ganzes Denken davon beeinflußt gewesen war? Doch der Haß mußte schon sehr groß gewesen sein, daß Haman gleich das ganze jüdische Volk ausrotten wollte.

Hamans Söhne, die eifrig gesucht wurden, hatte man immer noch nicht gefunden. Sie wußten, daß man mit ihnen kurzen Prozeß machen würde, wenn man sie fand. Die persische Überlieferung forderte, daß die gesamte Nachkommenschaft eines verdammten Mannes ausgerottet werden mußte. Doch Haman hatte offensichtlich noch viele Anhänger, die seinen zehn Söhnen sicheren Unterschlupf gewährten. Und aus ihren Verstecken heraus arbeiteten und wühlten sie weiter gegen die Juden.

Mordokai dachte daran, daß Jahwe seine Vorväter mit mächtiger Hand aus Ägypten geführt hatte. Er hatte ihnen gegen die Philister, gegen die Hittiter, gegen die Amoriter und viele andere Völker geholfen, ganz sicher konnte Er sie auch jetzt wieder erretten. Die gegenwärtige Lage war allerdings anders als alle früheren. Sein Volk war zerstreut im ganzen persischen Reich, und Jerusalem selbst war auch ein Teil dieses Reiches.

Wohin hätten sie fliehen können? Wer würde übrig bleiben? Jahwe hatte verheißen, daß Er durch die Juden der ganzen Erde Heil bringen wollte. Wie sollte das geschehen, wenn sie ausgerottet wurden wie Ungeziefer?

Mordokai wußte, daß auch in der Hauptstadt selbst Verwirrung herrschte. Nur die wenigsten wußten, was im Palast geschehen war. Ein Gerücht ging um, daß die Söhne Hamans und ihre Anhänger sich geschworen hatten, nicht eher zu ruhen, bis sie ihren Vater an Mordokai und den Juden blutig gerächt hatten. Dazu würde am 13. Adar die beste Gelegenheit sein. Und bis dahin war noch Zeit genug, alles Nötige vorzubereiten.

Im Palast selbst herrschte ungewöhnliche Stille. Zwar standen die Wachen der Unsterblichen wie immer unbeweglich an ihren Plätzen. Aber sonst war es viel ruhiger in den Korridoren und Höfen als sonst. Der Großkönig war krank.

An Tagen, da es ihm so gut ging, daß er sich ein wenig unterhalten wollte, saß Esther neben ihm. Oft fragte er sie: „Sag mir, was habe ich getan, daß so viele Menschen mich verraten?"

Esther streichelte seine Hand und strich ihm das volle schwarze Haar zurück, das jetzt schon graue Strähnen zeigte. Dabei versuchte sie ihn zu trösten: „Dein Vater hat dich nie enttäuscht."

Xerxes schüttelte den Kopf. „Mein Vater nicht, nein. Aber was würde er jetzt von mir denken?"

„Er würde dich lieben, wie er es immer getan hat."

Der König wiegte zweifelnd den Kopf hin und her. „Er liebte starke Männer. Solche, die erfolgreich und mächtig waren. Aber ich bin schwach..."

„Du bist nur krank", antwortete Esther.

„Ahura Mazda hat mich verlassen", klagte Xerxes.

„Warum glaubst du das?

„Das ist doch klar zu sehen", meinte der König bekümmert. „Meine Flotte wurde bei Salamis zerstört. Meine Brüder sowie Mardonius und Mastitios sind in Griechenland gefallen. Alle sind fort." Er schien vergessen zu haben, daß er früher Mardonius die Schuld für die Niederlage bei Salamis gegeben hatte.

„Aber so ist das Leben nun einmal, mein Herr. Wir Menschen unterliegen Krankheiten und dem Tod und ..."

„... und Verrat?" fiel Xerxes ein.

„Ja, manchmal auch Verrat", nickte Esther. „Auch das gehört zum Leben."

Xerxes betrachtete sie aufmerksam und sagte dann leise: „Da ist etwas in deinem Wesen, meine Esther, worüber ich mich immer wieder wundere. Es ist ... ich weiß nicht ... du bist immer so ruhig und so zuversichtlich ..."

„Das hängt mit meinem Glauben zusammen, mein Herr. Mit meinem Glauben an meinen Gott."

„Und wie unterscheidet sich dein Gott von dem meinen?" wollte Xerxes wissen.

Esther überlegte lange, ehe sie antwortete. Seine Krankheit hatte sie noch enger zueinander gebracht als vorher, und es schien, als hätten sie jetzt ihre Rollen vertauscht. Früher hatte er bestimmt, und sie war auf seine Launen und Wünsche eingegangen. Jetzt war sie die Stärkere, beeinflußte ihn mit ihren Gedanken, traf die meisten Entscheidungen und gab den Dienern gewöhnlich die Befehle. Der kranke König war passiv und fast sanft. Er kehrte meist nicht mehr den Herrn der Erde heraus. Sein jähzorniges achämenidisches Temperament war nur noch ganz selten zu spüren. Er verließ sich auf sie und hing an ihr wie ein verlorenes Kind.

„Wir beide glauben doch nur an einen Gott, der alle Dinge geschaffen hat", bohrte er.

„Ja, mein Herr."

„Und wir glauben auch an einen Gott, der uns hilft, unsere Siege zu erringen."

„Ja, mein Herr."

„Aber du hast etwas, Esther, was ich nicht habe. Was ist es? Ist es einfach dein Charakter?"

„Erlaubst du mir, mein Herr, zu erklären, wo ich den Unterschied sehe?"

„Ja, beginne. Ich bin gespannt darauf."

„Unser Gott Jahwe ist ein Gott der Liebe und der Barmherzigkeit. Einer, zu dem wir kommen und mit dem wir reden können."

„Ein Gott, der liebt?" Obwohl Xerxes schwach war, hörte man seiner Stimme jetzt deutlich den Spott an. „Wie könnt ihr das wissen?"

„Einer unserer großen Könige..."

„Eure Könige? Ach ja, ich erinnere mich, die Könige von Israel und Juda — das ist ja jetzt eine Provinz meines Reiches. Da war ein sehr reicher und berühmter. Er hieß... Wie war doch gleich sein Name?"

„Meinst du Salomo?"

„Ja, richtig, Salomo. Sprichst du von ihm?"

„Nein, von seinem Vater, dem König David. Ehe er zum König gesalbt wurde, war er Schafhirte. Er hat viele schöne Lieder über Gott geschrieben und gesungen."

„Sing mir doch eines davon", bat er schwach.

Esther ergriff ihre kleine Harfe und sang:

„Der Herr ist mein Hirte, mir wird nichts mangeln.
Er lagert mich auf grünen Auen,
Er führt mich zu stillen Wassern.
Er erquickt meine Seele.
Er leitet mich in Pfaden der Gerechtigkeit
um Seines Namens willen.
Auch wenn ich wandere im Tal der Todesschatten,
fürchte ich kein Unheil, denn Du bist bei mir;
Dein Stecken und Dein Stab, sie trösten mich.
Du bereitest vor mir einen Tisch
angesichts meiner Feinde;
Du hast mein Haupt mit Öl gesalbt,
mein Becher fließt über.
Nur Güte und Huld werden mir folgen
alle Tage meines Lebens;
und ich kehre zurück ins Haus des Herrn lebenslang."

Als Esther zu Ende gesungen hatte, war der König eingeschlafen.

Mordokai, der die Staatsgeschäfte führen mußte, traf sich regelmäßig mit Esther. „Geht es dem König besser?“ wollte er wissen.

„Etwas schon, Vater. Manchmal sagt er seltsame und ausgefallene Dinge. Zu anderen Zeiten wieder ist er ganz verständig. Heute hat er von Jahwe geredet.“

„Von Jahwe! Xerxes?“

„Vergiß nicht, daß er krank ist, da hat er viel Zeit zum Nachdenken.“

„Aber glaubst du etwa, daß er nach Jahwe fragt?“ wunderte sich Mordokai.

„Ich habe es manchmal fast geglaubt, Vater, aber ich fürchte, es ist nicht so.“

Da Mordokai sah, daß es ihr Kummer machte, wechselte er das Thema. „Die sieben Fürsten sind eine ziemlich exklusive Gruppe, Hadassa. Es fällt ihnen schwer, mich zu akzeptieren.“

„Nun, von ihrem Standpunkt aus sollte ja vielleicht auch einer von ihnen den Ring des Königs tragen, nicht du“, gab sie zu bedenken.

„Das verstehe ich schon. Da es nun aber einmal so ist, mache ich mir Gedanken darüber, wie ich meine Beziehungen zu ihnen verbessern kann“, erwiderte Mordokai nachdenklich.

„Wir sollten ein Gastmahl geben.“

„Wo der König so krank ist?“ Mordokai war besorgt.

„Es wird eben nur ein kleines werden, und zwar in meinem Palast. Nur du und ich, sowie die Sieben und ihre Frauen. Wir könnten es ein wichtiges Arbeitsessen nennen, das wegen des Königs Gesundheitszustand nötig ist.“

„Und was könnten wir mit diesem »Arbeitsessen« erreichen?“ Mordokais Blick war wieder ähnlich amüsiert wie früher, wenn Hadassa als Kind manchmal altkluge Fragen gestellt hatte.

„Einvernehmen, Vater — bessere Beziehungen und besseres Verständnis untereinander. Wenn wir die Frauen für uns gewinnen können, ist der Sieg schon halb unser."

Während er über die glitzernde Tafel hinweg zu Mordokai blickte, grollte Memukan innerlich: „Da sitzt er und trägt des Königs Ring. Das ist nicht gut. Er ist kein Perser und schon gar kein Achämenide. Und schlimmer als das, er ist ein Jude. Dieser Ring sollte eigentlich an meinem Finger stecken."

Marsna hatte Mordokai den ganzen Abend noch nicht offen angesehen. „Erbärmlicher Jude", dachte er. „Wie schade, daß Haman dir nicht den Kopf abgeschlagen hat. Wieso konnte der König dich nur zum Großwesir machen. Sicher war er schon krank, als er das tat. Na ja, das Gesetz ist ja noch in Kraft. Am 13. Adar ist es mit Mordokai vorbei und einer von uns wird den Ring tragen."

„Herr Memukan", sagte Mordokai, „ich hätte deinen Rat nötig."

„Und in welcher Angelegenheit?"

„Es geht um die Verwaltung der königlichen Güter in Parsagadae. Ich habe gehört, du hättest dort auch Besitzungen. Könnten wir uns morgen einmal zusammensetzen? Es wäre sicher eine große Hilfe für mich, da ich nichts über diesen Teil des Reiches weiß."

Memukan verbeugte sich leicht. „Wäre es am Ende des dritten Durchgangs der Wasseruhr recht?" Memukan fühlte sich geehrt, daß er um Rat gefragt wurde. Gleichzeitig ärgerte er sich über sich selbst, weil er sich geehrt fühlte.

Mordokai bemühte sich, jedem der Sieben besondere Aufmerksamkeit zukommen zu lassen. Er gab ihnen zu verstehen, daß er ihre Erfahrungen und Fähigkeiten schätzte und machte Vorschläge, wie sie mehr Aufgaben übernehmen könnten. In der Zwischenzeit gab sich Esther alle Mühe, die Frauen für sich zu gewinnen. Am Ende des Abends schien der Eiswall ein klein wenig zu tauen.

Am nächsten Tag meinte Mordokai: „Was denkst du, Hadassa, was wir eigentlich tun? Wir halten Beratungen, treffen uns zu intimen Festmählern mit den Sieben, und dabei hängt die ganze Zeit das Schwert über unserem Haupt. Wenn erst der 13. Adar kommt, war alles umsonst."

„Hast du auch mit den Sieben nach Lösungsmöglichkeiten gesucht?"

„Sicher, und sie scheinen alle ehrlich bemüht zu sein, einen Ausweg zu finden. Das heißt, alle außer vielleicht ... Marsna. Jedenfalls, niemand hatte eine gute Idee."

„Vater — du hast mir gesagt, daß Jahwe immer derselbe ist."

„Der Er war, der Er ist und der Er sein wird ..."

„Und daß Er auch Seinen Bund mit uns halten wird?"

„Das stimmt", nickte Mordokai. „Aber wir als Volk sind so oft untreu gewesen. Auch ich habe manchmal versagt. Und Jahwe hat gesagt, daß Er heimsuchen wird die Sünden", zitierte er.

„Das stimmt, Vater, aber dort heißt es doch auch, daß Er Barmherzigkeit haben wird mit Tausenden ..."

Trotz seiner Sorgen freute Mordokai sich, daß Esther sich noch so gut an alles erinnern konnte, was er sie gelehrt hatte. „Sieh, Hadassa, ich habe alles getan, was mir möglich war. Wir können jetzt nur noch tun, woran Bilsan uns immer erinnert, nämlich beten. Außerdem können wir nur noch warten und sehen, was Jahwe uns in den kommenden Monaten zeigen wird, Seine Barmherzigkeit oder Sein Gericht."

Mordokai machte sich auf den Heimweg und dachte dabei weiter über all die Probleme nach. In der letzten Zeit hatte er sich wieder mehr als vorher dem Wort Gottes zugewandt, um darin Trost und Zuversicht zu finden.

„Belehre Du mich, Jahwe", betete er. „Tröste mich, denn ich bin mit meinen Möglichkeiten am Ende." Daheim nahm er eine der Schriftrollen und las: „Fürchtet euch nicht, denn ihr sollt sehen, welche Errettung der Herr euch schaffen wird ... Der Herr wird für euch streiten."

25. Kapitel

„Der König hält heute Audienz im Thronsaal, Majestät.“ Hatak brachte die Nachricht zur Königin. „Er möchte, daß ihr es wißt.“

Hatak brachte gleichzeitig eine etwas rätselhafte Botschaft von Mordokai. Esther solle den König bitten, sie während der Audienz zu empfangen, und dort solle sie dann eine bestimmte Bitte vortragen. Sie wunderte sich ein wenig darüber. Aber da Mordokai es so wollte, würde es geschehen. Sie sandte Hatak zum König mit der Bitte, sie zu empfangen. In der Zwischenzeit ließ sie sich von ihren Mädchen sorgfältig ankleiden und fertigmachen.

Xerxes sah viel schmaler aus als vor seiner Krankheit, und auch sein Haar war um vieles grauer geworden. Als er die Bitte der Königin las, blickte er fragend auf Memukan. „Ich bin es nicht gewöhnt, daß Königinnen in meinen Thronsaal kommen. Das letzte Mal, als...“ Er verlor den Faden seiner Gedanken ein wenig. „Mordokai, was weißt du von dieser Bitte?“

„Ich wäre sehr dankbar, mein Herr König, wenn ihr der Königin die Audienz gewähren würdet.“ Der König nickte.

Wieder ging Esther durch den Wald der hohen Säulen, an denen rechts und links die Unsterblichen standen. Doch dieses Mal hatte sie keine Angst, sondern war nur besorgt, wenn sie an das Schicksal ihres Volkes dachte. Es waren nun schon einige

Monate vergangen, und der 13. Adar rückte immer näher. Und wie würde sie am besten Mordokais Bitte vortragen?

Xerxes streckte zerstreut sein goldenes Zepter nach ihr aus. „Mein Herr", begann sie, „ich komme, um für mein Volk zu bitten."

Ihr Volk? Xerxes noch immer nicht ganz klarer Verstand versuchte die Sache zu begreifen. Der Anblick der Königin, die vor ihm kniete, brachte unschöne Erinnerungen zurück. Eine kniende Königin in demselben Saal..., das war der Anfang gewesen von ... Er runzelte die Stirn. „Königin Esther", sagte er laut, „welche Bitte hast du?"

Die Königin begann vorzutragen, was Mordokai ihr gesagt hatte: „Wenn es dem König recht ist, wenn ich seine Gunst gefunden habe, wenn er mir wohlwill und mein Vorschlag ihm gefällt, dann veranlasse der König, daß der Erlaß widerrufen wird, den der Agagsnachfahre Haman, der Sohn Hammedatas, aufgesetzt hat, um die Juden in allen Provinzen des Reiches auszurotten. Ich kann nicht mitansehen, wie das Unheil seinen Lauf nimmt und mein eigenes Volk vernichtet wird."

Schethar blickte zu Mordokai. War er es gewesen, der die Königin so diplomatisch beraten hatte? Es war sehr klug, die Schuld für das Gesetz Haman allein zuzuschieben.

Doch Xerxes stand nun vor dem Problem, dem er seit Wochen sorgfältig aus dem Wege gegangen war. Doch mit der Königin vor ihm und den sieben Fürsten sowie Mordokai neben ihm, konnte er es nicht länger beiseiteschieben. Er war sich bewußt, daß der 13. Adar Verwirrung in sein Reich bringen und auch das Leben seiner Königin sowie seines neuen Großwesirs gefährden würde. Deshalb wandte er sich jetzt an Memukan: „Hast du eine Lösung für das Problem gefunden, Memukan?" Er ließ die Frage so klingen, als wäre dies Memukans Aufgabe gewesen.

„Nein, Majestät", antwortete dieser. „Es ist eine ernste und schwierige Sache, und Tausende von Juden sind in eurem Reich in Gefahr."

„Das weiß ich selbst", fauchte Xerxes ärgerlich, daß Memukan dies so offen sagte. ,,Aber Haman hat mir nicht gesagt, daß es sich um die Juden handelte. Hätte er, würde ich es nie erlaubt haben.“

Memukan wagte nicht, zu bemerken, daß der König sich eigentlich danach hätte erkundigen sollen, ehe er das Gesetz bestätigte. Er sagte statt dessen: ,,Das Gesetz bedroht einige der reichsten und einflußreichsten Männer in eurem Reich, Majestät. Wenn sie plötzlich getötet werden, wird die Wirtschaft schweren Schaden nehmen und...“

,,Bei Angru Manyu!“ rief Xerxes, ,,glaubst du, ich sei ein Narr, Memukan? Das weiß ich alles. Ich habe nach einer Lösung gefragt, nicht um einen Tadel gebeten.“ Es war fast so, als wäre er nie krank gewesen. ,,Herr Mordokai“, wandte er sich an ihn, ,,du bist mein neuer Großwesir und bist ein weiser Mann. Hast du einen guten Gedanken in dieser Sache?“

,,Ich habe viele Stunden darüber nachgedacht, Majestät, und glaube, endlich einen Plan gefunden zu haben, der für euch annehmbar sein wird. Könnte der König nicht ein weiteres Gesetz erlassen, in welchem es den Juden erlaubt wird, sich zu bewaffnen und sich am 13. Adar gegen ihre Feinde zu verteidigen?“

Memukan hielt den Atem an. Der Gedanke war großartig. Der König schaute Mordokai lange in die Augen und überlegte dabei, welche Möglichkeiten sich durch dieses neue Gesetz eröffneten. Er wollte nicht nochmals einen Irrtum begehen, wie mit dem ersten Gesetz, mit dem Haman ihn übertölpelt hatte. Dann blickte er zu den sieben Fürsten.

Schethar, der von Mordokais Vorschlag auch zunächst überrascht war, hatte inzwischen erkannt, daß dies die bestmögliche Lösung der verfahrenen Angelegenheit war. ,,Möge der König ewig leben“, begann er, ,,ich denke, die Idee von Herrn Mordokai ist vernünftig und gut. Das erste Gesetz kann zwar nicht widerrufen werden, aber durch dieses zweite erhalten die Juden die Möglichkeit, sich gegen ihre Verfolger zu wehren und...“

,,Verfolger? Wehren? Was heißt das?“ fragte der König.

„Eure Majestät ist krank gewesen. Aber durch das Gesetz und durch die Hetzbriefe, die Haman noch geschrieben hat, haben sich bestimmte Dinge zugetragen, die..." Er ließ den Satz unvollendet.

„Aber ich habe niemand genehmigt, schon vor dem 13. Adar etwas zu tun", fuhr Xerxes auf. „Seid ihr denn nicht mehr in der Lage, diese Stadt und das Reich unter Kontrolle zu halten! Was für Ratgeber seid ihr eigentlich? Zwei Monate bin ich krank und schon geht die Ordnung aus den Fugen. Alle Übergriffe gegen die Juden müssen sofort aufhören. Herr Schethar, sprich weiter."

„Wenn Herrn Mordokais Plan ausgeführt wird, werden die Juden in der Lage sein, sich zu bewaffnen. Das wird alle anderen zurückhalten, die sie töten wollen. Außerdem wird dieses zweite Gesetz zeigen, in welche Richtung der königliche Wille geht, und auch dies wird zur Verbesserung der Lage beitragen."

„Was meint ihr anderen dazu?" fragte Xerxes. Alle bekundeten ihre Zustimmung zu Schethars Worten. Nur Mordokai bemerkte, wie sehr Marsna dabei zögerte.

Der König wandte sich nun an Mordokai und die Königin. „Erlaßt also dieses neue Gesetz im Blick auf die Juden im Namen des Königs so, wie ihr es gewünscht und vorgetragen habt." Mit zorniger Stimme fügte er hinzu, was alle schon wußten. „Da ein Gesetz, das im Namen des Königs erlassen wurde, nie zurückgenommen werden kann, verlange ich höchste Eile bei der Aussendung dieses zweiten Gesetzes in alle Provinzen, damit alle Satrapen und Beamten im ganzen Reich erkennen, was der Wille des Königs ist. Beginnt damit sofort."

Als die Sklaven den König in seiner Sänfte aus dem Saal trugen, bemerkte er zum ersten Mal bewußt, welch einfache braune Robe Mordokai trug. Er rief: „Harbona, sorge dafür, daß mein Großwesir Mordokai diesen Palast nicht verläßt, ehe er nicht solche Kleidung trägt, die seinem Amt angemessen ist."

Sofort rief Mordokai die königlichen Schreiber zusammen und diktierte ihnen das neue Gesetz. Es war der 23. Tag des Monats Sivan, also des dritten Monats. Damit waren seit dem Erlaß des ersten Gesetzes schon etwa zweieinhalb Monate vergangen.

Mordokai begann das Gesetz zunächst mit den gleichen Worten, die auch Haman für das gegen die Juden gerichtete zur Einleitung verwendet hatte. Dann aber fuhr er fort: „Der König erlaubt den Juden in allen Städten seines Reiches, sich zum Schutz ihres Lebens zusammenzutun und alle zu töten, zu vernichten und auszurotten, die sich in einer Provinz oder unter einem Volk gegen sie erheben; die bewaffneten Männer ebenso wie ihre Frauen und Kinder. Der Besitz ihrer Feinde wird den Juden zur Plünderung freigegeben. Diese Erlaubnis gilt für ein und denselben Tag in allen Provinzen, nämlich den 13. Tag des 12. Monats, des Monats Adar."

Memukan las das neue Gesetz sorgfältig und stieß einen leisen Pfiff aus.

„Habe ich nicht gehört, euer jüdischer Gott sei ein Gott der Barmherzigkeit?", fragte er Mordokai.

„Das stimmt", nickte dieser. „Aber Er ist auch ein Gott der Gerechtigkeit. Ich hoffe allerdings, daß wir hiermit Blutvergießen vermeiden können und ..."

„Blutvergießen vermeiden? Mit diesem Wortlaut? Wie denn?"

„Sieh, Herr Memukan, das Gesetz Hamans sagt", damit ergriff er eine andere Rolle, die vor ihm auf dem Tisch lag, „daß am 13. Adar »alle Juden — Männer, Frauen und Kinder— sollen an einem einzigen Tag erschlagen, ermordet, ausgerottet werden. Ihr Besitz ist zur Plünderung freigegeben.«"

„Und nun erläßt du ein genau gleiches Gesetz, wenn ich es recht verstehe?"

„Nein, es ist anders. Das neue Gesetz sagt, die Juden mögen sich »zum Schutz ihres Lebens zusammentun und alle töten, vernichten und ausrotten, die sich ... gegen sie erheben.« Das Gesetz erlaubt den Juden keinen Angriff, sondern nur Verteidigung."

„Also eine reine Verteidigungsaktion?" Memukans Stimme klang ein wenig spöttisch.

„Herr Memukan", sagte Mordokai ein wenig verärgert, „du weißt doch, daß schon jetzt Tausende von Männern im ganzen Reich gegen mein Volk Pläne schmieden. Sie überlegen, wie sie die Banken und Geschäfte in ihre Hand bekommen können und stellen in allen Städten Listen über die jüdische Bevölkerung auf, damit sie am 13. Adar niemand vergessen. Stimmt das?"

„Ich kann es nicht leugnen", stimmte Memukan zu.

„Siehst du", fuhr Mordokai eifrig fort, „gerade deshalb ist es nötig, daß dieses zweite Gesetz ebenso harte Worte gebraucht und den Juden, wenn sie angegriffen werden, die gleichen Gewalttaten erlaubt wie ihren Feinden. Damit will ich doch erreichen, daß die Feinde abgeschreckt werden und es gar nicht erst zum Blutvergießen kommt."

„Aha", unterbrach Meres ihn, „deshalb muß in dem neuen Gesetz auch stehen, daß Frauen und Kinder ebenfalls getötet werden können?"

Mordokai seufzte. „Du bist doch ein Mann mit Erfahrung, Herr Meres", erwiderte er, „deshalb weißt du auch, wie Menschen handeln können. Wenn nichts von den Frauen und Kindern darinstünde, wäre es den Feinden unseres Volkes ein Leichtes, die Frauen zu bewaffnen und den Kindern Feuerbrände in die Hand zu geben, mit denen sie die Häuser der Juden anzünden können. Ich denke, auch dieser Satz ist notwendig. Jeder kann in Ruhe und Sicherheit leben, der am 13. Adar die Juden nicht angreift. Und da beide Gesetze nur für diesen einen Tag gelten, ist am nächsten die Gefahr in jedem Falle vorüber."

„Bist du denn so sicher, Mordokai, daß alle Leute deines Volkes so fromm und anständig sind, daß sie keine Vorteile aus dem Gesetz ziehen und nicht doch versuchen, Gewalt anzuwenden und sich zu bereichern, auch wenn sie nicht angegriffen werden?", fragte Meres.

„Nein", gab Mordokai zu. „Ich wünschte, ich könnte da

sicher sein. Aber ich fürchte, es wird auch solche unter unserem Volk geben, die diese Gelegenheit für ihre eigenen Interessen ausnutzen und weiter gehen als sie sollen. Doch wir werden in unserer Welt wohl nie etwas erreichen, das gegen allen Mißbrauch sicher wäre. Aber ich werde tun, was immer ich kann."

Die Schreiber waren eifrig dabei, das neue Gesetz in allen Sprachen des Königreichs abzuschreiben. Mordokai blieb die ganze Nacht im Palast und siegelte jede Kopie mit dem Ring des Königs. Xerxes, den sein Gewissen plagte, hatte extra noch einen Befehl gesandt, daß die Kuriere das Gesetz so schnell wie möglich in die einzelnen Satrapien zu tragen hätten.

Als am Morgen die Arbeit beendet war, erschien Mordokai in der neuen Kleidung, die der König für ihn bestimmt hatte, vor dem Palast. Gerüchte von einer neuen Verordnung waren schon während der Nacht durch die Stadt gelaufen. Deshalb hatten sich schon viele Menschen vor dem Palast versammelt. Als sie Mordokai in seiner neuen prachtvollen Kleidung sahen, brauste ein Beifallssturm los, der sich durch alle Straßen fortsetzte, durch die Mordokai nach Hause fuhr.

Die Erleichterung unter den Juden war unbeschreiblich. Mit aller Leidenschaft, deren dieses Volk fähig ist, stürzten sie sich in großartige Feiern. Sie sangen und tanzten. Wo immer sie sich begegneten, umarmten sie sich mit Tränen in den Augen und unter lautem Lachen der Freude.

Auch Esther hörte, nachdem sie die Nacht ebenfalls schlaflos verbracht hatte, den fröhlichen Lärm des Feierns aus dem jüdischen Viertel bis zu ihrem Palast herauf. Kopfschüttelnd sagte sie: „Hört doch einmal den Lärm an. Sie sind wie die Kinder. Dort unten feiern jetzt vielleicht auch manche, die den 13. Adar nicht überleben werden."

Es wäre naiv zu denken, alle Schwierigkeiten wären nun vorbei", sagte Mordokai zu seinem alten Freund Bilsan während des Festes, das dieser zur Feier des neuen Gesetzes gab. Nachdem es erschienen war, war Bilsan mit seiner Familie wieder in sein eigenes Haus in der Fliederstraße zurückgezogen.

„Aber es wird uns jetzt niemand mehr angreifen."

„Mein lieber Freund, bist du wirklich so lebensfremd?" Mordokai hatte die Hand auf Bilsans Schulter gelegt. „Ich wünschte, alle anderen Menschen wären nur halb so gütig wie du."

„Aber das Gesetz sagt doch..."

„Das Gesetz sagt, daß die Juden sich verteidigen dürfen, wenn sie angegriffen werden."

Bilsan lächelte strahlend. „Dann ist ja alles in Ordnung."

„Es ist noch keinesfalls alles in Ordnung, Großvater", bemerkte David, der den Raum betreten hatte.

„Du auch, David? Ihr beide seid ein schönes Paar von Zweiflern."

„Großvater, Männer, deren Habgier schon mehr als zweieinhalb Monate angeheizt wurde, geben nicht so schnell auf. Viele von unserem Volk sind verfolgt worden, und einige mußten auch schon sterben..."

„Aber dieses zweite Gesetz wird doch dies alles beenden", widersprach Bilsan.

„Nein, ganz bestimmt nicht. Es rechnen sich sicher noch viele eine Chance aus, uns unser Vermögen zu nehmen. Es sind schon zu viele schmutzige Pläne gegen uns geschmiedet worden. Auch Hamans Söhne sitzen noch irgendwo im Versteck und hetzen gegen uns. Sie warten auf den 13. Adar, um Rache zu nehmen für ihren Vater."

Bilsan fragte erstaunt: „Ihr meint also, diese Leute würden ihr Leben und auch des Königs Zorn riskieren, um..."

„Der König ist in der Schlinge seines ersten Gesetzes gefangen", antwortete Mordokai trocken. „Selbst wenn es ihm nicht gefallen wird, wenn unsere Feinde gegen uns vorgehen, kann er sie deshalb kaum bestrafen, weil sie ja durch sein eigenes Gesetz gedeckt sind."

Kopfschüttelnd meinte Bilsan: „Jetzt sehe ich das Problem. Dann müssen wir also..."

„Ja, Großvater", sagte David ernst, „wir müssen Vorbereitungen für unsere Verteidigung treffen. Onkel Mordokai, ich stehe dir zur Verfügung. Gib Befehle, wir werden sie ausführen."

„Vielen Dank, David. Ich hätte tatsächlich einiges mit dir zu besprechen. Ja, Bilsan?"

Bilsan zeigte mit der Hand nach einer durch einen dicken Vorhang verdeckten Tür. „Dann geht ihr beiden am besten in diesen Raum dort. Ihr braucht mich ja nicht. Mein Teil bei der ganzen Sache wird es sein zu beten."

Mordokai blieb an der Tür nochmals stehen und sagte: „Wir danken dir für deine Gebete, Bilsan. Aber Gebete brauchen auch Erhörung. Ich glaube, einen Teil dieser Erhörung will Jahwe durch uns bewirken.

Im ganzen Reich herrschte Verwunderung und Unruhe. Es war, als wenn zwei große Wellen, die jeweils in die entgegengesetzte Richtung liefen, mit Getöse aufeinandergetroffen wären. Die erste Welle hatte die Habgier von Tausenden geweckt, andere hatten sogar einen heiligen Krieg für Ahura Mazda daraus gemacht. Doch nun kam die andere Welle, die die Sympathie des Königs für die Juden zeigte. Erstaunt fragten viele: Welch ein Gott muß das sein, der sogar Ahura Mazdas irdischen Stellvertreter beeeinflussen kann?

Überall im Reich bekehrten sich Hunderte von Menschen zum jüdischen Glauben. Einige taten es zwar nur aus Opportunität, weil sie dachten, sich damit in die Gunst des Königs schleichen zu können, doch andere waren echt davon überzeugt, daß der Gott der Juden, der solche Wunder tun konnte, der wirkliche Gott sein mußte.

In Parsa zum Beispiel unterhielt sich Vahusch mit Artatakma, dem Kupferschmied. „So etwas hat es in der persischen Geschichte noch nie gegeben. Jedes Gesetz des Großkönigs wurde ohne Einwände befolgt und wurde nie zurückgenommen. Ich habe schon unter dem großen Darius gedient und weiß da Bescheid."

„Auch dieses Gesetz ist ja nicht zurückgenommen worden,

Vahusch. Man hat nur ein neues gemacht, das die Wirkung des alten zum größten Teil aufhebt."

„Na ja, du magst es nennen wie du willst, jedenfalls hat der König seine Ansicht geändert und dies mit dem zweiten Gesetz öffentlich eingestanden. Das hat es noch nicht gegeben. Dieser Gott der Juden muß große Macht haben, das kann man sehen. Kennst du die Geschichte dieses Volkes? Viele Male hat ihr Gott sie durch große Wunder gerettet."

„Glaubst du, die Juden werden ihre Feinde auch dieses Mal besiegen?"

Nachdenklich nickte Vahusch mit dem Kopf. „Ich habe so ein seltsames Gefühl, daß es ihnen gelingen wird. Dieser Mordokai hat die Merkmale echter Größe an sich."

„Willst du damit sagen, daß er mächtig ist? Das war Haman auch", gab Artatakma zu bedenken.

„Das war etwas anderes. Haman war machtbesessen und zu ehrgeizig, das hat ihn am Ende zu Fall gebracht. Aber mit Mordokai ist es anders. Es ist etwas in seinem Wesen, das ich nicht erklären kann. Es ist einfach vorhanden und wird ihn wirklich groß machen."

Überall im ganzen Reich wurden ähnliche Gespräche geführt. Die Satrapen sowie ihre engen Mitarbeiter und Beamten wunderten sich ebenfalls. Es war klar, daß der König es mit den Juden hielt, ganz gleich, was das erste Gesetz sagte. Die abenteuerlichsten Vermutungen wurden geäußert. Noch nie waren die Juden von den Beamten des Königs so gut behandelt worden wie jetzt. Überall bot man ihnen Hilfe an, Geld, Fürsprache und Waffen. Die Juden waren zuerst vorsichtig, weil sie gar nicht so recht an eine so schnelle Meinungsänderung glauben konnten. Doch als sie sahen, daß die meisten Menschen es ehrlich meinten, war ihre Freude groß.

David hatte die Leitung der Verteidigungsvorbereitungen in Susa übertragen bekommen. Er suchte sich die klügsten und tapfersten Männer unter den Juden als seine Unterführer heraus, mit denen er fast jeden Tag bis in die Nacht zusammensaß um alles zu planen. Die wenigen freien Stunden verbrachte er mit Ruth. „Wo könnten sich Hamans Söhne versteckt haben?" fragte sie eines Abends.

David legte den Arm um ihre Schulter und zog sie an sich. „Du brauchst dir über diese Kerle keine Sorgen zu machen, Liebling. Sie sind doch..."

Ruth legte den Finger auf ihre Lippen. „Nicht, David."

„Nicht, was?"

„Ich weiß, woran du denkst, wenn dieser Ausdruck in dein Gesicht kommt. Aber vergiß es bitte um meinetwillen."

„Ich werde es nicht vergessen können, bis ihr Tod gerächt ist", antwortete er heftig.

„Vergiß nicht, daß Jahwe sagt: »Mein ist die Rache«", mahnte Ruth.

„Das stimmt", nickte David. „Aber Er braucht auch Werkzeuge, um die Rache auszuführen. Und diesmal will ich mich Ihm gern dafür zur Verfügung stellen. Ich werde nicht ruhen, bis diese Söhne der Finsternis ihre gerechte Strafe bekommen haben. Ich kenne jeden der Zehn ganz genau und wüßte nicht zu sagen, welchen ich am meisten hasse."

„Aber Liebster, sie sind durch das Gesetz des Königs in jedem Fall dem Tod verfallen. Warum solltest du dich damit beschmutzen. Wir Juden haben genug zu tun, um unsere Verteidigung zu planen, und dafür bist du der beste Mann. Es geht um Verteidigung, nicht um Mord."

„Aber deine Eltern... und Jakob und Judith..."

„Sie sind tot, und niemand kann es mehr ändern", erklärte Ruth fest. „Mit den Söhnen Hamans wird sich das Gesetz beschäftigen. Gebrauche deine Energie für die Verteidigung der Juden hier in Susa."

In diesem Augenblick kam ein junger Mann in den Garten gelaufen. „David, wir glauben wir haben einen... O, ich bitte um Entschuldigung."

„Was habt ihr?" fragte David, während Ruth sich taktvoll ins Haus zurückzog.

„Wir hörten etwas von Hamans Sohn Adalia. Er ist gestern abend gesehen worden, als er in das große Bordell unten am Fluß ging."

„Warum habt ihr mir das nicht früher gesagt?"

„Wir haben es soeben erst erfahren."

Sie liefen zu ihren Pferden und trabten zum Fluß hinunter. Doch plötzlich zügelte David sein Pferd. Ruths Worte waren nicht nutzlos gewesen. „Das ist nicht die richtige Methode", sagte er. „Die Polizei des Königs möchte sie möglichst alle auf einmal fangen und hat sicher schon ihre Pläne dafür. Wir sollten deshalb nichts tun, was nicht mit ihnen abgesprochen ist. Aber du kannst mir das Haus zeigen."

In der Nähe angekommen, prägte sich David jede Einzelheit des großen Gebäudes genau ein — jeden Balkon, jeden Eingang, jedes Fenster. Wieder daheim trug er die Lage des Hauses sorgfältig auf einer großen Karte von Susa ein, die er auf einer Kuhhaut aufgezeichnet hatte.

Endlich hatte Mordokai den Raum, den er brauchte, um seine administrativen Fähigkeiten voll entfalten zu können. Er wurde überall geachtet. Aus den am Choaspes-Fluß stehenden Palästen der Reichen und Vornehmen gingen ihm laufend Einladungen zu irgendwelchen Festlichkeiten zu. Doch die meisten mußte er ausschlagen, weil seine Aufgaben als Großwesir und die Vorbereitungen für den 13. Adar ihn zuviel Zeit kosteten. Satrapen aus allen Teilen des weiten Reiches, sowie ihre höchsten Beamten bekamen seinen Einfluß und seine Macht zu fühlen und sandten ihm prunkvolle Geschenke.

„Der Herr Mordokai empfängt auch schon so viele Geschenke wie ich", bemerkte Xerxes eines Tages.

„Das stimmt nicht, Majestät. Außerdem wollen alle nur den neuen Besen ausprobieren."

„Und wie reagiert der Besen darauf?" wollte Xerxes wissen.

„Er kehrt die Geschenke alle wieder zurück, mein Herr König."

Die Hauptsorge des Großwesirs galt im Augenblick der jüdischen Verteidigung. Je näher der gefürchtete 13. Adar rückte, um so mehr Pläne wurden gemacht. Boten wurden ausgesandt mit Nachrichten an alle Juden, die in Dörfern und kleineren Orten wohnten, sich in die Sicherheit der Städte zurückzuziehen. Führende Juden aus allen Provinzen besuchten Mordokai, um sich beraten zu lassen oder die verschiedenen Verteidigungspläne aufeinander abzustimmen und zu überlegen, wie man sich gegenseitig helfen konnte. Einige waren sogar aus dem fernen Jerusalem gekommen.

In Susa selbst wurde die beste Verteidigung benötigt. Hier würde es einen mörderischen Tag geben. Die Hauptstadt war wie ein riesiger Magnet. Politiker, Spione, Künstler, Handwerker, Gelehrte, Ärzte, Priester und Zauberer kamen nach hier, aber auch Diebe, Betrüger, Räuber, Mörder und andere dunkle Existenzen. Mordokai hatte seine Spione in allen Winkeln der Stadt und erhielt von überall Informationen. Nach und nach gelang es ihm, das Geheimnis des Verstecks der Hamansöhne zu lüften.

Die wenigen Juden, die nach dem Erlaß des ersten Gesetzes zu Verrätern an ihrem Volk geworden waren und sich auf die Seite der jüdischen Feinde geschlagen hatten, um ihr Leben zu retten, fanden jetzt nirgends mehr Unterstützung. Ihre jüdischen Brüder verachteten sie, und die Nichtjuden mißtrauten ihnen jetzt. Deshalb scharten sie sich um den verräterischen Marsna, den einzigen der sieben Fürsten, der ein Judenhasser war.

Die anderen sechs machten das beste aus der Lage, wie sie jetzt am Hof herrschte. „Es fällt mir schwer zuzugeben", meinte Schethar eines Tages, als sie sich wieder einmal versammelt hatten, „aber Mordokai ist der fähigste und intelligenteste Mann, den ich kenne."

Meres lachte. „Ich glaube, es wird uns nicht schaden, wenn wir seine großen Fähigkeiten und seine Überlegenheit anerkennen."

„Wahrscheinlich nicht", meinte Memukan sarkastisch, „da der Großkönig es ja auch tut."

Als sie gemeinsam mit dem Großwesir beim König waren, fragte dieser: „Herr Mordokai, wie sehen deine Pläne für die Verteidigung Susas aus?"

„Wir haben verschiedene Pläne entwickelt, Majestät, um allen Möglichkeiten, die auftauchen könnten, zu begegnen. David Ben-Bilsan hat unsere Männer zu einer starken Streitmacht geformt."

„Hast du Zweifel über den Ausgang der Sache?"

„Nein, ich glaube, daß wir die Dinge völlig unter Kontrolle haben, Majestät."

„Mag euer Gott mit euch sein", meinte Xerxes und wandte sich dann an Memukan: „Wie verhält sich die Bevölkerung im allgemeinen im Blick auf den 13. Adar?"

„Die meisten versuchen den Juden irgendwie zu helfen. Viele fühlen, daß man etwas wiedergutmachen muß, weil man die Juden bis zur Veröffentlichung des zweiten Gesetzes so schlecht behandelt hat."

„Ich denke, daß alle, die nicht direkt an der Sache beteiligt sind, am 13. Adar in ihren Häusern bleiben sollten", meinte Xerxes. „Wenn sie es nicht tun, sollten sie sich bei niemand beklagen, wenn sie in Schwierigkeiten geraten. Und noch eins: Keiner meiner Männer, weder die Unsterblichen noch die anderen Soldaten, wird sich aktiv an diesem Streit beteiligen. Ich will Mithra danken, wenn es vorbei ist." Er überlegte einige Augenblicke und fuhr dann fort: „Da wir es aber nicht ändern können, soll der Tag würdig begonnen werden. Bei Sonnenaufgang werden Posaunen den Beginn des Tages verkündigen, und bei Sonnenuntergang das Ende — und wer dann noch weiter streitet . . . wehe ihm."

Gespannt hörten die Sieben und Mordokai zu. Sie spürten, der König war noch nicht fertig. Xerxes fuhr fort. „Daß ich, der Großkönig von Persien, von einem Verräter wie Haman in eine solche Sache hineingezogen werden konnte. Mag sein Andenken verrotten. Ich hätte für immer den Ruf eines Tyrannen erhalten." Er blickte einen nach dem anderen an: „Warum hat man die verräterischen Söhne Hamans noch nicht gefangen?"

Die Sieben wurden unsicher, und Mordokai war sehr zurückhaltend. „Sie sind äußerst schlau", antwortete Schethar. „Aber wir glauben, wir haben ihre Spur hier in Susa gefunden."

„Ihre Spur?", grollte Xerxes. „Ich will sie. Sie sind eine üble Saat und werden nur Übles verbreiten. Ich möchte, daß der Name und das Geschlecht Hamans vom Erdboden verschwindet.

Je näher der 13. Adar rückte, um so mehr glich Susa einem bewaffneten Lager. Die Fenster und Tore vieler Häuser wurden verbarrikadiert, und nur noch wenige Menschen waren nach Sonnenuntergang in den Straßen zu sehen. Viele waren durch das zweite Gesetz schon erleichtert. Doch die meisten hofften, daß alles bald vorüber sein würde.

Esther wollte immer genau wissen, was draußen in der Stadt vorging. Mordokai traf sich regelmäßig mit ihr und hielt sie auf dem Laufenden. Als sie sich eines Tages wieder unterhielten, fragte er sie nach dem König.

„Körperlich hat er sich wieder recht gut erholt, Vater, wie du ja selbst weißt. Er reitet wieder und geht sogar ab und zu auf die Jagd. Doch sein seelischer Zustand hat sich verändert. Er scheint in zwei Welten zu leben. Wenn wir zusammen sind, ist mir oft, als sei sein Geist ganz woanders, in einem Land seiner eigenen Vorstellung. Und nachts wacht er oft schreiend auf."

„So, schlechte Träume hat er? Was sagt er dann?"

„Er ruft die Namen seiner Brüder oder auch den seines Vaters, und manchmal schreit er auch »Salamis«. Dann verflucht er wieder Mardonius."

„Was das Gewissen des Königs quält", dachte Mordokai, „möchte ich nicht um alles Gold aus seiner Schatzkammer auf dem meinen haben."

„Was sagt er über den 13. Adar?" fragte er weiter.

„Nichts. Über dieses Thema will er nicht sprechen. Ich habe es versucht und ihn um Rat gefragt, doch er unterbricht mich sofort. Jetzt hat er mir sogar ganz klar verboten, je wieder davon anzufangen."

„Sag mir, Hadassa, fürchtest du dich vor dem 13. Adar?"

„Gewiß fürchte ich mich", antwortete die Königin. „Es wird ein schrecklicher Tag. Man wird Menschen berauben, verstümmeln und töten. Es ist entsetzlich."

„Aber es ist nicht so fürchterlich, als wenn es eine Massenschlächterei wehrloser Menschen würde", wandte Mordokai ein.

„Aber es ist ein übler Preis, der da bezahlt wird von uns und auch von unseren Feinden. Und dabei scheint alles so sinnlos zu sein. Glaubst du nicht, unsere Feinde werden das zweite Gesetz des Königs respektieren?"

„Ich wünschte, es wäre so. Aber da ich die menschliche Natur kenne und auch die Männer, die gegen uns Juden vorgehen wollen ...", Mordokai schüttelte den Kopf. „Susa ist voller geheimer Anhänger Hamans. Es sind viele Hunderte von ihnen. Manche kennen wir, aber viele eben noch nicht."

„Aber der König hat doch deutlich genug zum Ausdruck gebracht, daß er möchte, daß die Juden in Ruhe gelassen werden. Wieso wagen es manche dann noch, gegen uns zu kämpfen?"

„Menschliche Habgier bringt vieles zustande, meine Liebe. Und vergiß nicht, daß alle, die an diesem Tag unsere Leute berauben und töten, sich innerhalb der Schranken des Rechts befinden. Niemand darf sie hinterher dafür bestrafen."

„Also sind unsere Leute gezwungen zu kämpfen?"

„Ja, wir werden uns verteidigen."

„Und dabei werdet ihr den anderen ihre Besitztümer wegnehmen?"

„Nein", antwortete Mordokai hart. „Zwar muß das zweite Gesetz den Juden alles erlauben, was das erste Gesetz ihren Feinden erlaubt, um sie dadurch abzuschrecken. Aber ich habe einen geheimen Befehl an unsere Leute ausgegeben, daß sie unseren Feinden nichts wegnehmen dürfen."

„Manche unserer Männer werden sterben."

„Ich fürchte, das ist unvermeidlich", nickte Mordokai betrübt. „Doch wir sind im Vorteil. Außerdem ist der größte Teil der Bevölkerung auf unserer Seite, weil sie wissen, daß der

König für uns ist. Und darüber hinaus fürchten sie unseren Gott. Wir werden Sieger bleiben.“

„Haben wir auch in Susa genug Männer, um mit den vielen Haman-Anhängern, von denen du sprachst, fertig zu werden?“

„Hier in Susa wird es für uns am schwersten, das wissen wir“, erwiderte Mordokai besorgt. „Denn unsere Berichte sagen, daß hier sehr viele unserer Feinde sein werden.“

Esther war aufgestanden und ging unruhig hin und her. „Ich fühle mich in einen goldenen Käfig gesperrt. Hier sitze ich — sticke, singe, spiele mit meinen Hunden und unterhalte mich mit einem Haufen schwatzender und geistloser Frauen. Es muß doch etwas geben, was ich in dieser Sache tun kann?!“

Mordokai antwortete beruhigend: „Jahwe hat dich hierher gestellt. Es gäbe gar kein zweites Gesetz, wenn du nicht den Mut gehabt hättest, zum König zu gehen und Haman bloßzustellen.“

„Aber jetzt, Vater, jetzt! Es muß doch noch andere Dinge geben, die ich tun kann. Erzähle mir nur nicht, das sei jetzt allein Männersache und nichts für mich. Ich bin die Königin.“ Ganz kurz flackerte etwas von der majestätischen Würde auf, die andere wohl an ihr kannten, die aber so gut wie nie zum Vorschein kam, wenn sie mit Mordokai allein war.

„Du tust das Allerwichtigste ja jetzt schon, indem du den König immer wieder beruhigst. Dadurch habe ich viel Raum für meine Planung der jüdischen Verteidigung. Versuche ihm beizubringen, daß er nicht zu oft Beratungen einberuft. Du mußt ihn davon überzeugen, daß wir tüchtige Männer sind, die alle Dinge gut in der Hand haben.“

Sie lächelte ein wenig und sagte spitzbübisch: „Mit anderen Worten, ich soll dafür sorgen, daß er dem großen Herrn Mordokai nicht zu oft im Wege steht.“

In dem Blick, mit dem sie einander ansahen, lag volle Übereinstimmung.

„Da wäre schon noch etwas“, bemerkte Mordokai nachdenklich. „Ich glaube, du solltest in deinem Namen eine Botschaft an alle jüdischen Frauen schicken, mutig zu sein und

Vorsorge zu treffen, damit alle Verwundeten gut versorgt werden können."

„Das werde ich gleich tun", nickte Esther. Sie ließ Hatak rufen und diktierte ihm eine Botschaft. Als er wieder gegangen war, sagte sie: „Nun erzähle mir etwas von David."

„Er?" lachte Mordokai. „Er ist mir unentbehrlich. Er ist sozusagen meine rechte Hand."

„Ist er denn so klug?"

„Ich habe ihm die Verteidigung unserer Leute hier in Susa übertragen."

„Wirklich?" zweifelte Esther. „Unser lieber und sanfter David?"

„Du vergißt, daß es sechs Jahre her ist, seit du ihn nicht mehr gesehen hast. Er ist seitdem ein Mann geworden."

„Welche Art von Mann?"

„Er ist ein feuriger Redner und versteht es hervorragend, mit Menschen umzugehen. Er weiß, wenn er seine Taktik ändern und wenn er an einer Sache festhalten muß."

„Bilsan muß mit ihm dann wohl sehr zufrieden sein?"

Mordokai lachte wieder. „Der alte Mann ist ein wenig verwundert über diesen jungen Löwen, den sein Sohn gezeugt hat. David macht ihm zu große Schritte. Bilsan ist ein Denker und Philosoph, und vor allem anderen ein Mann, der Jahwe dient und zu Ihm betet. Würden wir in einer anderen Zeit leben, wäre er vielleicht ein Prophet geworden."

„Ich muß oft noch an jenen Abend denken, den letzten, als Bilsan, du und ich über den Messias gesprochen haben." Die Traurigkeit, die sie immer befiel, wenn der Messias erwähnt wurde, war auch jetzt wieder ihrer Stimme anzuhören.

„Die verleumderischen Gerüchte, die durch die Stadt gehen, können nur von den Söhnen Hamans kommen." David saß mit Mordokai am Tisch seines Großvaters. Es war der neunte Adar.

„Welche Gerüchte sind es?"

„Du weißt doch, was die Leute reden, Onkel Mordokai. Die

Juden planen angeblich den Sturz des Königs; sie treiben überall Wucher; sie ruinieren die Handwerker und sie sind rücksichtslos bei ihren Geschäften. Das alles wird zusammengefaßt, indem man uns Parasiten im Staat nennt.“ Man sah David an, wie zornig er darüber war.

„David, David, was kannst du von Hamans Söhnen und seinen Anhängern anderes erwarten?“

„Aber wenn die Leute doch wissen, wie sehr die Sympathien des Königs auf unserer Seite sind, sollten sie solche Lügen doch nicht glauben“, empörte er sich.

„Aber solche und ähnliche Lügen und Verleumdungen sind meist sehr erfolgreiche Waffen“, meinte Mordokai nachdenklich. „Man kann unseren Feinden kaum vorwerfen, daß sie versuchen, uns damit in ein schlechtes Licht zu setzen.“

Bilsan sagte jetzt: „Jahwe ist doch unser Verteidiger. Denk doch einmal an König David. Er war noch jünger als du, als er damals mit dem Riesen Goliath kämpfte und zu ihm sagte: »Du kommst zu mir mit Schwert und Spieß und Schild; ich aber komme zu dir im Namen des Herrn, des Gottes Israels ... Heute wird unser Gott dich in meine Hand geben ... damit alle ... erkennen, daß ein Gott in Israel ist.«“

David war still. Er fragte sich, ob Mordokai etwas von dem Kampf ahnte, der in ihm tobte. Warum konnte er nicht einfach solchen Glauben haben wie sein Großvater?

Bilsan, dessen weißes Haar und Bart im Lampenlicht silbern schimmerten, fuhr fort: „Das Gebet ist die Antwort. Wir müssen beten und auf Jahwe warten.“

„Gebet ohne Taten, wenn Taten dann nötig werden, ist wie ein Kampf ohne ein Schwert“, ließ sich Mordokais tiefe Stimme vernehmen. „Jahwe erwartet von uns nicht nur, daß wir beten und dann stillsitzen, Bilsan. Er hat uns auch genug Verstand gegeben, um zu erkennen, was zu unternehmen ist.“

Er erkannte, daß er dem alten Mann weh getan hatte und wandte sich tröstend an ihn: „Du mußt unser Mose sein, Bilsan. Du mußt deine Hände im Gebet emporhalten, während der Kampf beginnt.“

Als er sah, wie erstaunt David ihn anblickte, erklärte er: ,,Als Israel vor langer Zeit mit den Amalekitern kämpfte, stand Mose auf dem Berg und betete. Solange er seine Arme im Gebet zu Jahwe emporhob, siegte Israel im Kampf, wenn er aber seine Arme sinken ließ, gewannen die Amalekiter die Oberhand. Das ist deine Aufgabe in dem bevorstehenden Kampf, Bilsan. Können wir uns auf dich verlassen?"

,,Das könnt ihr", sagte der alte Mann mit einem, sein Gesicht verklärendes Lächeln. ,,Ihr könnt euch auf mich verlassen."

26. Kapitel

David, der sich in einer ernsten Besprechung mit seinem Stellvertreter Nathan und einigen anderen Führern befand, blickte ein wenig verärgert auf den Mann, der atemlos und aufgeregt in den Raum stürmte.

„Ich bitte um Entschuldigung", stammelte er schwer atmend, „aber sie ... sie haben Ruth aus deinem Haus entführt, David."

David wurde ganz still. Es war nicht nötig zu fragen, wer „sie" wären.

„Wann?" wollte er wissen.

„Es ist gerade geschehen. Es muß sehr gut geplant gewesen sein, denn es ging alles ganz schnell."

Plötzlich verteilte David Befehle. „Ihr drei findet heraus, ob jemand in den benachbarten Häusern etwas gesehen hat. Ihr beide schaut euch auf der Straße zum Fluß um. Nathan, komm bitte mit mir, ich gehe nach Hause."

Der gesamte Haushalt war in Aufregung. Bilsans Augen waren verschwollen. Die Diener jammerten und weinten. „Es war wie ein Erdbeben, David. Sie stürzten herein, und ehe wir wußten, was überhaupt geschah, waren wir geknebelt und gefesselt."

„Habt ihr gehört, in welche Richtung sie geflohen sind? Wißt ihr, wie viele es waren?"

„Ich denke, es waren mindestens sechs, und ich glaube, sie fuhren in Richtung zum Fluß davon."

David ging in den Garten, um nach Fußspuren oder etwas anderem Ausschau zu halten, das ihm weiterhelfen konnte. Die Stille, die hier herrschte und die so erfüllt war mit vielen Erinnerungen, schien ihn zu verspotten. Plötzlich hörte er das Zischen eines Pfeiles und duckte sich. Neben einem Birnenbaum bohrte er sich mit zitterndem Schaft in den Boden und hielt etwas fest. Es war eine Botschaft:

„Wir haben dein Mädchen. Wenn du sie so wiedersehen möchtest, wie du sie in Erinnerung hast, dann sorge dafür, daß wir alle Straferlaß erhalten und zehn Pässe, damit wir das Land verlassen können. Die zehn Söhne Hamans."

Er zog sich an der Mauer hoch, doch die Straße war leer. Als er ins Haus zurücklief, hätte er fast seinen Großvater umgerannt. „Mein Sohn! Halt! Was ist geschehen?"

David zeigte ihm die Botschaft. „Willst du jetzt immer noch weiter nichts tun als beten?" fragte er, ergriff seinen großen Bogen und Pfeile und verließ das Haus.

Als David Mordokais Räume erreichte, waren auch die sieben Fürsten dort versammelt. Er übergab ihnen die Botschaft und wollte den Raum wieder verlassen. Doch ein scharfes Kommando von Mordokai stoppte ihn. „David, es tut mir sehr leid, aber ..."

„Ich will dein Mitleid nicht, Onkel. Nimm an, es wäre die Königin?"

„Hör zu", forderte Mordokai. „Deine Königin, mein Freund, hat ihr Leben für uns alle aufs Spiel gesetzt. Sie hatte nicht die leiseste Hoffnung, daß man sie nicht töten würde, als sie für uns zum König ging. Diese Männer sind verräterisch. Du kannst nicht einem Wort trauen, das sie sagen. Außerdem weißt du, daß sie von der Krone gesucht werden. Wenn man ihnen erlaubt, zu entkommen, macht der König uns dafür verantwortlich. Du kannst nicht deine jüdischen Mitbrüder für ein einziges Mädchen opfern wollen, ganz gleich, wie kostbar sie dir auch sein mag."

Davids Antwort wurde durch ein Klopfen an der Tür unterbrochen. Einer der Unsterblichen trat ein und brachte ein Stück Leder, das mit Blut befleckt war.

„Das fanden wir am Körper eines toten Kindes, Großwesir", meldete er.

Mordokai nahm das Leder in die Hand und las: „Damit wollen wir dich daran erinnern, daß um so weniger Juden sterben müssen, je früher du uns gibst, was wir fordern."

„Siehst du nun, David?" fragte er.

„Aber, Herr Mordokai..."

Doch diesmal wurde David von Schethar unterbrochen. „Man kann nicht einfach losrennen, wenn ein Speer auf unser Herz gerichtet ist. Wir müssen vorher gut überlegen und planen. Eine wilde Jagd kann die Dinge nur noch schlimmer machen, David. Die Söhne Hamans werden vom König gesucht, und deshalb ist der gesamte Apparat des Staates hinter ihnen her. Langsam aber sicher kreisen wir die gesamte Gruppe ein. Und wir sind schon weiter als du denkst. Du mußt uns vertrauen."

„Es fällt mir schon schwer genug, meinem Gott in dieser Sache das nötige Vertrauen zu schenken", erwiderte David.

Ein weiterer Bote trat in diesem Augenblick ein, der ein Mädchen aus dem Bordell am Fluß mitbrachte. Das Bordell trug den Namen „Die Vergessenen". „Diese Frau behauptet, die Gruppe gesehen zu haben, die eure Verwandte entführte, Herr Mordokai."

„Stimmt das?", wandte sich Mordokai an die Frau.

„Ja, mein Herr." Das Mädchen machte einen ängstlichen Eindruck. „Ich habe sie ganz deutlich gesehen."

„Wo?"

„Ich schaute zum Fenster hinaus", begann sie zu erzählen. „Es war eines der Fenster, die zur Straße gerichtet sind, wo... nun wo wir immer sitzen. Du weißt schon, Herr. Da kam eine Gruppe von Männern geritten, die alle Kapuzen trugen. Da man am hellen Tag Leute mit Kapuzen so gut wie nie sieht, habe ich mich gewundert und sie beobachtet."

„Trugen sie etwas oder jemand?"

„Ja, Herr, sie hatten eine Frau bei sich, die auf einem der Pferde festgebunden war."

„Woher weißt du, daß es eine Frau war?"

„Herr, sie war zwar in Decken gehüllt, aber die schlossen nicht fest, so daß ich es an der Kleidung erkennen konnte. Außerdem hatte sich ihre Kapuze gelockert und darunter fiel langes schwarzes Haar heraus, wie es nur Frauen tragen."

David fragte: „Hast du gesehen, wohin sie ritten?"

„Ja, sie überquerten den Fluß und ritten den kleinen Abhang auf der anderen Seite hinauf."

„Hast du gesehen, ob sie in irgendeinem Haus verschwanden?"

„Ja."

„Könntest du uns das Haus zeigen?"

„Das kann ich, Herr."

David griff nach seinem Bogen. „Warte!", befahl Mordokai scharf.

David sagte: „Ich verspreche dir, ich werde nichts anderes tun, als das Haus und die Umgebung auszukundschaften."

„Dazu brauchst du aber den Bogen nicht", antwortete Mordokai. „Den laß also hier. Außerdem ist es besser, wenn du in meinem Wagen nach dort fährst. Niemand wird es wagen, das Gefährt des Großwesirs anzugreifen. Außerdem kannst du dich dann hinter den Vorhängen verbergen und dir trotzdem alles genau beschauen. Aber man kann dich nicht erkennen."

Als Mordokais Kutsche an einem großen Haus mit einem, durch eine Mauer abgeschlossenen, weiten Hof vorüberfuhr, staunte David, daß Hamans Söhne es gewagt hatten, in einem so auffälligen Anwesen zu wohnen. Doch dann wurde ihm die Klugheit dieser Maßnahme klar. Niemand hätte auch nur vermutet, daß gesuchte Flüchtlinge in einem solchen Haus Unterschlupf suchen würden.

Als er zurückkehrte, traf er Mordokai am Eingang seiner Arbeitsräume. Die Augen des Großwesirs blickten hart. „Man hat uns wieder eine Botschaft gesandt", sagte er. „Dieses Mal steckte sie an einer toten Frau. Sie lautet: »Du also, David Ben-

Bilsan, hast die Verantwortung für den Schutz der Juden in Susa übertragen bekommen. Das trifft sich gut! Wir werden also mit Ruth morgen bei Sonnenaufgang beginnen.«"

Es war fast Mitternacht. David und zehn seiner besten Männer schlichen sich vorsichtig an das große Haus heran, das oberhalb des Flusses stand. Sie trugen alle dunkle Kleidung. „Muß denn der Mond so hell scheinen?", ärgerte sich einer leise, „unsere Aufgabe wird dadurch nicht leichter."

„Sei still", befahl David. „Wir müssen es nehmen wie es ist. Auch für die anderen wird es dadurch schwieriger."

Nach kurzer Zeit hatten sie das Haus, in dem Ruth gefangen gehalten wurde, eingekreist. Einige hatten Seile dabei, die sie an der Mauerkrone oder an Ästen von Bäumen, die über die Mauer ragten, befestigen wollten. Andere hielten große Bogen, auf deren Sehnen schon Pfeile lagen, und beobachteten aufmerksam, ob sich auf dem Gelände etwas rührte. Ihre Pferde hatten sie einige hundert Meter entfernt angebunden.

„Ich könnte den Wachposten dort auf dem Dach jetzt abschießen", flüsterte einer.

„Wage es nicht", zischte David zurück. „Es soll kein unnötiges Töten geben. Ihr wartet mit dem Schießen auf mein Signal. Ich werde über die Mauer klettern und mich von jenem Baum aus auf das Dach schwingen, um dort die Wache zum Schweigen zu bringen. Dann dringe ich in das Haus ein und suche Ruth. Ihr versteckt euch in der Zwischenzeit im Schatten der Mauer." Er prüfte die Mauerkrone und die Bäume und sagte zu Nathan: „Der Ast da oben wäre wohl gerade richtig für mein Seil. Von da aus kann ich auch mit Ruth gut zurück. Halte nur zwei Pferde bereit."

Nachdem Nathan das Seil leise befestigt hatte, schwang sich David in den Baum. Von hier aus konnte er den Mann, der auf dem Dach stand, gut beobachten. Als dieser ihm einmal den Rücken zudrehte, schwang er sich mit dem Seil auf das Dach hinüber und schlug den Mann lautlos zu Boden. Er knebelte und fesselte ihn und stieg dann vorsichtig die Treppe in das Haus hinunter. „Wo würde ich ein Mädchen in einem solchen Haus gefangen halten?" überlegte er. „Sie sind solche Halunken, daß sie Ruth wahrscheinlich in den übelsten Raum gebracht haben. Wenn es einen Keller gibt, dann dort." Er fand eine Steintreppe, die in einen Kellerraum führte.

Im Haus und auf dem Hof blieb alles still. David lauschte einige Augenblicke und stieg dann vorsichtig die Kellertreppe hinunter. „Ruth", flüsterte er. Etwas fuhr über sein Gesicht. Er erstarrte. Als er langsam danach griff, merkte er, daß es das Netz einer Spinne war. Leise stieg er weiter hinab, bis er unten ankam. Als er zwei Schritte in den Kellerraum machte, berührten seine Hände plötzlich etwas Warmes und Weiches. Wieder blieb er ganz still stehen.

Doch dann stieg ihm ein ganz leichter Geruch in die Nase, der ihm bekannt vorkam.

„Ruth?"

Ein Schnaufen antwortete. David tastete mit den Händen und bemerkte, daß die Person gefesselt und geknebelt war. Er entfernte den Knebel und fragte nochmals: „Ruth?"

„O David, bist du es?" antwortete sie.

„Ich komme, um dich zu holen."

„Nein, David, das geht nicht. Das Haus ist voller schrecklicher Männer, die sich an unserem Volk rächen wollen. Du mußt wieder gehen, und zwar sofort."

David bemühte sich noch immer, die Fesseln von ihren Händen und Füßen zu entfernen. Als es ihm gelungen war, zog er Ruth hoch. Sie knickte aber zusammen. „Die Fesseln haben das Blut in meinen Beinen abgeschnürt", sagte sie.

„Ich werde dich tragen."

„David, hör", flehte sie, „du mußt mich hierlassen und schnellstens gehen. Sie haben einen schrecklichen Plan."

„Das kannst du mir später erzählen."

„Aber der Plan..."

Er legte seine Hand fest auf ihren Mund, hob sie hoch und trug sie die Treppe hinauf. Sie hämmerte mit ihren kleinen Fäusten auf seinen Armen herum. „Später, später, Liebste", flüsterte er. „Gleich sind wir in Sicherheit."

Sie schüttelte den Kopf, hielt aber jetzt still. Als sie an der Treppe, die zum Dach führte, ankamen, setzte David sie einen Augenblick ab. So schnell Ruth konnte, rannte sie auf den im hellen Mondlicht liegenden Hof hinaus und rief dabei laut: „Fliehe so schnell du kannst. Du mußt zu eurem eigenen Haus. Sie sind unterwegs, um es abzubrennen und alle darin zu töten. Bitte, mach schnell, es ist..."

Pfeile kamen aus mehreren Ecken des Hofes geschwirrt und bohrten sich mit einem dumpfen Geräusch in Ruths Körper. Sie stürzte zu Boden. Gegen alle Vernunft wollte David zu ihr laufen. Doch Nathan, der mittlerweile auch vom Dach in das Haus gekommen war, packte ihn an der Schulter und zerrte ihn die Treppe hinauf. „Es ist zu spät, David, du kannst ihr nicht mehr helfen. Sorge nur jetzt dafür, daß sie nicht umsonst gestorben ist."

Die beiden schwangen sich unter einem Pfeilhagel in den Baum zurück und über die Mauer auf die beiden dort wartenden Pferde. In vollem Galopp jagten sie davon. Die anderen warteten in kurzer Entfernung auf sie. David wunderte sich, daß sie nicht verfolgt wurden.

„Wir dachten, es sei eine gute Idee, ihre Pferde leise wegzutreiben", sagte einer seiner Freunde.

Als sie sich Bilsans Haus näherten, konnten sie Männer mit Fackeln sehen, die auf das Haus zuliefen. Wie viele waren es? Zehn? Zwanzig? Oder mehr? Sie teilten sich in drei Gruppen und jagten, ihre Waffen schwingend, auf die anderen zu. Im Dunkeln machten sie den Eindruck einer viel größeren Schar. „Halt", schrie David den Feinden entgegen, „legt eure Waffen nieder!"

Statt dessen schleuderten die Männer ihre Fackeln in verschiedene Richtungen. Die Männer Davids versuchten, die Feuerbrände auszutreten. Einer der Feinde schrie: „Wir sind umzingelt, rettet euer Leben!"

Vor sich sah David plötzlich eine bekannte Figur. Es war

einer von Hamans Söhnen. „Dalphon", schrie David, „endlich habe ich dich gefunden!"

„Wer bist du denn, du junger Narr?" antwortete Dalphon höhnisch.

David sprang auf ihn zu und geriet dadurch in das Mondlicht. Dalphon schleuderte seinen Speer. David duckte sich und packte den Speer, der neben ihm in der Mauer steckte. „Hier hast du ihn zurück, du Sohn der Finsternis!" rief er. Doch er traf seinen Feind ebenfalls nicht.

Die beiden waren jetzt im Garten von Bilsans Haus. Dalphon hatte sein Schwert gezogen und stürzte sich auf David. Er war viel größer und kräftiger und auch viel erfahrener im Umgang mit dem Schwert als David. Doch David kannte dafür den Garten ganz genau. Eine Zeitlang kämpften sie miteinander, bis David seinen Gegner zu dem kleinen Teich gelockt hatte. Hamans Sohn strauchelte über die niedrige Einfassung und stürzte in das flache Wasser. David sprang ihm nach. Fast ohne Sinne vor Zorn schlug David immer wieder auf den im Wasser liegenden Dalphon ein, bis seine Freunde herbeikamen und ihn zurückrissen.

Jetzt erst schaute David sich um. Der Birnenbaum und einige Büsche brannten. Doch das große Haus schien unversehrt zu sein. „Deiner Familie geht es gut, David. Es ist alles in Ordnung."

„Alles in Ordnung?", dachte David. „Und Ruth liegt im Hof des fremden Hauses und..."

„Nathan", fragte er seinen Freund, „kommst du bitte mit mir? Ihr anderen bleibt bitte hier und bewacht das Haus."

Die beiden schwangen sich wieder auf die Pferde und ritten zurück zum Fluß. „Glaubst du, daß ihre Leute immer noch im Haus sind?" fragte Nathan.

„Ich hoffe es", antwortete David grimmig.

Doch das Haus war leer. Nur Ruths toter Körper lag noch im Hof an der gleichen Stelle, wo sie gefallen war. Vorsichtig, als könne sie es noch spüren, zog David die Pfeile heraus, nahm sie dann auf die Arme und trug sie heim.

Noch war es dunkel. Der Morgen des 13. Adar war noch nicht angebrochen. Die Stadt lag still. Doch an manchen Stellen konnte man in der Dunkelheit vorsichtige Bewegungen wahrnehmen, hier und da erklang ein leiser Ruf, und vom Fluß her drangen verworrene Geräusche. Mordokai stand auf dem Dach seines Hauses in der Oleanderstraße. Über ihm standen die gleichen Sterne, die schon Hiob geleuchtet hatten, als er darüber nachdachte, warum es so viel Leid und Elend auf der Erde gab. Wie klein war das große und reiche Susa doch unter der Unendlichkeit des Himmels. Und wie viele Menschen aus dieser Stadt würden nicht mehr leben, wenn es heute abend wieder dunkel wurde?

Mordokai überlegte. Hatte er auch nichts vergessen? Gab es an diesem Tag irgendwo im persischen Reich Juden, die keinen Schutz hatten? Als er in die Richtung des Palastes blickte, mußte er daran denken, wie er an jenem Abend, als die Soldaten auf der Straße Hadassa von seiner Seite rissen, den König verflucht hatte. Damals hatte er geglaubt, ihre Wegnahme nicht ertragen zu können. Doch mittlerweile hatte er Gottes Absicht begriffen. Hadassa war von Jahwe erwählt worden, ihr Volk zu retten. Was wäre wohl heute das Schicksal der Juden, wenn es im Palast eine heidnische Königin gäbe?

„Jahwe", betete er, „sei heute mit uns. Wir sind oft ungehorsam und haben wenig Vertrauen. Aber wir sind die Kinder Deines Bundes. Ich bitte um Deine Gnade, Allmächtiger, für all unsere jüdischen Brüder und Schwestern in allen Städten und Dörfern dieses Reiches. Laß heute jeden erkennen, o Gott Abrahams, Isaaks und Israels, daß du der wahre Gott bist."

Die letzten Sterne verblaßten. Der erste Schimmer des Morgens breitete sich aus. Etwas zischte ganz nahe an ihm vorbei. Mit einem dumpfen Laut blieb der Pfeil in der gegenüberliegenden Brustwehr des Daches stecken. „Ich Narr", dachte er, lief die Treppe hinunter und rief seine Diener. „Der König hat mir befohlen, daß ich vor Sonnenaufgang in der Abadana sein soll. Aber von euch verläßt mir heute keiner das Haus", instruierte er sie.

Hulda und die anderen Diener drängten sich um ihn. „Ihr braucht euch nicht zu fürchten, denn rund um das Haus und auf dem Dach werden Wachen aufgestellt."

„Mag Jahwe dich bewahren, Herr", antwortete Hulda. „Wie ist es mit Hadassa?"

„Hadassa war nie sicherer als heute", lächelte Mordokai. „Der König hat Angst um sie und hätte am liebsten seine halbe Armee rund um ihren Palast aufgestellt. Wenn das hier vorbei ist, werde ich dafür sorgen, daß du zur Königin in den Palast kommst."

Von draußen hörte man Hufschlag und das Rollen von Wagenrädern. Der König hatte 40 Berittene von seiner eigenen Garde geschickt, die nun Mordokais Wagen umringten, als dieser einstieg. Auf seinen kurzen Befehl hin setzte sich der Zug in Bewegung.

Und dann brach der Tag an, von dem man seit Monaten im ganzen Reich sprach, auf den sich so viele vorbereitet hatten und von dem noch mehr gehofft hatten, er würde nie kommen — der 13. Adar. Als sich die ersten Strahlen der Sonne zeigten, begannen überall die Kämpfe. Leitern wurden an Mauern gestellt und wieder umgeworfen. Frauen gossen siedendes Öl auf Männer, die versuchten Hoftore oder Haustüren einzuschlagen. Die Angreifer waren wild, und ebenso tapfer verteidigten die Juden ihr Eigentum und ihr Leben.

Da die Satrapen und anderen Behörden nichts tun durften, um die Kämpfe zu beenden, verbarrikatierte sich der größte Teil der Bevölkerung in ihren Häusern, um so den Tag vorübergehen zu lassen.

Als in Susa die Trompeten und Posaunen vom Palast her dröhnten, wurde es lebendig. Männer huschten über Straßen, und Pfeile zischten durch die Luft. Hier war ein Schrei zu hören, und dort ein anderer. An einer Stelle konnte man zwei Männer auf der Straße kämpfen sehen. Von einem Hausdach stürzte ein vom Pfeil Getroffener herab. Immer lauter wurde der Lärm. Jetzt waren es schon ganze Trupps von Männern, die durch die Straßen eilten. Man hörte das Klirren von Waffen und Kampfgeschrei.

Xerxes war wütend. „Wie können sie trotzdem kämpfen, obwohl sie wissen, was ich denke", schrie er. „Ich will die Köpfe von jedem einzelnen der Söhne Hamans haben, und zwar heute!" Während der Lärm von der Stadt herauf immer lauter wurde, fragte er Memukan: „Was sind das für Männer da unten? Mein zweites Gesetz hat doch klargemacht, daß ich nicht will, daß sie gegen die Juden kämpfen."

Memukan antwortete: „Der König möge ewig leben. Alle einflußreichen, anständigen und reichen Männer Susas haben sich mit ihren Familien heute in ihren Häusern verbarrikatiert. Es ist der Pöbel, der dort unten die Juden angreift."

Unruhig befahl der König: „Kommt, wir wollen hinausgehen und alles beobachten."

Die Sonne schien auf ein Bild der Gewalttätigkeit. Xerxes saß auf seinem tragbaren Thron auf einem vorspringenden Balkon der Burgmauer. „Ist es nicht fast wie bei Salamis, Memukan?" Er schien vergessen zu haben, daß Memukan bei jener Schlacht nicht dabeigewesen war.

Memukan staunte, daß Xerxes plötzlich ohne Bitterkeit und Zorn von Salamis reden konnte. „Sieh den Mann", rief der König, „der am Seil die Hausmauer hinaufklettert! Kann er die Männer auf dem Dach nicht sehen, der Narr. Ist er ein Jude oder ...?"

In diesem Augenblick lehnte sich einer der Männer auf dem Dach ein wenig vor und hielt eine brennende Fackel an das Seil, das ebenfalls zu brennen begann. Der Mann stürzte auf das Pflaster zurück und blieb reglos liegen.

Xerxes richtete seine Aufmerksamkeit jetzt auf zwei Männer, die über die Hausdächer flohen und von einer Gruppe Juden verfolgt wurden. Die beiden trugen schwere hölzerne Schatullen. Einer der Männer verschätzte sich beim Sprung zum nächsten Dach und stürzte auf die Straße. Die Schatulle sprang auf, und ein Strom von Gold und Edelsteinen ergoß sich in den

Staub. Zwei der Verfolger hatten sich auf den Mann gestürzt und töteten ihn. Blut und Edelsteine vermengten sich.

Die Angreifer wurden überrascht von der Kampfbereitschaft und Disziplin der Juden, die nicht in die ihnen gestellten Fallen gingen, sondern ihren Feinden schwere Verluste beibrachten. Als eine Gruppe, verfolgt von Juden, eine Straße hinunterrannte, liefen sie anderen Juden genau in die Arme. Sie warfen ihre Waffen weg, als sie versuchten, über Gartenmauern und Hausdächer zu entkommen. Die Juden freuten sich über die weggeworfenen Waffen, denn dadurch wurde ihre Kampfkraft verstärkt.

Weiter unten in der Hauptstraße brach sich das Sonnenlicht im Metall eines zweirädrigen Kampfwagens, der, mit vier Pferden bespannt, die Straße heraufgerast kam. Zwei Männer standen auf dem Wagen. Der Lenker brauchte alle Kraft, das Gespann in die richtige Richtung zu dirigieren, während der zweite Mann mit einem großen Schild die Speere und Pfeile abwehrte, die nach ihnen geschossen wurden. Am Fuß der großen Palasttreppe hielt der Wagen an. „Es ist David, der junge Narr", rief der König. „Warum setzt er sich solchen Gefahren aus?"

David kam in langen Sprüngen die Palasttreppe herauf. „Halt!" Die Reihe der Unsterblichen stand wie eine Mauer. „Was willst du?"

„Ich bin David Ben-Bilsan, der Führer der jüdischen Verteidiger in Susa. Ich muß Herrn Mordokai sprechen."

„Wir haben Befehl, dich passieren zu lassen."

David lief quer über den Hof, auf dem viele Menschen standen, die zur Stadt hinabschauten. In Mordokais Räumen nahm er den Helm ab und stand stramm. „Ich bringe Botschaft für den Großwesir!" rief er militärisch. In Gegenwart der Hofbeamten hielten sie sich an die üblichen Förmlichkeiten.

„Wie steht der Kampf, Befehlshaber?" fragte Mordokai besorgt.

„Alles geht gut, mein Herr. Am heftigsten wird im östlichen Teil der Stadt und im Reichenviertel am Ufer des Choaspes gekämpft."

„Das war zu erwarten."

„Doch unsere Feinde scheinen nicht gut organisiert zu sein. Bei uns klappt das viel besser. Sie sind ziemlich überrascht und haben schon große Verluste. Aber ... es sind sehr viele."

„Wie viele Angreifer mögen es sein?"

„Das ist schwer zu sagen, Herr Mordokai, weil an vielen Stellen gekämpft wird. Aber es sind viele, viele Hunderte."

„Sind unsere Verluste groß?"

„Wir haben vor allem sehr viele Verwundete."

„Und wie ist die Verfassung unserer Leute?"

„Ihr Kampfgeist ist großartig. Viel besser, als ich zu hoffen wagte. Es ist fast unmöglich, einen unserer verwundeten Männer zu bewegen, den Kampf einzustellen und die Wunden pflegen zu lassen."

„Sage ihnen, sie sollen ihr Leben nicht leichtfertig aufs Spiel setzen. Das ist mein Befehl."

Doch der Tag nahm noch ein unerwartetes Ende. Als die Trompeten und Posaunen bei Sonnenuntergang bliesen, hörten die Kämpfe auf. Mordokai erhielt Berichte aus allen Teilen der Stadt, die er zum König brachte. Der las sie sorgfältig und blickte Mordokai überrascht an. „Laßt die Königin rufen", befahl er.

Auch Esther hatte in der Nacht schlecht geschlafen. Die Morgentrompeten hatten sie mit Furcht erfüllt. Während des ganzen Tages hatte Mordokai ihr immer wieder Nachrichten zukommen lassen, die zwar zeigten, daß die Juden erfolgreich waren, aber auch, daß es viel mehr Feinde gab, als sie erwartet hatten. Auch die letzte Nachricht war nicht gerade ermutigend gewesen.

Bleich vor Sorge trat sie vor den König. Dieser sagte: „Königin Esther, die Berichte sind erstaunlich. Zunächst muß gesagt werden, daß alle zehn verräterischen Söhne des Verräters Haman heute von den Juden getötet wurden. Die Juden haben dem ganzen Reich damit einen großen Dienst erwiesen, für den ich sie belohnen werde. Doch die Juden haben heute allein in Susa 500 Männer getötet. Erkennst du, was das bedeutet? Allein in meiner Hauptstadt haben es mindestens 500 Männer gewagt, mein zweites Gesetz einfach zu übergehen, in dem ich meine Wünsche deutlich gezeigt habe."

„Aber es sind immer noch viele Verräter am Leben, Majestät", sagte Mordokai. „Bist du sicher?" fragte der König.

„Unser Nachrichtensystem ist sehr gut, Majestät. Wir haben ganze Gruppen von Hamans Anhängern ausheben können, aber es gibt noch mehr davon."

Die Königin hatte sich vor dem König niedergeworfen. Sie hatte von Mordokais Lippen das lautlos gesprochene Wort „morgen" abgelesen.

Zerstreut sprach der König die übliche Formel: „Was ist deine Bitte, Königin Esther. Ich werde sie erfüllen. Ihr zwei", sagte er, plötzlich wieder völlig aufmerksam, „ihr habt mehr Weisheit in euren kleinen Fingern, als Haman in seinem ganzen verräterischen Kopf hatte. Steh auf, Königin Esther, und sprich."

„Mein Herr, erlaube den Juden in Susa, morgen nochmals nach dem Gesetz für diesen Tag zu handeln."

„Noch einen Tag voller Kämpfe? Mordokai, warum?"

„Wenn alle noch lebenden Anhänger Hamans am Leben bleiben dürfen, ist es nur eine Frage der Zeit, bis..."

„Das reicht", rief Xerxes. „Die Bitte ist gewährt. Königin Esther, hast du noch eine andere Bitte?"

„Die zehn Söhne Hamans..."

„Aber hast du nicht gehört? Sie sind alle tot."

Esther richtete sich jetzt majestätisch auf und blickte sehr streng. „Die toten Körper der zehn sollten öffentlich an Galgen gehängt werden, damit ganz Susa es sieht, mein Herr. Vielleicht kann auf diese Weise viel Blutvergießen verhindert werden." Mordokai zwinkerte erstaunt mit einem Auge. Seine Hadassa lernte ziemlich schnell.

Xerxes überlegte. Es schien ihm schwerzufallen, sich noch zu konzentrieren. „Wir haben es bei anderen Gelegenheiten auch getan. Es ist immer eine nachdrückliche Warnung", meinte er. „Und diese Schlangenbrut! Ja! Ja! Wir werden es tun." Damit entließ er alle Anwesenden.

David sah zu, als man die toten Söhne Hamans an die Galgen hing. „Jeder von ihnen ist ein elender Verräter", schimpfte der Hauptmann der Soldaten, die alle zehn Toten aufgehängt hatten. „Mögen sie verfaulen."

Zur gleichen Zeit ritten Boten durch die Stadt und verkündigten im Namen des Königs einen weiteren Tag des Kampfes. Die Juden, die wußten, wie viele ihrer Feinde noch am Leben waren, freuten sich, daß ihnen gestattet wurde, mit der Gefahr ein Ende zu machen. Überall in der Stadt lagen zerbrochene Waffen. Viele Häuser waren verwüstet. Andere brannten oder qualmten noch. Und morgen würde es noch einen solchen Tag geben. Wie würde er ausgehen?

Oben auf der Apadana hoben sich die Silhouetten der Wachen schwarz von dem immer dunkler werdenden Himmel ab. Die Stadt darunter schien sich zu ducken und auf neues Unheil zu warten.

In seinem Zimmer in der Fliederstraße saß David allein mit seinem Kummer und seinen Zweifeln. Er versuchte die Bilder des Tages aus seinen Gedanken zu vertreiben und sich an Ruth zu erinnern. Doch es wollte ihm nicht recht gelingen. Immer wieder mußte er daran denken, daß der morgige Tag noch einmal seine ganze Energie kosten würde. Nachher...

Wieder verkündigten Trompeten und Posaunen den neuen Tag, und wieder begann der Kampf so wild wie am Tag zuvor. In der ganzen Stadt waren Kämpfe im Gange.

„Wieso können die Juden immer noch von so vielen Menschen angegriffen werden?" fragte Schethar verwundert. „Woher kommen die nur alle?"

„Sie kriechen aus den Löchern wie die Ratten. Aber es ist wirklich der Abschaum der Bevölkerung. Ich glaube, Susa wird viel sauberer sein, wenn das hier vorbei ist", antwortete Memukan.

„Man hat Marsna verhaftet, weil seine Verbindung mit Haman ans Licht gekommen ist", fuhr er fort, als sie gemeinsam die lange Treppe hinuntergingen. „Er wird wegen Hochverrat vor Gericht gestellt."

„Es geschieht ihm recht", erwiderte Schethar erbost. „Aber um die Art, wie er sterben wird, beneide ich ihn nicht."

Im Verlauf des Tages wurde es immer deutlicher, daß die Juden die Oberhand gewannen, obwohl auch eine ganze Anzahl von ihnen noch sterben mußten. David ließ Straße für Straße und Haus für Haus durchsuchen, bis er alle Anhänger Hamans gefunden oder vertrieben hatte.

Anschließend ging er in den Palast und ließ sich bei Mordokai melden. In strammer Haltung berichtete er: „Susa ist gesäubert, mein Herr. Es gibt niemand mehr, der sich an den Angriffen auf die Juden beteiligt hat." Doch trotz dieser Siegesmeldung war in Davids Augen die Verzweiflung zu lesen.

„Du hast gute Arbeit geleistet, mein Sohn. Sehr gute Arbeit", nickte Mordokai. Aber er wußte, daß ein Mann vor ihm stand, dem der Preis, den er dafür bezahlt hatte, zu hoch war.

27. Kapitel

„Die Juden haben gesiegt! Die Juden sind frei!“ Diese königliche Botschaft wurde in der ganzen Stadt verkündigt. Der Kampf war beendet.

Als die Herolde diese Nachricht in den Straßen ausriefen, wurden überall verrammelte Fenster und Türen geöffnet. Menschen liefen auf die Straßen, umarmten einander, sangen, lachten und tanzten. Vom jüdischen Viertel her konnte man Musik und lautes Psalmensingen hören.

Aus den jüdischen Häusern klangen die Rufe: „Ein Sieg für Jahwe!“

„Ich beglückwünsche dich“, sagte Xerxes zu Mordokai. „Dein Erfolg ist großartig. Wie erklärst du ihn?“

„Monatelang hat unser Volk in Angst und Schrecken gelebt und voller Furcht an diesen Tag gedacht, Majestät. Doch wir haben keinen Zufallserfolg errungen. Unser Gott hat uns den Sieg gegeben.“

„Aber ihr habt Ihm geholfen. Oder etwa nicht?“

„Wir taten, was wir konnten. Das erwartet Er auch von uns. Aber Er hat den Sieg gegeben.“

An diesem Abend ließ der König Esther rufen. Als sie sein Schlafgemach betrat, war sie überrascht, weil er ihr entgegenkam. Er legte seine Hand auf ihre Schulter und sagte sanft: „Schau mich an.“ Sie standen da wie an jenem Abend, als sie sich vor langer Zeit das erste Mal begegnet waren. „Heute zitterst du nicht, mein Stern. Wie lange ist es her?“

„Ich glaube, ein ganzes Leben“, antwortete sie.

„Nein, mindestens zwei Leben“, nickte der König. „Haman — meine Krankheit — wie lange war ich eigentlich krank?“

„Zwei Monate, mein Herr.“

„Es gibt so vieles, an das ich mich nicht erinnern kann“, sagte er kopfschüttelnd. „Ich bin oft sehr müde.“ Nach einer Weile des Schweigens fragte er: „Warum hast du mir nie gesagt, daß du eine Jüdin bist?“

Esther zuckte mit den Achseln. „Ich... mein Vater... ich...“

„Ich verstehe. Mordokai riet dir, es nicht zu tun. Ich nehme an, es war gut so. Wer weiß, vielleicht hätte ich etwas Dummes getan.“

„Vielleicht hättest du mich fortgeschickt?“

Er zog sie an sich. „Nein. Ich glaube, so dumm wäre ich doch nicht gewesen, mein Stern. Weißt du, ich brauche dich. Ich werde dich immer brauchen.“ Er setzte sich auf die gepolsterte Sitzbank und bat: „Spiele für mich. Spiele wie an jenem Abend, als du das erste Mal zu mir kamst.“

Sie nahm die Harfe und begann zu singen. Xerxes ließ sich von der Musik in die Vergangenheit tragen. Er dachte über den Abend nach, an dem sie das erste Mal gekommen war als schüchterne Jungfrau. Sie war eine Frau geworden, aber noch immer so schön und so voller Überraschungen wie damals. Esther sang ein Lied mit traurigem Unterton. Damals, an jenem ersten Abend, war es auch so gewesen.

Das Lied war zu Ende, und die Stille zwischen ihnen wuchs. Aber es war eine heilsame Stille. Endlich sagte er: „Damals hast du gesungen: »Wie können wir Gottes Lieder singen in einem fremden Land?« Das war ein trauriges Lied. Aber warum heute wieder so traurig? Warum kannst du nicht Siegeslieder deines Gottes singen? Du weißt doch, daß dies auch ein Sieg für deinen Gott ist.“

Esther zögerte. „Ein Sieg? Ja, sicher. Jahwe ist unser großer

Gott. Aber die Menschen haben auch einen bitteren Sieg daraus gemacht. Gewiß, Susa lacht und singt — man kann es bis hierher hören. Aber es gibt auch viele, die weinen. Vielleicht nicht gerade mein Volk, aber deines... unser Volk."

„Ach, du mußt es vergessen. Du bist noch jung. Du hast immer ein zu weiches Herz. So ist es nun einmal im Krieg. Komm, singe und tanze für mich, meine Liebe. Laß uns froh sein und feiern. Dies ist eine Nacht der Freiheit für dein Volk."

Sie gehorchte wie immer, sang und tanzte mit viel Gefühl und Anmut. Doch ihr Herz weinte — für die Toten, für die Beraubten und Verwundeten, und auch für ihren König und Herrn, dessen Geist immer wieder einmal in ein Schattenland versank, in das sie ihm nicht folgen konnte. Der König war eingeschlafen. Als sie auf ihn niederblickte, ahnte sie etwas von den Jahren, die vor ihnen lagen: Xerxes würde vielleicht mehr und mehr in dieses Schattenland versinken — Mordokai mußte die Last der Regierung tragen und dabei die Wunden seines Volkes heilen — sie selbst würde beim Tragen der Lasten und beim Heilungsprozeß helfen, so gut sie konnte. Das war wohl ihr Schicksal.

Unten in der Stadt, unter den Mauern der Burg, hatten sich Tausende von Juden versammelt und riefen Mordokais Namen. Palmenzweige, Kopftücher und farbige Umhänge wurden in der Luft geschwenkt, und Lauten, Zimbeln, Trompeten und Pauken vereinigten sich zu einer gewaltigen Siegesmelodie.

Mordokai ritt die lange Palasttreppe hinunter. Hatte er wirklich vor einigen Monaten auf dieser Treppe noch geweint? Damals in Sack und Asche gekleidet. Winkend bat er um Stille. Doch die Menschen jubelten nur noch lauter. Irgendwie mußten sie der Freude ihres Herzens Ausdruck geben. Voller Zuneigung blickte der jüdische Anführer auf sie. Er wußte, er würde all seine Fähigkeiten brauchen, um sie in die Zukunft zu führen. Als er sich endlich Gehör verschaffen konnte, sagte er: „Dies ist ein glorreicher Tag, den wir nie vergessen werden."

„Hosiannah!“ jubelten sie. „Jahwes Name sei gepriesen! Seine Liebe und Treue sind ewig!“ Viele waren müde, und manche trugen noch die vom Kampf beschmutzten und durchgeschwitzten Gewänder. Aber der Jubel wollte nicht aufhören.

Mordokai war zu klug und diplomatisch genug, deshalb wußte er, daß die Menschen ihm persönlich nicht zu lange zujubeln durften. Wieder bat er mit einer Handbewegung um Schweigen. Er rief: „Unser großer König, dessen kluges Gesetz uns die Möglichkeit für diesen großen Sieg gab, gratuliert euch allen. Er ist mächtig und weise.“

„Groß ist Xerxes“, schrie das Volk. „Groß ist der König aller Völker!“

Auch Bilsan trauerte um den Verlust vieler, die er geliebt hatte. Kummer und Leid waren für ihn alte Bekannte. Doch nichts konnte seinen tiefen Glauben in die Weisheit und Treue seines Gottes erschüttern. Zwar rüttelte der Sturm des Kummers mächtig an seinem Haus, und die brennenden Fragen um Leiden und Übel blieben die gleichen wie immer seit dem Sündenfall. Es war auch nicht Bilsans Art, sich mit oberflächlichen Antworten zufrieden zu geben. Doch sein Glaube ruhte in dem Charakter, in der Liebe und Treue seines Gottes. Während er von draußen die jubelnde Menge hörte und über seinen verwüsteten Garten hinwegblickte, zitierte er die alten trostreichen Worte:

„Der Herr sammelt die Zerstreuten Israels. Er heilt, die zerbrochenen Herzens sind, Er verbindet ihre Wunden. Er zählt die Sterne, Er nennt sie alle mit Namen. Groß ist unser Herr und reich an Macht. Seine Einsicht ist ohne Maß ... Der Herr regiert!“

Wieder einmal gab der König ein großes Fest. Harbona hatte noch immer die Oberaufsicht bei solchen Gelegenheiten und lief, ständig vor sich hinmurmelnd, herum. Doch mittlerweile hatte er sich daran gewöhnt, solche Feste zu organisieren, und wurde nicht mehr nervös. Seine Abneigung gegen die Königin würde wohl bis an sein Lebensende erhalten bleiben. Doch er konnte es sorgfältig unter einer Maske der Notwendigkeit verbergen und tyrannisierte dafür seine Untergebenen ein wenig mehr.

Die geladenen Gäste strömten in die großartigen mauerumschlossenen Gärten. Die Luft mit Parfüm getränkt und im Glanz der Lichter strahlend, glich das persische Paradies wieder einer Traumwelt.

Die Gäste nahmen ihre Plätze auf den bequemen gepolsterten Sitzbänken ein. Alle blickten erwartungsvoll zu dem schimmernden Vorhang hin. Die Halle dahinter strahlte wie ein riesiger Edelstein im Glanz der Farben und Lichter. Die Reihen der Unsterblichen standen unbeweglich. Sechs der sieben Fürsten erschienen und standen neben ihren feudalen Sitzbänken. Auf Befehl des Königs mußte Marsnas leere Sitzbank ebenfalls stehenbleiben, als Warnung für jeden, der einmal an Verrat denken würde. Auch David Ben-Bilsan erschien und nahm den Ehrenplatz ein, den der König ihm zugedacht hatte.

Das Murmeln im Garten wurde lauter. In goldschimmernder Kleidung näherte sich Mordokai seiner Sitzbank neben den beiden leeren Plätzen, die für das königliche Paar reserviert waren. Dann wurden die königlichen Throne hereingetragen und schweigend niedergesetzt. Alle Gäste hatten sich erhoben und warfen sich zu Boden. Schweigend und ehrfurchtsvoll verharrten sie. Sie begrüßten auf diese Weise ihren König, von dem sie glaubten, er sei der irdische Vertreter ihres Gottes.

Als sich alle wieder erhoben, begegneten Esthers Augen denen Mordokais. Nach den Spannungen, der Ungewißheit, Dunkelheit und Furcht der hinter ihnen liegenden Monate schien beiden das strahlende Fest in dieser prunkvollen Umgebung noch recht unwirklich zu sein.

Genau wie zur Eröffnung des Festes, das nun schon mehr als sechs Jahre zurücklag, erhob der König sein goldenes Trinkhorn und rief mit heiserer Stimme, der man die Bewegung anhörte: „Trinkt!“ Das Fest hatte offiziell begonnen.

Durch eine besondere Genehmigung des Königs durften diesmal jüdische Künstler bei dem Fest singen und spielen. Sie standen an der Gartenmauer, draußen an der Treppe und im Hintergrund des Saales, so daß nicht nur die Festgäste sondern auch die Stadt die fröhlichen Stimmen und Klänge der Musik hören konnten.

„Preist Jahwe, denn Er ist gut und Seine Treue und Liebe bleiben ewiglich!"

Memukan beugte sich ein wenig zu Schethar und bemerkte: „Es ist einfach unglaublich. Mir scheint fast, als hätten zwei Tage voller Kämpfe die ganze Welt verändert."

Xerxes war heiterer Stimmung, doch trotzdem brach er das Fest frühzeitig ab. Als er durch die Halle davongetragen wurde, gingen Esther und Mordokai noch auf die große Plattform, von der aus man den besten Blick über die unter ihnen liegende Stadt hatte. Auch da unten wurde gefeiert. Überall brannten Fackeln, Laternen und Lichter, und freudige Klänge drangen bis zur Burg herauf. „Blut, Terror und Tod", sagte Esther nachdenklich. „Mußten sie sein, damit eine solche Zeit wie diese kommen konnte?"

Mordokai, der sich in seinem Amt als Großwesir unter einem König, der mit Krankheiten zu kämpfen hatte, recht sicher fühlen konnte, bewegte in seinem Herzen große Pläne für sein eigenes Volk. Auch Esther, mit ihren Erfahrungen und ihrem Einfluß auf den König nahm einen guten Platz in seinen Plänen ein. Doch in diesem Augenblick erkannte er, daß er Esthers persönliche Empfindungen dabei ziemlich übersehen hatte und daß sie vielleicht viele Dinge ein wenig anders sah als er selbst. Diese schlanke und etwas zerbrechlich wirkende Person neben ihm war die mächtigste Frau der Welt und dabei vielleicht auch die traurigste. Und bei alledem war sie erst 21 Jahre alt.

„Meine Hadassa", sagte er warm, „noch in späteren Jahrhunderten wird unser Volk dieses Ereignis, in dem Jahwe uns eine Aufgabe zugedacht hatte, feiern. Die ganze Welt muß erkennen, welch ein großer Retter unser Gott ist. Er hat Seinen Bund gehalten und uns Befreiung geschickt."

Esther blickte ihn an, als wolle sie aus seiner ruhigen Zuversicht, mit der er Gott vertraute, neue Kraft schöpfen.

Ruhig fuhr Mordokai fort: „Der Herr, unser Gott, wird einen Propheten erwecken", und dann zitierte er die alten Verheißungsworte: „Ich sehe Ihn, aber nicht jetzt, ich schaue Ihn, aber nicht nahe; es tritt hervor ein Stern aus Jakob, und ein Zepter erhebt sich aus Israel..." Schweigend blickten sie auf die Stadt hinunter. „Siehst du, Hadassa", begann er nach einiger Zeit wieder, „diese Verheißung gilt noch immer. Stets hat unser Gott uns, Seinem Volk, Rettung gesandt, wenn wir in Not waren. So wie sich heute nicht nur unser Volk, sondern auch die Perser, über die Rettung freuen, die uns geschenkt wurde, so wird unser Gott, davon bin ich fest überzeugt, einmal einen noch größeren Retter senden aus unserem Volk, der nicht nur uns, sondern der ganzen Menschheit Heil bringen wird; denn Gott hat in aller Not eine Errettung bereit."